本书为重庆市社会科学规划项目
"基于重庆市农村失能老人养老脆弱性分析的社会支持体系研究"
（2019QNSH38）阶段性成果

地方治理体系和治理能力现代化丛书

农村互助养老

幸福院的案例与启示

MUTUAL SUPPORT
AMONG RURAL
OLD ADULTS

A CASE STUDY OF
WELL-BEING FACILITIES

张彩华 著

社会科学文献出版社
SOCIAL SCIENCES ACADEMIC PRESS (CHINA)

目 录

第一章 绪论 …………………………………………… 1
　第一节 研究缘起 …………………………………… 1
　第二节 互助养老研究的兴起与发展 ……………… 5
　第三节 相关概念界定 ……………………………… 48
　第四节 研究设计 …………………………………… 49

第二章 互助养老幸福院模式的历史背景与现实情境 …… 57
　第一节 历史背景：支持系统变迁与农村家庭养老
　　　　 功能弱化 …………………………………… 58
　第二节 现实情境：Q村家庭养老功能的式微及困境 …… 74
　第三节 独居老人的养老困境与出路 ……………… 109

第三章 互助养老幸福院模式产生的制度与实践空间 …… 114
　第一节 生存型保障为主的农村养老保障制度 …… 114
　第二节 农村机构养老和居家养老服务体系的发展困境 … 126
　第三节 社会舆论道德教化与养老 ………………… 133
　第四节 小结 ………………………………………… 135

第四章 互助养老幸福院模式的产生与组织管理机制 …… 138
　第一节 互助养老幸福院模式的产生机制 ………… 138
　第二节 互助养老幸福院模式的组织管理机制 …… 154

1

第五章　互助养老幸福院模式的互助机制 …………… 167
第一节　互助养老的经济支持 ……………… 168
第二节　需求导向的生活照料与精神慰藉 ……………… 174
第三节　互助养老的机制失灵：冲突与排斥 ……………… 193
第四节　互助养老的限度：失能老人家庭养老的困境 …… 199

第六章　乡村居家互助养老的域外案例及启示 …………… 207
第一节　"村庄"模式的产生与发展 ……………… 208
第二节　组织运行：基于13个"村庄"的分析 ……………… 212
第三节　"村庄"模式与幸福院模式的比较分析 ……………… 222
第四节　美国农村互助养老的经验与启示 ……………… 228

第七章　互助养老幸福院模式的可持续发展探讨 …………… 233
第一节　政策支持下的模式推广与发展 ……………… 234
第二节　推广型幸福院的自我调适与非预期政策后果 …… 239
第三节　互助养老幸福院模式的可持续性探讨：支持
　　　　系统的构建 ……………… 248
第四节　小结 ……………… 255

第八章　研究结论与政策启示 …………… 257
第一节　研究结论 ……………… 257
第二节　政策启示 ……………… 266

参考文献 ……………… 278
附　录 ……………… 297
后　记 ……………… 299

第一章　绪论

第一节　研究缘起

一　农村家庭养老困境的现实关切

综观近代学者的研究，20世纪20年代，杨开道在《农村问题》一书中阐述并分析了当时农村存在的诸多问题，如人口、土地、社会接触、宗教、治理、家族、卫生、娱乐活动美育、组织等问题，其中并未提及农村养老问题。可见，当时农村的养老问题并不突出，至20世纪末期，短短不到100年的时间，农村养老问题已成为关系民生与社会稳定的大问题，对农村养老问题的研究也在20世纪末引起广泛关注。在上述不到100年间农村家庭养老的变迁问题上，中国人民大学姚远（2001）认为我国传统家庭养老经历了新中国成立前的"稳固的传统家庭养老时期"、新中国成立后到改革开放前的"变化的传统家庭养老时期"、改革开放后的"动摇的传统家庭养老时期"三个阶段，呈现了新中国成立以来传统家庭养老功能的弱化过程，且这一弱化过程在改革开放之后开始加速，这一点从我国对农村养老问题的学术研究起始点便可看出。

20世纪80年代中期以来，农村养老问题相关研究逐渐增多（王述智、张仕平，2001）。1997年的《人口研究》杂志刊登了文章《农村家庭养老能走多远？》，该文章又包括4篇讨论性文章，分别从不同视角寻求农村养老的解决之策（本刊编辑部，1997）。中国人民大学教授姚远通过对农村家庭养老的影响因素进行分析，认为农村家庭养老能走多远取决于社会需要及其运行环境；中国老龄科学研究中心徐勤从政府责任角度回应，认为家庭养老与社会养老是养老制度的两个基本方面，一方的削弱应以另一方的增强为前提，强调社会养老是解决家庭养老功能弱化问题的根本途径；而北京大学人口研究所曾毅则在承认家庭养老功能弱化的基础上，认为在发展农村社会养老保险的同时，不应排斥家庭在养老中的作用，但不宜在党和政府的纲领性文件中使用"农村以家庭养老为主"的提法[①]，用"积极地逐步在农村建立储备积累式社会养老保险制度，同时继续提倡并实行孝敬赡养老人是每个公民不容推卸的义务"这一提法比较妥善；复旦大学人口研究所樊海林认为，中国的农村家庭养老模式终究要被适应中国国情的农村社会养老模式所取代，虽然这种取代需要极高的经济成本，但这种取代本身也将极大促进农村社会的稳定和农村经济的起飞，并预测我国在 21 世纪中叶极有可能初步实现农村养老的社会化。上述 4 篇文章的观点代表了 20 世纪 90 年代学界关于农村家庭养老功能弱化研究的主流观点，其争论的焦点是农村主要养老方式的选择及其发展方向（农村家庭养老是否最终会被社会养老取代），曾毅与樊海林的观点在目前看来仍具有现实的可借鉴性，但当时并未对社会养老的保障水平进行探讨。虽然我国在 2012 年基本实现了新型农村社会养老保险制度的全覆盖，但当前低水平的社会养老保险对于农村养老问题的解决仍

[①] 1996 年颁布实施的《中华人民共和国老年人权益保障法》规定："老年人养老主要依靠家庭，家庭成员应当关心和照料老年人。"同年，党的八届人大四次会议通过的《中华人民共和国国民经济和社会发展"九五"计划和 2010 年远景目标纲要》明确指出："农村养老以家庭保障为主，坚持政府引导与农民自愿，发展多种形式的养老保险。"以上规定是国家对农村养老保障发展方向的态度，并成为我国今后一段时期农村养老保障发展的指导方针。

是杯水车薪。

从20世纪90年代至今，随着现代化进程的加快，农村城镇化加速发展，人口的城乡流动性增强，农村家庭空巢化、空巢老人失能化现象日益严峻；另外，受计划生育政策的影响，家庭规模缩小、结构变化，农村家庭养老功能不断弱化，传统的农村家庭养老在内容和形式上都已经悄然发生改变，老人对专业化养老机构和社区养老服务的需求日益增加。其中，在分家而居传统下，独居老人养老更加艰难，独居老人孤独过世无人知晓的案例频发。然而，当前农村基础公共服务中老年群体可以获取的养老资源极其有限，在未富先老的国情下，国家可完全承担的养老功能局限于"五保"老人供养，社会养老资源的供给在农村很匮乏，依托社区的"居家养老服务"在农村中的推进任重而道远。农村家庭养老功能弱化、社会养老发育不足的现状，也对探索能够整合现有制度养老资源、乡土养老资源等让老人不离开自己生活的村庄，还能最大限度上满足养老需求的养老方式有所启发，对农村互助养老的研究便是对此问题的回应。

二　国家政策导向的学术回应

近年来，国家关于老龄化方面的规划文件可以反映出我国在传统家庭养老功能上的弱化、社会养老（包括互助养老）作用的日益凸显。《中国老龄事业发展"十一五"规划》曾提出："在农村，探索建立与农村经济社会发展水平相适应、与其他保障措施相配套的农村社会养老保险制度。加快完善农村部分计划生育家庭奖励扶助制度。……推行签订家庭赡养协议书，明确赡养责任，巩固家庭养老保障功能。……在社区为老服务设施建设方面……加大农村养老设施的资金投入，以农村五保供养服务机构建设为依托，加强农村乡镇敬老院、老年活动中心和综合性老年福利服务中心建设……"可见，当时农村家庭养老面临困境，甚至需要通过签订家庭赡养协议书来巩固；同时，也可看出国家对现金福利性社会养老发展的重视。《中国老龄事业发展"十二五"规划》提出："大力发展社区照料服务。把日间照料中心、托老所、星光老年之家、互助式社区养老服务中心等社区养老设施，纳入小区配套建设规划。本着就近、就便和实用的原则，开展全托、日托、临托等多种形式的老年社区照料服务。……家庭养老与社会养老相结合，充分发挥家庭和社区功能，着力巩固家庭养老地位，优先发展社会养老服务，构建居家为基础、社区为依托、机构为支撑的社会养老服务体系，创建中国特色的新型养老模式。"在该规划中，国家明确提出通过家庭养老与社会养老相结合方式解决养老问题，并首次将互助式社区养老服务中心纳入规划中。

随着互助养老幸福院模式在农村地区的推广与发展，国家对互助养老价值的认可也充分体现在国家更高层次的发展规划中。《中华人民共和国国民经济和社会发展第十三个五年规划纲要》提出，"加强老年人权益保护，弘扬敬老、养老、助老社会风尚"，并将敬老养老列入社会关爱行动计划中，提出开展适老化设施改造试点，实施老龄互助关爱工程。与之同步，2016年民政部与国家发展和改革委员会公布的《民政事业发展第十三个五年规划》中明确提出推进居家和社区养老服务，"强化居家和社区养老服务功能，积极开展智慧养老服务和互助养老服务，提高养老服务能力，为有需求的城乡老年人提供便利的社区居家养老服务。……加强社区养老服务设施建设，在老年人日间照料中心、托老所、老年人活动中心、互助式养老服务中心等社区养老服务设施中配备医疗护理、康复辅具、文娱活动等设备。……大力支持农村互助型养老服务设施建设，发挥村民自治组织作用，积极动员村民和社会力量参与运营服务，为农村老年人就地提供就餐服务、生活照顾、日间休息、休闲娱乐等综合性日间照料服务"。此外，民政部在《城乡社区服务体系建设规划（2016—2020年）》中也从发展城乡社区社会服务的角度提出："完善对农村'三留守'人员的生产扶助、生活照料、情感慰藉、心理疏导服务。探索并推进残疾人、失能老年人家庭照顾、社区照料、机构照护相互衔接的长期照护体系。""发扬农村邻里相亲、守望相助传统，开展以生产互助、养老互助、救助互助等为主要形式的农村社区互助活动和志愿服务，增强农村居民自我服务能力。"可见，互助养老在民政事业发展中具有重要地位。2017年3月，国务院颁布《"十三五"国家老龄事业发展和养老体系建设规划》，提出鼓励老年人参加社区邻里互助养老，通过邻里互助、亲友相助、志愿服务等模式和举办农村幸福院、养老大院等方式，大力发展农村互助养老服务。可见，互助养老作为农村居家养老服务体系的重要一环，在未来解决农村问题上的作用正日益得到国家的重视，这也是本书以互助养老问题作为研究对象的缘由之一，希望通过研究更好地助力未来互助养老的发展，以利于农村老人养老需求的满足。

第二节 互助养老研究的兴起与发展

根据上文对研究缘起的陈述及研究问题的提出可知，农村家庭养老功能的弱化是互助养老幸福院模式产生的主要背景。可见，了解传统农村家庭养老及其功能弱化方面的研究对于把握互助养老幸福院模式产生有重要意义。在传统农村家庭养老功能弱化的形势下，国内学界开始关注传统农村家庭养老的存续基础；但是，随着经济社会的发展，传统农村家庭养老的存续基础也逐渐发生变化，农村家庭养老功能趋于弱化，学界对农村家庭养老功能弱化不同视角的研究为互助养老领域的研究提供了背景支撑。我国自古便有互助的传统，在民间也有诸多养老互助的形式，随着经济社会的发展，养老互助的形式与内容也产生变迁；国外的互助传统及养老互助的发展亦有相似性，下文通过对我国农村互助养老方面的研究、国外（本书选取英国和美国）互助养老相关研究进行综述，了解国内外互助养老领域的研究现状，明确互助养老当前的发展情况。

一 农村家庭养老功能弱化相关研究

传统农村家庭养老之所以能在历史长河中绵延几千年，很大程度上得益于其政治基础与社会功能；长期以来君主专制的国家制度和植根于乡土社会的宗族制度又进一步强化了家庭养老，这是传统家庭养老存续的政治基础。"家国同构"的政治理念与传统使家庭养老在传统社会中的地位得到封建君主专制制度的维护，统治者通过法律等手段极力维护家庭的伦理道德，使之为封建等级制度服务；传统的"家国"思想促使国家在制度层面为家庭养老提供政策或法律保障。例如，《魏书》记载，"诏民年八十以上，一子不从役"；唐朝为保证老有所养而规定，家有年迈父母者可免除一名子女的劳役或徭役；明朝洪武帝曾颁诏，民年有七十以上者，许一子侍奉，免其杂泛差役。对不赡养父母的子孙，历代统治者都制定了严格的处罚措施，轻则鞭笞、游街，重则处死。这些举措为传统家庭养老提供了强有力的政治保障。

封建统治者推崇的儒家思想为家庭养老提供了与国家统治理念相契合的孝道观念，为农村家庭养老提供了思想文化基础；家庭养老的思想内核主要表现为"孝文化"，"孝文化"理论作为"本土化"理论也得到了学界的重视（王涤、周少雄，2003；张文范，2004）。费孝通（1983）将中国的家庭养老总结为"反馈模式"，认为父母养育子女，子女就必须赡养老年的父母，否则会遭到道德舆论的谴责，这种"反馈模式"下的赡养方式便是以孝文化为基础的。张云英等（2010）认为孝文化有四层含义：养亲，"凡养老，有虞氏以燕礼，夏后氏以飨礼，殷人以食礼，周人修而兼用之"（《礼记·王制》）；敬亲，"以敬事长则顺"（《孝经》），敬亲基础上的养亲才是合于人伦的、注重老人精神需要的养老；谏亲，"昔者天子有争臣七人，虽无道，不失其天下；……大夫有争臣三人，虽无道，不失其家……子不可以不争于父，臣不可以不争于君；故当不义，则争之。从父之令，又焉得为孝乎？"（《孝经》）送亲，"孝子之事亲也，居则致其敬，养则致其乐，病则致其忧，丧则致其哀，祭则致其严"（《孝经》）。养亲、敬亲、谏亲、送亲构成人伦之孝的基本框架，是孝文化的精华，这些尊老传统和敬老思想对中国古代家庭养老制度的建立有重要影响（苏保忠、张正河、林万龙，2008）。

以家庭为生产单位的小农经济是农村家庭养老的经济基础，依靠人力手工劳动的生产方式要求有足量的青壮年劳动力来保证生产力；"多子多福"的合理性不仅体现在能以充足的劳动力保障农业生产上，还体现在子辈孙辈对老年家庭成员的赡养上（方洁，2012），即"养儿防老"；家庭成员围绕土地进行生产，家庭成员的生活区域与生产区域具有统一性，家庭成员间的感情深厚，也有利于家庭养老的实现。可见，家国同构的封建君主专制制度、宗法制度、小农经济和儒家文化是传统社会稳定运行的基石，也是传统家庭养老得以存续的基础和保证（王红、曾富生，2012）。

通过上文的分析，家国同构的封建君主专制制度、宗法制度、小农经济和儒家文化为传统家庭养老成为中国传统社会农村养老的主流方式奠定了基础，而家庭养老也反过来巩固了中国传统社会的结构与秩序。但是，当前我国正处于社会转型期，城乡人口流动加速，加之计划生育政策的影响，传统家庭大面积解体，农村家庭养老面临困境。在此背景下，学界对农村家庭养老功能弱化方面的研究增多，且视角多样，郭文娟（2013）对2000~2013年发表在中文社会科学引文索引（CSSCI）来源期刊上的农村养老模式相关论文进行了分析，认为当前学界对农村家庭养老功能的弱化已经达成共识，只是不同学者在探讨农村家庭养老功能弱化时的角度不同，比如：基于思想观念（姚远，2000）、家庭结构变化（孙丽燕，2004；张文娟、李树茁，2004；黄润龙，2005）、生育政策（周祝平，2008）、家庭代际（王世斌、申群喜、余风，2009）、农村经济发展水平（陈建兰，2009）、农村土地流转（刘成高、文国权，2010）、孝文化（钟建华，2011；杨清哲，2013）

等角度对农村家庭养老及其功能弱化进行研究；也有学者就农村家庭养老的弱化进行基于个案的实证分析（刘玉梅，2011；于红梅，2012），如贺丽丽（2007）、刘养卉等（2011）对中西部农村的研究，田素庆（2013）对阿昌族的研究，郭文娟、麻学锋（2010）对湘西苗族地区的研究。

还有学者对农村家庭养老的内容进行研究，认为农村老年照料的"亲情模式"正逐渐弱化，弱化的主要原因有：子女数减少使老人可获得的由成年子女提供的照料减少；人口流动加剧拉大了老人与子女的空间距离，使子女照料老人的难度增加；妇女参加工作或外出务工现象普遍，造成传统家庭养老主要照料者"不在场"的局面（石人炳、宋涛，2013）。姚远早在2000年便提出"血亲价值理论"，认为从家庭养老的历史和运行来看，决定家庭养老机制运行的不是严格的经济价值原则，而是以血亲关系为价值标准的血亲价值原则。但是，当前社会经济的发展使得基于血亲价值的农村家庭养老正在发生变迁，农村老年照料的"亲情模式"呈弱化的趋势。除以上研究角度外，还有学者对传统农村家庭养老功能的弱化过程，以及家庭养老功能弱化形势下的养老方式选择进行了研究与探讨。

就家庭养老功能弱化的过程而言，新中国成立以后，特别是改革开放以来，随着社会转型的深入，新旧社会体制变更、新旧思想观念交锋，受生育政策、人口流动、家庭结构变迁等因素影响，我国农村家庭养老的功能也在发生变化，家庭的养老功能趋于弱化。王红、曾富生（2012）梳理了新中国成立以来农村家庭养老的变迁过程。新中国成立初期，农民分到土地和生产资料，家庭仍是最基本的农业生产单位，其养老功能和新中国成立前一致。农业合作化后期，大部分农户加入生产资料归集体所有的高级社，此时家庭的生产功能虽不再居于首位，但养老功能还没有改变。20世纪50年代后期的人民公社化运动和"大跃进"使农村家庭受到冲击，家庭的生产功能基本退化，所有老人被排除了家庭的差异而从公社获得相同的物质供给以及公社规定的一些其他服务，对孤寡老人的赡养也由村集体兴办的敬老院承担。此时，农村家庭的养老功能虽然尚在，但老人的供养主体开始发生变化，村集体成为老人养老的主要经济来源，家庭成员则主要负责生活照料和精神慰藉资源的供给。

1978年以来，农村社会的变迁大致分两个阶段。第一阶段是以农村家庭联产承包责任制和国家对农村经济活动控制的放松为特征的农村生产关系变动时期，这一时期家庭成为农业生产的组织单位，其赡养功能得到了强化；集体经济的瓦解和集体组织方式的解体，使农村难以继续通过工分分配来协调赡养老人的问题（李友梅等，2008），家庭也从政治氛围中解放出来而重新担起对老人的经济支持、生活照料、精神慰藉等职责。第二阶段是市场经济下的工业化和非农化时期，这一时期内大批被束缚在土地上的剩余劳动力转移到其他产业，家庭不再是唯一的生产单位，家庭成员的凝聚力降低，依靠家庭成员提供养老资源的家庭养老面临困境（空间距离拉大，老年人从子女处获得的生活照料和精神慰藉减少）；家庭结构变化，核心家庭和空巢家庭增多，青壮年劳动力流入城市，且农村人口老龄化加速，被供养的老龄人口增多，提供养老资源的劳动力减少，家庭的养老压力增加；尊老、敬老、养老的传统价值观念在城市化进程中逐渐被淡化，支持农村家庭养老的伦理道德受到市场经济和现代文明的冲击（刘亿，2007）。费孝通认为，家，强调了父母和子女之间的相互依存。它给那些丧失劳动能力的老年人以生活的保障，但是，在父母和孩子之间并不计较经济贡献上的平等问题，"养儿防老"的实现更多地依赖责任与义务的约束。但是，随着经济社会的发展，年青一代在养老行动上趋于理性化，养老过程背后起主导作用的实际上是一套平等交换似的工具理性；家庭养老从一种超经济的伦理性行为转变为一种市场经济下平等交换的经济性行为（范成杰，2009）。

在家庭养老功能弱化，农村养老保障和养老服务体系尚难以应对人口老龄化挑战的形势下，学界开始探讨应对家庭养老功能弱化的农村养老模式选择问题。刘书鹤、刘广新（2005）提出未来家庭养老依旧占主导地位，张正军、刘玮（2012）认为未来较长时期内的农村养老保障制度建设应围绕稳定、扩展或补充家庭的养老功能展开，但家庭养老需要政策支持。高和荣（2003）对农村普遍选择家庭养老进行了原因总结：农村家庭养老符合成本最小化、收益最大化的原则，符合中国人传统的敬老、养老文化心态，并且社会养老无法替代农村家庭养老实现精神慰藉功能；"儿女孝顺，含饴弄孙"、从子女身上获取情感慰藉的家庭养老是中国老年人晚年生活的最高理想和精神寄托。新中国成立后，国家也在1996年的《中华人民共和国老年人权益保障法》中规定"老年人养老主要依靠家庭，家庭成员应当关心和照料老年人"，以强化家庭在养老中的作用；2012年修订、2013年7月1日施行的《中华人民共和国老年人权益保障法》更是明确规定："每年农历九月初九为老年节"，"与老年人分开居住的家庭成员，应当经常看望或者问候老年人。"但以上法律规定原则性强、可操作性差，难以保障家庭养老的延续，以制度和惩戒为形式的法律约束对家庭养老延续的意义与局限性也值得探讨。

但是，也有学者认为我国农村养老应该以社区居家养老（社区居家养老模式是当前学界研究的焦点养老模式之一）为主，童星、张海波（2005），唐晓英、周溥叚（2010），俞贺楠、王敏、李振（2011）等坚持社区保障应是现阶段农村养老保障的主体。2013年全国老龄工作委员会明确提出，全面建成以居家为基础、社区为依托、机构为支撑的，功能完善、规模适度、覆盖城乡的养老服务体系。侯立平（2011）也在对美国养老模式进行研究的基础上提出社区居家养老是人类应对人口老龄化的重要手段，社区介入可以解决少子老龄化形势下的居家养老困境（罗淳，2013）。

学界在以政府为主体的社会养老模式选择与发展上存在诸多

争议，如戴卫东（2007）、蒋蕾（2007）认为建立中国农村养老保障体系的时机已经成熟，王胜今、沈诗杰（2011）通过分析发达国家典型养老保险模式改革得出我国应该建立多层次的养老保险制度的结论。但很多学者也提出相左的意见，如张大勇、李茜、于占杰（2005）认为当前的养老保险起不到应有的作用；汪沅（2008）分析了制约农村社会养老发展的因素，麻学锋、郭文娟等（2011），钟涨宝、李飞（2012），邓大松等（2013）也从不同角度论述了新型农村社会养老保险制度（以下简称"新农保"）面临的困境。鉴于单纯一种养老模式难以应对人口老龄化的挑战，养老模式的组合才是应对挑战的最优选择。不同学者从不同角度构建了多层次、多支柱的农村养老保障新模式，比如涵盖家庭、集体、社区、政府、社会的多层次、多类别的养老模式（康顺岐、张波，2013），"政府、家庭、个人、社会"相结合的养老模式（何梦雅、钟建华，2012），"家庭、社会养老保险和自我养老"相结合的方式（刘养卉、龚大鑫，2011），家庭养老、土地保障、社会保障相结合的农村养老保障方式（于红梅，2012）。在此基础上，白玉琴（2012）提出土地信托是农村养老方式的最优选择。

从以上学者对农村养老未来发展模式的探讨，可见学界对家庭养老功能弱化已达成共识，但是，对我国农村养老保障应以哪种养老方式为主仍然存在争论；在对农村养老多层次保障体系的构建上，学界的观点多是基于对不同养老主体的最优选择与排列组合；从研究趋势上可以看出学界对社区和土地在农村养老保障中作用的重视。此外，还有学者从更加新颖的视角对农村养老问题进行研究，如蒋天文、丁媛（2013）提出以老年社区和老年城为基础的离散集中方案是建构养老模式的转型之锚，而李香允（2013）则提出家庭和自助式养老院相结合的养老模式，家庭和自助式养老院的结合也是后文将综述的农村互助养老形式的变种，农村互助养老模式也是对农村主导养老模式的有益补充。

二 国内农村互助养老相关研究

学界对"互助养老"的内涵界定依侧重点不同而有所差异。陈静等（2013）将互助养老界定为老年人自主选择和政府引导相结合的产物，基于友爱互助、相互信任的基本原则，在基层社区实现自我管理和自我服务，是实现老年人自我增能与发展的重要途径；互助养老不仅是老年人间的互助行为模式和"互助—自助"养老观念的体现，也是以老年人邻里互助、亲友互助、社区志愿互助等为表现形式的基层社区养老体系的基石。张志雄等（2015）认为"互助养老"的概念有广义和狭义之分，广义的互助养老包括"老老互助"和"轻老互助"（代际互助）；狭义的"互助养老"主要指"老老互助"，即老年人出于自愿或功利的动机，以个人或老年社团为组织形式，以经济援助、生活照料、精神关爱、权益维护等为主要内容，以实现"老有所养""老有所为""老有所乐"为根本目标，以家庭、社区、养老机构为活动载体而采取的"以老助老""以老养老"的新型养老方式。以上两种内涵界定虽表述不同，但都对互助养老的原则、实现形式和途径、目标等作出异曲同工的描述，二者的相异之处主要在于政府在其中是否发挥作用，以及发挥怎样的作用。互助养老在农村地区的发展有悠久的历史传统，并且在家庭、宗族、社区、社会组织、政府的参与中历经形式变迁发展至今。

（一）农村互助养老的传统与当代实践

我国农村互助养老思想中比较有代表性的是儒家思想。《礼记·礼运》云："故人不独亲其亲，不独子其子，使老有所终，壮有所用，幼有所长，矜寡孤独废疾者，皆有所养。"《孟子·梁惠王上》云"老吾老，以及人之老；幼吾幼，以及人之幼，天下可运于掌"，认为忠孝不仅局限于一个家庭内，对待其他家庭的老者也要孝敬，对待其他家庭的幼者也要关心爱护，并宣扬"出入相友、守望相助、疾病相扶持"。由此可见，孟子在孔子养老思想上进一步发展了家庭内、家庭间、邻里间的忠孝互助思想。

古代互助养老的实践经历了有制度无组织、自发互助到组织化互助的发展过程。周朝以前，民间基本通过礼宴来敬老尊老，周代出现了以制度化的组织实现基层居民互助功能的社会保障制度，被称为"荒政十二"和"保息六政"(《周礼》)。汉代，家族内"振赡匮乏"等宗族互助活动已十分普遍(《四民月令》)，民间互助自治养老也有了最初实践，自发组织筹款置地以实现自我保障，《侍廷里父老僤买田约束石券》载，"以永平十五年六月中造起僤，敛钱共有六万一千五百，买田八十二亩"，"僤中其有訾次当给为里父老者，共以容田借与，得收田上毛物谷实自给"(王勇，2009)。北宋范仲淹首创的义庄，经历宋元明清四朝而发展壮大，成为封建社会后期民间社会负责社会成员福利保障的主要组织，其以普惠性家族福利的方式向老者施以赈济，这种宗族内部救助是传统家庭养老的重要补充(张艳，2012)。清朝民间，宗族之外的一些组织也承担了部分养老保障功能，由寺院创办的"六疾馆""孤独园"，由宗教机构创办的"养老院""鳏寡孤独院"，以及乡村"老人会""长老会"，缓解了失依、贫困、孤寡老人的生活疾苦。

古代民间的互助养老实践主要是以血缘关系为纽带的家族内亲友互助，家族赡族养老的主要载体是义庄，经济基础是家族内有实力的血亲捐献设置的"族田""义田"，老年人是义庄的主要救助对象之一。中国共产党成立后，实施打土豪、分田地的政策，消灭了族田，随之作为传统的赡族养老组织的义庄失去其存在的政治和财产合法性，走向终结(袁同成，2009)。新中国成立后，农村养老保障以"家庭自我保障"为主，家庭内部的代际互助和家庭间的血缘/亲缘互助是农村社会生活中的普遍现象(于咏昕，2013)，但此时的农村互助关系发生了三个变化(卞国凤、刘娜，2010)：在血亲互助范围缩小的同时，家庭三代以内的互助义务进一步强化；女性在社会和家庭中地位的提高使姻亲关系在社会生

农村互助养老：幸福院的案例与启示

活互助中的作用增大；公社作为地缘性组织联结形成的社会关系网强化了地缘互助的作用。改革开放政策实施后，民间社会经济传统有了复归的空间（王铭铭，1997），农民自己建构了"自助为主，互助为辅"的民间福利模式，以填充公社解体后农村社会保障领域的"真空"。此外，慈善宗教事业的解禁和民间社会组织的兴起，起到了福利上互助共济和精神上缓解痛苦的作用。农民基于血缘、姻缘、地缘、业缘等关系构成的自助互助网络，与民间非营利组织和慈善宗教事业一起，重构了国家正式社会保障体系之外、以自助互助为内核的乡村社会福利网络。

随着社会的发展变迁，基于传统互助文化的互助养老组织形式与制度支持随之发生变化。经济社会的发展使农村老年人的物质生活逐渐得到保障，国家也开始承担部分养老保障责任，但除了对"五保"老人的集中供养外，主要是以适度水平的社会养老保险和"五保"老人分散供养为表现形式的现金型保障，老年人的生活照料及精神慰藉需求难以得到满足的形势日益严峻。因此，新时期的互助养老探索相对侧重于老年人生活照料及精神慰藉需求的满足。基于我国长期存在的互助养老传统，按照互助圈中涉及的不同深度的社会关系，当代社会中的互助养老探索可以归结为以下类型：血缘性互助（家庭内互助、家族互助、房族互助）、姻缘性互助和地缘性互助（卞国凤、刘娜，2010）。高和荣、张爱敏（2014）进一步依据血缘、姻亲以及地缘关系将闽南地区的互助养老形式分为宗族型、姻亲型、邻里型以及社区型四种，以上类型互助养老模式通过过继、孝子会、外孙过继、招赘、外嫁女儿赡养、邻里互助、社区基金会资助等形式维系乡村社会互帮互助的传统。

在市场经济新形势下，农村互助养老还出现了劳动力流动背景下有组织的留守互助趋势（卞国凤、刘娜，2010）。农村留守老人的互助养老有多种形式。陕西榆林米脂的邻里互助养老模式是由村委会在本村留守人员（留守老人或留守中年妇女）中评选若干名爱心敬老服务员，组成邻里互助养老服务小组，为本村高龄、失能的空巢老人定期提供卫生安全、家务料理、生活陪护、精神慰藉等多项服务（王璐、刘博，2012）。湖北恩施、陕西凤翔与华县（2015年撤县设区）的老年协会模式是由村内声望较高的老年人发起老年协会倡议，通过组织精英老人与困难老人结对帮扶、划片开展群体性互助养老服务、组织老人学习政策与法律并更新观念、调解家庭养老纠纷、协助老人维权、组织老人开展娱乐活动等，为老年人互助提供平台（卢艳、张永理，2015；王振、刘林，2014）。浙江舟山在渔村开展"银龄互助"活动，在充分发挥渔村基层老年人协会作用的基础上，还建立了"时间银行"与"劳务储蓄"制度，开展低龄老人与高龄老人、健康老人与病残老人的结对互助活动，这种结对分为一对一和多对一两种形式（周作斌，2014）。福建罗源模式是安居楼互助养老模式，由当地慈善总会出资在村内建立慈善安居楼，将村内经济困难、无房或者住在危房里的老人组织到一起生活，集中供养、互助养老，帮助农村地区孤寡老人解决养老问题。而2008年河北邯郸FX县Q村的"互助幸福院"模式最初自发成立时是为了解决单身独居老人的养老困境，集中居住、互助养老，老人自我管理、自我服务，由两位同性别老人共同居住、互相照顾以满足单身独居老人的生活照料、精神慰藉、文化活动等养老需求，该模式引起政府的关注后在全国范围内试点推广，具有"村级主办、互助服务、群众参与、政府支持"的特点（国务院办公厅，2011；民政部，2012）。在云南昆明还出现了线上的网络互助养老模式。该模式以互联网的老年社区为媒介搭建互助组，在此基础上结成互助养老网络，在线下开展互助帮扶活动（中国行业研究网，2013）。但当前该模式主要在城市地区发展，随着互联网技术的普及，未来也可以发展为农村互助养老的一种活动方式。以上为当前我国农村互助养老的主要形式，互助养老在各地的具体实践多以上述形式为蓝本，山东潍坊和济宁、浙江余姚、湖北枝江、内蒙古乌兰察布等地都纷纷成立与互助幸福院类似的互助养老机构，探索低成本的民间互助养老模式。

以上多种形式的互助养老模式在农村发展，其中互助幸福院模式的发展规模最大，且得到政府的资金支持及政策引导，自2008年河北省第一家互助幸福院正式运行起，到2013年底我国农村地区已建成79521家幸福院（中国彩票网，2014）。其间学界对该模式的可行性进行了研究，认为我国的互助养老传统及其在熟人社会中的相关实践是该模式发展的文化和社会基础，老年人的健康是互助养老的基本条件，老年人养老保障政策的不完善为该模式的发展提供了空间，较低的运行费用为其可持续发展提供了可能（郭丹阳，2013；金华宝，2014）。虽然多数学者认为该模式具有可行性，但其在现实发展中不免面临诸多问题与挑战。

（二）农村互助养老的问题、前景与理论研究

以互助幸福院为代表的农村互助养老模式的存在与发展需要依托一定的现实环境和条件，如政府政策、社会认同及家庭支持、村集体在运作与服务提供上的支持等，该模式目前只能接收能自理的老人，难以解决生活不能自理群体的养老问题，有其局限性（王强，2013）。政府自上而下推广形成的互助幸福院作为政府指导下的新兴事物，面临着政策保障和资金支持的可持续性、运行监管等问题（赵志强、杨青，2013），一旦政府支持缺位或不积极作为，该模式的可持续性将面临挑战。就源自政府的资金与政策而言，2013~2015年财政部安排30亿元中央专项彩票公益金支持农村互助幸福院项目，并由财政部和民政部联合印发《中央专项彩票公益金支持农村幸福院项目管理办法》，为每个申报建立的互助幸福院提供3万元补助，专项用于设施修缮和设备用品配备等（民政部，2013），然而对互助幸福院今后的发展没有具体明确的资金及政策保障。就互助幸福院内部运行中存在的问题而言，其性质属于自治性村民组织，不具法人资格，得不到法律的相关保

障；由老年村民之间相互提供的养老服务水平较低；互助幸福院的社会认同度偏低（赵志强，2012）。

虽然该模式在发展中存在诸多问题，但是学界的多数研究都认为该模式具有一定的发展前景。就社会文化角度而言，该模式是符合我国乡土社会实际的理性选择，充分考虑了我国传统家庭养老文化中老年人对家庭、朋友和社区邻里的依恋情绪（陈静、江海霞，2013），有很强的文化适应性。推行农村互助养老模式，可以形成一种符合社会化养老趋势的新型农村养老文化（赵志强、王凤芝，2013）。从社会资本的获取角度而言，我国素有家族养老兼及他姓的传统，历史上的农业合作化时期也强化了邻里合作传统，当前完全可以鼓励推行现代家族邻里互助养老，在资金来源问题上，可效仿古代，通过接受富裕家族、村庄成员捐赠，集资等方法解决，可比照"义庄"成立独立运作的非政府组织，拓展老年人获取社会资本的途径（袁同成，2009）。就养老需求与供给角度而言，互助养老是农村群众根据老年人自身需要所创造的新型养老资源供给方式，促进了对家庭和社区为老资源的高效利用，在政府和相关专业组织的社会支持体系下，可以说是增强家庭和社区养老功能的重要尝试（陈静、江海霞，2013），体现了农村养老事业发展的新方向（韩振秋，2013）。有人认为，可将互助养老整合进国家农村居家养老服务体系中，这样农村社区居家养老可借助"互助养老"模式，互助养老依托居家养老服务体系的各类资源，在老人生活照料与精神慰藉方面能真正填补制度性养老保障体系的空白，使正式制度与非正式制度完美结合以为农村养老问题的解决创造可能性（高和荣、张爱敏，2014）。从以上学者的研究中可以发现，农村互助养老已成为国家论和市场论福利意识形态之外的"第三种体系"（王铭铭，1997），与制度化养老保障体系一起形成我国农村养老福利体系。农村养老互助有利于弥补农村养老领域内生活照料及精神慰藉供给普遍不足的问题，也有利于克服制度化养老保障无法解决的困难。

当前学界对"互助养老"的理论分析主要有两个方面：一是简要分析互助养老背后的几种理论依据；二是以某一理论作为理论框架，对互助养老进行分析。甘满堂等（2014）认为互助养老的理论依据主要有人力资源理论、非政府组织理论，人力资源理论认为部分老年人有贡献于社会的良好身体条件、知识储备、经验阅历，可教育和培训轻老群体承担老年护理工作；非政府组织理论认为村民自发成立的老年协会等自治性组织可弥补政府和市场在农村养老事业中的失灵，是解决转型期中国农村养老问题的有效尝试。赵金才、黄君（2016）认为社会交换理论是实现互助行为可持续的支撑，马斯洛的需求层次理论、多亚尔和高夫发展的人的需要理论是老年人通过互助养老满足经济需要、日常生活照顾需要、健康医疗需要和精神需要的理论依据。但以上研究都只将理论作为研究依据简单说明后一笔带过，而以某一理论作为研究框架的文章较少，以硕士论文为主。卢艳、张永理（2015）以社会支持网络理论为分析框架，认为互助养老是在熟人社会的基础上对农村互助传统的继承，通过调动政府、社区、亲友邻里、老年人自治组织、社会组织等因素重构老年人的社会支持网络，以降低家庭养老功能弱化带来的养老风险并增强老年人获取社会资源的能力。郭丹阳（2013）以社会资本理论、社会互助理论为切入点，认为农村互助养老模式的可持续性发展要从政府制度设计、资金筹集与监管、调动村庄积极性、培育互助意识、完善配套设施、社会工作介入等方面着力。上述与互助养老相关的理论分析文献多应用管理学与社会学相关理论，其他学科视角的研究及跨学科视角的研究缺乏，以相关理论作为理论框架的解释性互助养老研究极少。

（三）国内学者对国外互助养老模式的研究

基于国内互助养老模式的兴起及发展中面临的困境与挑战，国内也有学者对国外互助养老模式进行研究以获得经验借鉴，取长补短；其研究对象主要集中在德国、日本、美国等发达国家。

第一章　绪论

乔琦、蔡永洁（2014）以德国非血缘关系的多代居（multi-generation housing）互助养老模式为研究对象，基于对柏林的4个案例的实证研究，从合作机制及设计策略方面对多代居的组织方式进行分析，探讨非血缘关系的多代居互助养老模式如何成功聚集不同年龄、不同家庭的住户，并通过鼓励住户互动而达到帮助照顾老年人的目的；他们认为，在当前我国养老形势下，这种没有血缘关系的多代居互助养老模式也可成为我国社会养老模式的积极补充。德国多代居的另外一种形式是在一些大学附近，部分有空余房间的老人以免租金的方式将房子出租给学生，换取学生们提供的日常照护服务及精神上的慰藉，这种类似"祖孙共居"的模式也是代际互助的一种变化形式。除以上两种模式外，德国还探索了"老年之家"等同辈互助养老模式，王玉龙（2012）基于对德国德累斯顿政府和福利机构合资建造的"老人之家"的研究，认为该模式建立在传统邻里互助理念之上，由年纪较轻的老人组成互帮小组，轮流为有需要的老人提供帮助；当这些年纪较轻的老人年迈需帮助时，其他年纪较轻的老年人会接力提供帮助，这与我国的互助养老幸福院模式的互助机制相类似。

陈竞（2007，2008）通过对日本都市邻里互助关系网络（Neighbouring Help Network）的研究，认为日本今后社会生活的发展方向与目标应由以政府公共保障为主的"福利国家"逐渐向以市民/居民自助和相互协作为主的"福利社会"转变，行政职能部门加强社区建设可以为互助提供条件。20世纪80年代，日本在《国民年金法》、《老人福利法》和《老人保健法》的基础上制定了《长寿社会对策大纲》，致力于建设"具有活力的长寿社会"，提出"町内会和自治会"等自发邻里群体应通过相互扶持和帮助，上门为独居和孤寡老人服务，形成邻里社会互助网络，通过基金会和政府的扶持，以及志愿者的服务，减轻家庭的养老压力（郭丹阳，2013）。除对美国、德国、日本互助养老模式的研究外，黎文宇（2014）还对法国蒙特勒伊苏布瓦市的女性互助养老模式进

19

行了研究。2009年，几位退休女性在当地政府及法国低租金住房办公室的帮助下建立互助养老社区，该社区以女性退休人员为主，所有人互帮互助，除照顾日常生活起居外，还提供健身、按摩等服务，发展成熟后将逐步对男性退休人员开放。

王强（2013）认为，时间银行互助模式、德国合住公寓（多代居）互助模式、美国"国会山村庄"会员制互助模式是当前国外相对主流的互助养老模式。2007年在美国成立的互助养老"村庄"是旨在实现老年人互助的会员制非营利机构，以社区居民（尤其是会员）的志愿服务为基础，在降低养老经济成本的同时，满足老年人的"就地养老"愿望；该模式逐步发展为"村庄"模式（Village Model），并在全美范围内有所发展。张彩华、熊春文（2015）进一步对美国采取"村庄"模式的13个"村庄"样本进行实证性研究，通过分析其会员特征、组织运行资源、互助服务传递模式及服务内容、面临的挑战，建议我国以农村老年人需求为导向，完善居家养老服务系统，建设传统的家庭养老、互助型居家养老、集中居住型互助幸福院养老、养老院等机构养老"四位一体"的"养老方式综合体系"。

总体而言，国内学者对国外互助养老模式的研究并不多，相关研究也主要停留在对养老模式的描述及总结上，缺乏较深入的多学科视角的研究。

（四）文献总结与简评

上文对我国传统家庭养老及养老功能的弱化进行了时间上的纵向综述与内容上的横向综述，之后在农村家庭养老功能弱化背景下，对学界在农村养老方式的选择及农村养老的出路方面的相关研究进行了梳理，最后对作为可选出路之一的农村互助养老方式的相关研究进行综述。综观上述文献分析，中国农村传统家庭养老研究经历了研究对象从无到有的过程，反映了经济社会变迁和人口老龄化的过程，也反映出我国对农村养老模式探索的多样化趋势。在研究视角和研究方法方面，学界对农村家庭养老各类现象的研究视角呈现多样性，但多为实践层面的实证研究。虽然也有理论性研究，但多为单一学科视角、单一理论角度的研究，单一的学科和某种单一理论在研究复杂的养老问题上具有一定的局限性。从具体操作层面的研究方法来看，多数研究是基于实地调查的经验研究，通过观察、访谈及问卷等辅助方法获取资料，虽然少数学者从个案研究入手进行分析，但对可用于深入挖掘信息的深度访谈等方法应用较少。

在研究类型方面，当前学界的多数研究是实证研究，且定性研究占多数，缺乏宏观数据层面的定量研究，特别是在互助养老方面，缺少对当前我国农村互助养老形势的宏观把握。与实证研究相比，当前学界的理论研究相对薄弱，该领域应用的理论多为西方学者提出，我国对老龄理论的研究还很薄弱，在运用西方社会科学理论解释中国农村的养老问题、借鉴经验时，应考虑到中国养老文化及传统的独特性，否则"他山之石"难以达到"攻玉"的效果。当前我国学者在养老领域提出的可被称为理论的仅有费孝通先生关于家庭养老的"反馈模式"理论及姚远总结的"血亲价值"理论，但以上两个理论是在家庭养老功能正常的背景下提出的。在当前养老新形势下，对养老领域"相关理论"进行反思是个较好契机。此外，家庭养老本身就是一个复杂的系统，家庭养老系统又处于国家和社会视野下更大的系统之中，因此必须坚持以系统论的观点来探究农村家庭养老的本源；若仅仅满足于对老龄现象的统计性描述，而忽略它与社会结构、社会系统之间的关系，将无助于对老龄现象本质的认识。

前文的文献综述对未来农村家庭养老及互助养老方面的研究有一定的启发。首先，当前学界缺乏对中西方互助思想及文化的对比研究，西方国家家庭的社会性与公共性较强，平等、互助、自治理念及宗教教义对其都有影响，另外我国传统的家族主义及家庭观、个体主义等使得中西方在互助观念上具有差异性。虽然当前学界也开始关注西方发达国家互助养老模式对我国的有益启发和经验借鉴，但对上述差异性的分析并不深入；西方国家的互助养老模式多为自发形成，而当前我国正推广的互助养老幸福院模式是在政府资金、政策等的支持下产生的，从政府支持视角探究"自发互助"与"干预互助"的国内外对比、国内对比都是很好的研究切入点。其次，当前我国的养老政策倡导以"居家养老"为主，并且正在建立和完善社区居家养老服务体系，虽然短期内该服务体系很难覆盖到所有农村，但未来"社区养老"与"居家养老"两种模式相结合，充分利用社区平台应对农村养老问题是大势所趋。如何将互助养老幸福院模式整合进去以发展本土化的养老模式也值得研究。农村互助养老是当前我国养老形势下应对老龄问题的过渡方式，未来人口政策放松、城镇化、工业化发展到一定程度之后，农村互助养老是否就会失去其存在的价值，在我国农村养老保障体系中将处于怎样的位置，这些问题都值得继续探讨。

三　国外互助养老相关研究

Gsta Esping-Andersen（1990）依据社会权的性质、社会分层、国家—市场—家庭之间的关系，将福利国家大致分为三种不同制度类型，"社会民主"的福利国家（如英国），"自由"的福利国家（如美国），保守型福利制度国家（如德国），分别与民主主义、自由主义、法团主义三种意识形态相对应；不同类型的福利国家有不同的福利制度，其国家、市场、社会、家庭、个人之间的关系及责任分担亦有所差异。就家庭养老保障而言，McDonald（1995）认为影响家庭提供养老保障的因素主要有5个：文化（或立法传统）、家庭成员在人口学意义上的可获得性（demographic availability）、家庭成员在地理学意义上的可获得性（geographic availability）、家庭成员的经济能力和提供养老资源的意愿。其中任何一个因素发生变化，最终都会导致养老体系的变化。鉴于家庭成员的经济能力及提供养老保障意愿的个体性差异较大，各因素对家庭养老保障的影响也因家庭、个人而异；受人口生育率和人口流动性的影响，西方国家家庭结构小型化趋势日益明显，家庭成员在人口学意义和地理学意义上的可获得性较低，养老资源的供给受限；加之，大多数西方国家的子女对父母的赡养义务并未上升到法律层面，多数老年人会依托相对完善的社会福利制度而自养、入住养老机构或者以社区居家养老的方式度过晚年生活；但基于意识形态及福利制度差异，并非所有国家、所有人群都能够获取足量、优质的养老资源供给；此外，中西方在文化及历史传统上存在差异，西方以血缘关系为基础的代际互助养老并不处于主导地位，因此基于地缘的互助养老便有了存在的空间。

在养老文化传统上，相对于西方国家而言，东亚其他国家的养老文化与中国的共性更多，其互助养老模式（比如日本的邻里互助网络等）的经验对于中国而言更具有文化适应性。但是，基于笔者在美国伊利诺伊大学芝加哥校区联合培养期间对美国互助养老"村庄"模式的调研及了解，美国的互助养老传统与英国一脉相承，加上英美两国在应对人口老龄化上的相似经验，本部分选取美国为综述的主体之一并梳理其互助传统、互助养老形式及"村庄"模式方面的研究，而暂不讨论东亚国家的互助养老问题。鉴于英美两国已先于我国完成城市化、工业化进程，农业人口占比较小，且社会福利保障机制相对较完善，因而关于农村老年人互助养老方面的研究并不占多数。因此，本部分对西方国家互助养老的综述将不刻意进行城乡区分。

（一）英国的互助传统及互助养老形式

1. 概念界定。当前学界对英国情境下"互助"（mutual aid/help/support）与"自助"（self-help）的概念尚无统一界定，诸多界定中认可度较高的是 Burns 和 Taylor（1998）对自助与互助的定义，他们认为自助是发生在家庭成员或家庭成员之间不需要支付费用的工作或活动交换；互助是指居住在不同家庭中的人们之间的非市场性交换。Williams 和 Windebank（2000）进一步将互助分为两种类型:"非支付型的社区交换",即发生在扩展家庭(fxtended family)、社会网络或邻里网络之中,由个人或有组织的自助性团体提供的不需支付费用的志愿性活动;"支付型的非正式交换",即需要付费但不需以商品形式缴税的交换,主要通过交换实物和服务换取金钱、礼物或者劳动力。这种交换虽然未在国家税收系统及劳动部门登记,但也是合法的。在多数研究中,作为研究对象的"互助"通常指前者。鉴于互助也是自助的基石,因此,英国学界对自助团体或互助团体(self-help/mutual aid group)的界定超越家庭范畴,不再刻意强调自助与互助的区别,认为自助团体或互助团体是指遭遇同样的问题或生活境遇的人自愿组成团体并进行自我管理、自我服务,基于类似的经历,他们能够相互提供具有一定品质的、非专业性的、出于自愿的支持,相互分享实践信息以及应对问题的方法(Self Help Nottingham,2016)。

2. 英国的互助传统及互助养老的主要形式。在前福利国家时代的英国,政府在社会保障领域内缺位,组织化的群体互助与自发的个体互助是重要的福利保障及福利服务形式。个体互助主要基于地缘的邻里互助,在养老上主要有两种形式。一种形式是同性别老年人搭伴同住组成特殊家庭并以"家庭成员"的角色相互照料、互相帮助以度过晚年。比如,无子女或子女无力承担养老责任的老年丧偶者(特别是女性)以及老年单身者自发以互助方式搭伴居住度过晚年的养老形式。在 Sokol(1988)的研究中有对以上养老形式的实例研究,在 1821 年布里特里地区的住户中,有 5 户家庭是由年龄为 50~81 岁、无亲属关系的贫困老年女性组成的,另有 5 户非贫困住户是由 6 位未婚女性和 7 位丧偶女性组成的,这些女性多是老年人,通过共居互助解决养老问题。另外一种形式则是常见的自发性邻里志愿帮助活动,如志愿看望独居老人并帮助其料理家务等。

基于地缘、业缘的组织化工人群体互助早在中世纪时便已经兴起,如英国的协会(Confraternals)、同业公会(Guilds)、行会

(Trade Organizations)等正式的志愿性互助组织,这些互助组织在12世纪得到迅速发展。协会的起源与宗教相关,面向不同阶层和职业中信奉该组织的人。同业公会面向相同行业中做相同工作的人,这类组织承担着部分提供社会福利的功能,帮助身患疾病或遇到其他紧急事件的人,实现一定区域或群体内的互助(Beito, 1993)。在中世纪的英国,行会是互助的主要形式,主要为行会成员提供老年津贴、慰问及丧葬等帮助,有时还承担孤寡老人的供养责任;但这类组织因在争取利益方面的暴力行为,遭到工厂主及当地政府的打压。17世纪初,英国颁布《济贫法》(*Poor Law*),但其仅对老弱病残中"值得救助者"给予生活救济,对流民等"不值得救助者"予以惩罚并强制劳动(Tawney and Power, 1924),救助范围窄;而19世纪颁布的新《济贫法》以济贫院的院内救济为主,对自由的限制及劳动惩戒使多数人不愿意接受政府救济,这也是后文民间互助性福利组织友谊社在19世纪得到迅速发展的原因之一。

17~19世纪,随着圈地运动和工业革命的发展,原本以家庭、教会和慈善组织为社会保障主体的状态受到冲击,在工人阶级数量增加的情况下,社会福利并未配套增加,受失业、伤病、年老等风险影响,工人阶级的生存威胁增加。由此,友谊社(Friendly Societies)(友谊会、丧葬会、共济会、募捐会、疾病会、织工会等工会及存款协会等的统称)、合作社(Cooperatives)等成为中上层人民实现互助的主要形式。其中,友谊社以"互助解困,共同娱乐,互相教育"为目标,成员自愿按规定向协会交纳会费后,可在疾病、失业、年老、死亡、灾祸等情况下由本人或家属向协会提出申请,以获得协会提供的经济支持、医疗保险及廉价优质的医疗服务等(Martin, 1998)。18世纪末,英国议会出于减轻政府济贫负担的考虑,通过《罗斯法例》(*Rose Act*)鼓励友谊社的发展,其合法地位得到确立并获得社团法人资格,可制定约束章程并保有法律承认的基金(克拉潘,1974),当时的友谊社虽然不带有任何政治倾向，但作为国家养老保障的重要补充而发展迅速。

此外，中世纪时通常由教会负责救助老弱病残，但随着英国宗教改革及遣散修道院政策的推行，神权国家、神权政治逐渐向民族国家、世俗政治过渡（丁建定，2013），传统的教会救济受到打压；在救济方式向政府救济转变的同时，不纯粹依赖"救济"的宗教性互助组织的出现成为老年人获得保障的一个途径，1783年成立的伯德尔妇女友善社团（Bedale Ladies Amicable Society）自发组织中产阶级女性基督徒进行入户探访并帮助贫困、年老体弱者（Behagg，1990），认为"关照穷人、病人、赈济老人"有利于把"家庭成员式的相互关照行为带向社会"（Drazanin，2000）。

Martin（1998）在整体回顾 19 世纪英国互助会的演进过程及相关文献的基础上，认为英国互助的传统及其向现代的演进也是家庭和政府之外社会力量发展的一部分，互助主要由自发形成的志愿性互助团体或组织开展；就其对社会保障的作用而言，互助团体或组织通过团结成员增加社会资本，通过自我管理促进民主，并在独立和自助基础上改变成员对社会福利的态度，减轻对《济贫法》等社会福利相关法律的依赖，同时有利于降低贫困率。20世纪初期，《国民保险法》颁布后，国家福利的发展及英国政府自由放任政策的结束挤压了自发性互助福利组织的生存空间，加上激烈的商业竞争和管理上的流弊等原因，互助组织的势力逐渐被削弱；随着现代大工业的发展以及老龄社会的加速发展，互助组织有限的经费无力承担养老及失业的保障费用，传统的自发性民间互助组织也因无力承担社会保障与社会福利提供职能而面临"失灵"，最终以"被核准的社团"身份成为政治色彩浓厚、协助执行国家福利政策的社会团体，互助功能大大减弱，之后逐渐退出历史舞台。这意味着英国国家原本的"自由放任"态度开始发生转变，开始通过政策干预向社会经济领域扩权，逐步承担社会责任并走向福利国家。虽然友谊社逐渐退出历史舞台，但互助的传统得以传承。

3. 当代英国互助养老的主要形式。二战以后,随着养老领域的"去机构化",英国政府出资,在社区内由社区各类人员(专业人员、家人、朋友、邻居及社区志愿者)承担照料工作的社区照顾养老成为主流,并试图在社区层面满足老年人的养老需求,这为基于"熟人社会"的老年人互助提供了条件。社区层面老年人的互助主要表现为老年人之间的陪伴与照料、日常的工具性帮助或咨询建议上的相互合作与帮助,其互助行为可归纳为两种类型:简单的互助,即老年人在不同时间点上的相互帮助和合作行为;连续性的互助,即接受帮助的人不一定将帮助回馈给为其提供帮助的人,而是继续帮助其他类似需要帮助的人(Leat, 1982)。20世纪末,Wenger(1993)基于对北威尔士农村地区的534位65岁以上老年人的问卷调查、对30位80岁以上老年人的深度访问,探索不同类型的社会支持网络中自助与互助的本质,进一步强调通过公共政策鼓励社区内老年人群体间互助的必要性,以维持社区稳定,并帮助老年人实现尽可能长久地在社区居住的愿望。鉴于并非所有老年人都希望以互助形式度过晚年,有学者便对互助养老群体的特征进行研究,发现亲属联系较少的老年人通常会以非亲属间的互助关系来弥补其缺失的亲属联系(Wenger, 1990),且老年人之间的互助存在"相互依赖的累积效应",即过去常常依赖于亲属的老年人在亲属关系缺位时会更可能从邻里(或他人)处寻求帮助(Sherman, 1975)。1998年,Williams 和 Windebank(2000)进一步以南安普顿的城市贫困社区的邻里互助为例进行研究,认为贫困地区较富裕地区而言更易产生邻里互助行为,其研究还发现,相比其他类型的家庭,非付费的互助行为在无劳动力赚钱的家庭之间的互动较为频繁,且邻里互助开始在富裕家庭中出现市场导向的付费趋势,即成为"支付型的非正式交换"或有偿的互助行为。

以上为老年人之间自发的无组织的邻里互助行为,20世纪80

年代以后，英国有组织的邻里互助行为再次以多种形式得到发展并促进了社会参与与社会融合。80年代初，Linton（1994）提出本地交换交易计划（Local Exchange Trading System，LETS），该计划在加拿大英属哥伦比亚地区试行并在英国得到发展，通过发布会员供给与需求的目录，使成员根据自己的需求、供给能力以及交换物的价值，依据当地自主制定的单位折算，进行货物、服务和志愿活动交换。老年人与穷人是该计划中受益最明显的群体。1998年，互助合同（Mutual Aid Contracts）由英格兰布拉德福德房产公司在其住户间试行，每户要填写社会需求表格，公司根据住户的需求和可提供的帮助进行匹配，由住户签订互助合同并在生活上相互帮助。

1998年，英国第一家以时间作为交换单位的时间银行（Time Bank）在英格兰格洛斯特郡农村社区建立，在弥补公共服务对脆弱群体及老年人口覆盖"缺位"的同时，也为当地老年人的互助活动提供了平台（Seyfang，2003）。随着时间银行的发展，旨在提供社会参与机会、加强社会融合、传递健康服务、赋权、增进社会福利的全国性时间银行保护伞组织 Time Banks UK 成立，为各地时间银行提供帮助及交流平台。但是，时间银行需要支付银行经纪人（Bank Broker）薪金、办公场所租赁费、推广费用等约27300英镑/年，资金缺乏可持续性是其发展的主要瓶颈（Seyfang and Smith，2002）。时间银行是在市场经济活动之外、没有市场特征的、以满足社会需求和提高社会公民权为基础的社会经济形式，在这种社会经济中，非付费的志愿性工作对贡献社会而言，其价值需要得到公共政策的肯定并对其运行给予一定的支持（Seyfang，2003）。Seyfang（2003）通过对伦敦南部的 Rushey Green 时间银行的个案研究还发现了时间银行面临的另一项挑战：与寻求帮助相比，参与者更倾向于付出时间提供帮助来积累时间货币，因此，如何使参与者明白时间银行是互助组织，而不是单纯提供帮助的慈善机构，并通过互助实践践行该观念成为一项挑战。此外，鉴于就业在预防社会排斥上的重要性，在鼓励穷人和失业者参与到时间银行举办的志愿者活动中时，也要鼓励他们融入劳动力市场。

虽然老人和穷人是时间银行互助服务的最大受益者，但老年人多样化的养老需求却不可能仅通过时间银行满足，老年人的照护者也是满足其养老需求的主体之一。Barnes（1997）的研究发现，2000年，英国共有570万名照护者[①]，约占成年人口的八分之一，且每年会有近130万名成年人成为新的照护者，照护者的自助/互助团体逐渐出现并呈现增多的势头。Munn-Giddings和McVicar（2007）通过对英国东南部两个照护者（Cares）互助团体（共30人）的研究发现，照护者的中位年龄为55岁和51岁，多数照护者是非职业的且照护对象多是配偶或伴侣，老年人照护者互助团体成员间的照护经验交流、心理压力疏导等能够间接提高照护质量，有利于老年人照护者及被照护者的身心健康。然而，老年人照护者及老年人被照护者互助团体的成立与增加，也直观地反映出家庭在老年人照护上面临沉重负担和压力。

进入21世纪，社会力量及社区在养老领域，特别是互助养老领域的作用逐渐凸显，在一定程度上有利于政府与家庭养老负担的减轻，也顺应了社区照顾的政策导向。Blood和Pannell（2012）探讨了英国私营部门在社区构建老人院（Retirement Housing）为老年人带来的社会资本及社会支持的重要意义、面临的困难和局限性，建议将老人院建成社区中心（Community Hub），通过志愿者、同辈照料、时间银行、社会型企业、促进代际沟通与交流等多种形式实现对老年人的社会关怀，提高老年人的生活质量。鉴于农村地区地理位置偏远，正式的中央政府公共养老服务在农村可能没有达到理想的效果，因此，农村地区更适合建立"地方政

[①] 英国卫生部对"照护者"的定义通常是：照护因残疾、疾病或衰老而不能自理的亲戚、伴侣或朋友、残疾儿童的人。见 Department of Health（1998）。

府驱动型"社区老人院,使老年人可以得到自己信任的人的照顾和认同以保持自己原有的生活方式。但是,随着同伴互助照料和志愿者服务的互助养老形式的增多,正式公共服务的数量和质量会不会下滑,在缺乏资金保障情况下运营的可持续性等问题值得进一步探讨。此外,在对现有养老机构内老年人互助行为的研究中,Theurer(2010)等以加拿大英属哥伦比亚地区的3个长期护理院(Long-Term Care Homes,LTCH)中的互助团体为研究对象,认为让老年人常规性地参与到互助组定期开展的聚会和讨论活动中可以降低老人的孤独感、无助感和沮丧感,从而起到心理治疗干预的作用。此外,互助也可以在满足老年人养老需求的同时,降低养老成本。

然而,与鼓励建立老人院等养老机构相比,英国政府更倾向于"去机构化"的互助养老社区(Mutual Assistance Community for Elderly People)建设。老年人共同居住和合作(Co-housing and Co-operatives)的养老模式在住房协会①的参与下应运而生,其成员多是社区邻里中50岁及以上的老年人(如伦敦的老年妇女共居组,Older Women's Cohousing Group),通过有意识地积极参与共同居住,从邻里互助中获益。但该模式的兴起并不以获取老年人社会照顾为初衷,而是希望通过共同居住的方式保持老年人积极的生活状态,而避免或降低老年人对社会服务的需求,是预防层面的举措(Brenton,2008)。该模式最早在20世纪70年代的德国、丹麦、荷兰等老龄化严重的国家兴起,荷兰政府将共居模式称为"居住组"(Living Group),希望通过该模式维持老年人的健康和幸福生活以降低其对健康和社会照顾服务的需求,这与英国共居模式的建立初衷相一致。为争取公共政策对老年人共居模式的支

---

① 英国的住房协会(Housing Associations)是私营非营利性组织,为有需要的人提供低成本的"社会性住房",由此获得的收益用于维护现有住房及建立新住房。虽然该组织独立运营,但政府对其有资金支持。许多面向"社会失范群体"(如涉毒群体、刑满释放者等)的支持性住房也是由该组织提供的。

持，关注共居模式的老年人成立 Vivarium 公益性信托基金，致力于促进老年人"住得起"的共居互助养老模式的发展，并为其他类似模式提供咨询支持（Joseph Rowntree Foundation，2013）。

(二) 美国的互助传统及互助养老形式

1. 概念界定。在美国"互助"领域的相关研究中，多数学者在对自助与互助、自助/互助团体、自助/互助组织等概念的表述中没有对"自助"和"互助"的概念进行统一的定义，甚至将以上概念混淆通用。但也有学者对互助、自助及其团体和组织的概念进行界定，认为：自助团体是由处于相同境遇的人（通常是同辈人）组成的志愿性小组，以小型的组织结构开展面对面的社会互动型的互助以满足共同需求，战胜共同的困难，从而实现其对社会或个体变化的期望（Katz，1981）；自助团体的形成通常是"原因"导向的，并在个人身份认同的过程中传播某种意识形态或价值观念；而自助组织通常是地区性、国家性或者国际性的团体联盟，以促进当地团体的发展为目标。然而，有学者认为以上概念中的"自助"用词并不准确，体现不出团体内个体之间的相互支持氛围，而互助则可体现出团体内的平等性和公共性，因此提倡使用"互助"一词。但是，较"互助"而言，"自助"的概念在美国的实践层面应用更为广泛（Humphreys and Rappaport，1994）。

2. 美国的共济互助传统。美国的共济互助传统受英国影响深远，其早期以"互惠"为特征的互助组织形式也与英国一脉相承。例如，受 18 世纪英国协会和行业协会影响，美国社会自发形成兄弟会/互济会（Fraternal Societies/Orders）、姐妹会（Sororal Societies）等志愿性协会组织，其互惠主要存在于团体内部，当下是给别人提供帮助的人，未来则可能成为接受帮助的人，反之亦然。19 世纪 20 年代，共济性的美国疾病与殡葬保险协会发展至全国层面，之后起源于 18 世纪英国 British Odd Fellows 的全球性互助组织 The Independent Order of Odd Fellows（IOOF）（Beito，1997）也建

31

立起来，为具有共同特征的群体提供互助性服务和平台、疾病和殡葬保险，也为老年人、孤儿等群体提供寓所。19世纪30年代，随着工业化与城镇化的发展以及人口的集聚，美国的协会组织得到广泛发展，不同年龄、境遇、职业的人都可找到自己可参与的协会组织（Tocqueville，1981），通过在互助会中建立类亲属的兄弟、姐妹关系等，强化并扩展家庭作为社会组织的功能，延伸支持核心家庭的亲属网络，依据成员的不同困难提供不同的帮助（Brown，1973），使基于血缘、地缘及宗教的互助增强，养老问题也是其中的重要方面。19世纪60年代末，全美第一家互济性人寿保险机构Ancient Order of United Workmen（AOUW）成立。20世纪20年代，在全美约1亿人口中，有900万人加入了该组织；此时，20岁以上的成年人中约30%隶属于不同类型的互助组织。1913年，全国共济委员会（National Fraternal Congress，NFC）成立，成为各类互助组织的保护伞。1925年，美国互助组织发展到顶峰（约120000个），但二战后仅剩52655个，且其共济互助的功能大大弱化，至20世纪末，多数互助组织已变成普通的社会组织（NFC）。由此可见，19世纪，美国互助组织的保障范围具有小规模、地区性的特点，拥有少量的资金和无计划的互助；20世纪，美国加入全国性互助组织的人数显著增加，互助组织的兴盛也与20世纪后半期美国倡导人性化、正常化和社会融合化的"去机构化"运动有关，主要在住所、死亡及疾病上进行互助。进入21世纪，互助组织在经历其发展顶峰的同时，也经历了规模缩小及功能的大幅度弱化，这是其发展的转折时期。

虽然美国社会的共济互助现象在现实生活中产生较早，但依据现有文献，对该现象的研究最早见于1901年Peter Kropotkin著*Mutual Aid: A Factor in Evolution*，该书从历史社会学视角对互助在人类进化中的作用进行阐述。之后，直到20世纪60年代，互助现象才开始引起较为广泛的关注（Volkman and Cressey，1963），关于个体健康及人生转折、被污名化群体及其他弱势群体的互助现象的研究也开始慢慢出现。例如，1969 年，Sagarin 从社会越轨角度著 *Odd Man In*，分析了同性恋者、刑满释放者、精神疾病者等群体的自助团体、互助组织，并认为这类组织的出现是一项重要的社会运动。20 世纪 70 年代中期，美国学界对自助和互助的研究开始转向公共政策领域，认为自助和互助组织是社会福利、公共卫生、公共服务传递的一种创新（Katz，1981）。同时，社会学领域基于案例和实证研究的解释性研究逐渐增多。例如，1976 年，Katz 和 Bender 著 *The Strength in Us*，Caplan 和 Killilea 著 *Support Systems and Mutual Help*，以社会科学的概念解释自助、互助与支持系统，认为自助团体是为实现互助和特定的目标而自愿组成的小规模团体结构；这种团体通常由同辈/同等地位的人组成，寻求相互帮助以满足共同需求、战胜共同的苦难或困扰生活的问题，并且渴望社会和/或个人改变；这种团体的发起者和成员意识到现有的社会组织满足不了或不能满足他们的需求，所以他们通过面对面的社会互动形式，由团体成员分担责任，互相提供物质帮助和精神支持。可见，互助（自助）团体具有以下四个特性：互助是自我治疗的一种方式，互助是一种意识形态，互助团体是一种组织形式或社会组织，互助也是一种赋权策略（Katz，1981）。"互助是对相对弱势、被污名化、贫困的群体的赋权"的观点逐渐在20 世纪后期占据主导地位（Berger and Neuhaus，1977）。Pilisuk 和 Parks（1980）通过对 28 个不同自助组织的结构特征的研究也证实，自助组织在成立之初多是为了获取社会支持和互相帮助，而并非为了医学治疗；与医疗相关的自助组织也多是为弥补药物治疗的缺陷（主要是指药物治疗在个体社会及心理方面上的功能缺失）而产生，其他互助组织的产生多是由于相关服务不足或没有可利用的服务（Traunstein and Steinman，1973，1974，1976）；但自助或互助组织的活动以提供人类服务为主要内容，专业人士及社会工作者在互助服务提供过程中的作用和角色应引起重视（Levy，1976）。

综上可见，20世纪末之前，互助方面的研究大多基于以下四个视角（Humphreys and Rappaport，1994）：基于专业性/正式化的视角对互助服务与行为的自愿性/非正式化进行的研究；互助服务与互助质量的评估及评估方法研究；基于个体在互助团体/组织这一社会支持网中所共同遵守的规则，将互助团体/组织作为规范性"社区"（Community）的研究；将自助/互助组织看作个体或具备共同体特征的团体而反映其共同面对的困难或诉求以期得到支持与赋权的研究。以上关于自助与互助的研究在学科视角上主要集中于心理学、人类学、社会学、护理学、社会工作和老年学等领域。

3. 当代美国互助养老的主要形式。当代美国互助养老的具体实践形式呈现多样化特征，但主要是基于地缘的同辈互助。1973年，在美国的一个社区住宅计划（Unexpected Community）中，老年居民建立了积极的互助关系，老年人本身作为其晚年社会支持的重要部分，有利于减轻进入"老年"后所经历的鳏寡、退休等对其心理的影响（Hochschild，1973）。1975年Homer Farnsworth在加州地区首创了"老年人收集者"（Senior Gleaners）的老年人社会支持项目，将食品供应商与处于饥饿中的老年人联系起来，在解决食品供应商食品浪费问题的同时，满足老年人的物质需求；随着老年成员的不断增多，老年人之间的社会联系逐渐建立起来并日益紧密，老年人生病时相互看望，并且通过帮助弱势老年人收集食物换取这些老年人的时间、技能和才能；通过交换，老年人意识到自己的价值并增强了自尊。随着互助养老形式的不断涌现，学界也开始关注互助养老效果的评估与研究，Lieberman和Nancy（1979）对参与"居家照料"互助组的老年人与未参与的老年人进行比较研究，发现参与互助组的老年人有更高的生活满意度，沮丧、焦虑、失范、亲属关系紧张等问题更少，应对婚姻紧张关系的能力更强。

20世纪80年代，在65岁以上的老年人中，居住在护理型养老机构中的仅占5%，卧床在家或80%的日常照料都需要由亲属完成的老年人占8%，剩余的老年人居住在社区中但多数患有一种或几种慢性疾病，或多或少需要来自家庭成员、朋友或其他人的支持和协助（Brody, 1981; Shanas, 1979）。作为主要照护者，家庭成员在照顾残疾、患有慢性病老人的过程中会面临巨大的压力，产生紧张情绪（Cantor, 1983），由照护情形类似的家庭成员的照护者组成的互助小组（Mutual-help Groups）由此成立，以缓解压力和情绪、交流照护经验、共享照护资源。同时，社区护士也参与其中，与互助照护者分享医疗护理知识和经验（Pesznecker and Zahlis, 1986），通过照护者之间的互助，间接帮助家庭成员实现供养老人的目标。到80年代中期，埃德加·卡恩（Edgar Cahn）发起时间美元/银行项目（US Time Dollars/Time Bank Projects）（Cahn and Rowe, 1998），在社区层面，有互助意愿且加入时间银行的老年人可以通过提供服务或其他资源获得时间货币，再以时间货币换取他人资源以满足自身需要，也即将服务或资源用时间进行量化，通过劳动成果的延期支付来实现养老互助。

进入21世纪，美国的多民族融合特征愈加明显，其少数族裔主要有非洲裔美国人、拉丁美洲裔美国人、亚洲裔美国人、美洲印第安人或阿拉斯加原住民，预计到2030年，这些少数族裔的老年人口约占美国老年人口总数的25%。与多数族裔老年人相比，少数族裔的老年人在收入和健康上面临的问题更严峻，且进入21世纪，老年人口独居现象更加明显，老年独居人口约占老年人口总数的30%（Fields and Casper, 2000），因此少数族裔的养老问题值得关注。Lee和Ayon（2006）对美国的拉丁美洲裔和欧洲裔两个少数族裔老年互助组进行了质性比较研究，两个互助组每周都组织活动，其成员基本都患有一种及以上慢性疾病。但二者在人口特征等其他方面有所不同，比如拉丁美洲裔组多是相对年轻的、经济条件稍差的老年人，欧洲裔组多是独自居住的中产阶级；成员加入互助组的动因也有差异，比如从成员处获得陪伴、生活上的帮助、分享信息等。虽然该研究在样本量上具有局限性，但其对少数族裔互助养老现象的关注及对该群体养老需求的分析为后人提供了新的研究视角和启发。

此外，针对同性恋、双性恋、变性人、非异性恋者和非单性人（Lesbian, Gay, Bisexual, Transgender, Queer, LGBTQ）等少数群体中老年人的晚年生活，美国芝加哥霍尔斯特德中心（Center on Halsted）设计了"家园共享计划"（Homesharing Program）。LGBTQ群体中的老年人通常无子女或独居，该中心根据老年人的特点免费为其匹配房屋出租者，寻找伙伴共同居住，房屋提供者所提供的住所必须有两个及以上卧室，承租者需是18周岁以上且愿意与老年人同住的人，在共同居住的过程中进行互助，陪伴LGBTQ群体度过晚年并感受友情或亲情。

除上述对少数群体的研究外，战后婴儿潮一代正逐渐成为老年群体的主体，该群体无子或少子化特征显著。随着这代人相继步入老年阶段，他们依靠传统照护者（多为20~50岁的女性家庭成员）进行照料困难重重。预计至2030年，65岁以上的老龄人口将是2009年的两倍，老年人口数目的增加，需要具有文化适应性的养老服务和资源的同步增加（Hooyman and Kiyak, 2011）。但传统照护者仅会有少量增加，照护人员的短缺及机构照护的昂贵费用使得部分老年群体开始探索非亲属、不付费的照料方式（Barker, 2002）。加之，与住养老院或者护理院相比，老年人更愿住在自己家中养老，但是缺乏可以在家养老的支持（Dalley, 2005）。不同形式的互助养老模式的探索，为解决上述难题提供了启发。

老年共居理念社区（Elder Intentional Cohousing Community）的出现为无子女、离异/丧偶/未婚的单身老年人群体提供了共同居住、共享生活设施、相互照料、互助养老的可能，2006年在弗吉尼亚州成立的 Elder Spirit Community（ESC）是最早的面向中低收入者的老年共居理念社区之一。它由当地社区服务和行动小组的成员发起，老年人自我管理、自我决策，并通过社群感的培养增强共同体的凝聚力（Durrett, 2009），老人可租住或买下社区住房独立居住。互助养老的达成要求老年人满足以下条件：可以自理，能够向他人寻求帮助并接受他人的帮助，可以给予别人帮助（Glass, 2009）。那么，共居的效果如何？Glass 和 Plaats（2013）通过对美国一个老年共居社区（Co-housing Community）中 29 名老年人的深度访谈及一定的定量分析，回应了"老年人在社区中有意居住在一起是否有利于他们共同面对老龄问题？共同居住是否可以达成'老龄更美好'（aging better together intentionally）的假设？"结果表明：老年人有意识的共同居住验证了老年人互相支持的存在，使其对老龄化的接受程度增加，降低了孤独感和焦虑感，增强了安全感。这项研究为以"提高老年人生活质量"为目标的老年社区互助养老观念的传播提供了支撑。在老年人的居住空间上进行安排，也可以使老年人保持相当的自力更生能力，特别是在政府公共养老资源少、传统家庭成员照护者长期照料模式功能弱化的情况下（Glass and Skinner, 2013）。

除上述共同居住方式外，鉴于美国 65 岁以上的老年人中超过 90% 的老年人希望能够尽可能长久地在家养老，因而老年人独居在家的比例也较高，约占老年人总数的 29%。此外，老年人在倾向于居住在自己家中养老的同时，还不想依靠子女照顾其晚年生活，除非是不能自理时（Peace, Holland and Kellaher, 2011）。出生率的降低、劳动参与度提高、人口流动性增强、居住分散等使家庭照料面临困难，并且绝大多数老年人患有至少一种慢性疾病。虽然现有政策对老年人的医疗和长期护理需求有所保障，但其主要是为脆弱的老年人提供身体上和经济上的支持，难以满足老年人在社会支持、社会融合、社会参与及日常支持等方面的需求，比如，第三次科技革命使美国的经济快速发展，并为《老年人法》(The Older Americans Act) 的颁布奠定了物质基础，该法虽然面向所有老年人，但是其服务的获取通常需要排队等待。并且，老年人医疗保险（Medicare）通常仅用于应对紧急医疗事件，医疗救助（Medicaid）仅为低收入群体提供倾向于机构照料的长期护理服务与支持，居家服务支持极其有限（Davitt, Lehning and Scharlach et al., 2015）。尽管2010年奥巴马进行医改，推行长期护理保险，但公民缴费后仅能享受50美元/天的长期护理服务保障，而老年人的实际花费通常是该费用的3~4倍（Robert Wood Johnson Foundation, 2011）。老年人独居比例高、慢性疾病患病率高、自上而下的长期护理服务与支持保障的局限性以及居家养老的偏好，使老年人在社区层面不断拓展现有的基于家庭和社区的养老服务（Home- and Community- based Services）以探索满足其养老需求的"在地养老"（Aging in Place）模式。在以上社会政治及文化背景下，一些中产阶级老年人于2001年在波士顿Beacon Hill社区自发形成居家互助养老"村庄"（Villages），该"村庄"是基于地缘的、自下而上发起的会员制的互助草根组织，通过志愿者（多为老年人会员）向社区内居家养老的会员提供非专业性的服务（如交通、家务、入户陪伴等）、转介价格优惠的专业性养老服务（如个人护理等），使老年人尽可能长久地居住在自己家中。

（三）美国居家型互助养老"村庄"模式研究

随着"在地养老"观念的深入，2001年形成的"村庄"模式逐渐发展成为近年来美国互助养老的主流模式，并与自然形成的退休社区（NORC）一同被列为当前最重要的两种"在地养老"形式（Greenfield et al., 2013）。21世纪以来，对美国互助养老的研究也以该模式为主要研究对象，自2008年起，"村庄"模式的相关研究逐渐增多，且多数文章是在"在地老龄化"与"友好的老龄化/老年友好社区行动"① 的框架下进行研究的。下文就现有文献进行梳理,以明确美国互助养老"村庄"模式研究的现状及启示。

早期的互助养老"村庄"模式研究以个案研究为主,选取某一"村庄"并对其成立、运行及老年人参与进行质性研究,例如,Poor等(2012)对"比肯山村庄"(Beacon Hill Village,BHV)的个案研究、Herzog 等(2010)对"国会山村庄"(Capitol Hill Village,CHV)的个案研究,多是探索性与描述性研究。随着"村庄"模式的发展,相关量化研究及其选取样本的数量都逐渐增多,对"村庄"的组织、运行及面临挑战的分析更加深入,如 Scharlach 等(2012)以42个运行中的"村庄"为样本,对其成立使命、会员特征、组织特点进行了分析,发现93.3%的"村庄"以促进"在地养老",使老年人尽可能长久地在家居住为主要使命;为老年会员提供或转介服务居其次;也有的"村庄"以改善会员的健康状况或生活质量、赋权并促进老年人的社会参与为主要使命。"村庄"面临的最大挑战是资金和会员招募的可持续性,其次是"村庄"领导人的更换。Greenfield 等(2013)进一步通过对"村庄"的资金来源及使用情况进行分析,发现大部分"村庄"的运行是依靠会费、募资活动以及个人捐赠所得,而极少得到政府的支持,如何确保资金的足量与可持续对"村庄"发展意义重大。随着"村庄"的发展,学界开始关注"村庄"对老年人产生的影响。其中,Graham 等(2014)从"村庄"模式对老年人的健康、幸福生活、服务获取及社会参与的影响切入,对加州地区282位"村庄"成员感受到的影响进行双变量及多变量分

---

① "友好的老龄化/老年友好社区行动"(Aging Friendly Community Movement)最早可回溯到2002年联合国"老年行动计划"会议倡导的"设计有利于老年人的、支持性的环境",2006年世界卫生组织选取33个城市试点全球友好老龄化城市计划,提倡促进积极的老龄化、健康的老龄化、成功的老龄化(Judith and Robert, 2015)。

析，发现"村庄"在上述方面对老年人的影响都是正向的，该模式对于实现在地养老、提高老年人的晚年生活质量，具有重要价值。

2010 年，为回应各地成立"村庄"的兴趣，比肯山村庄与非营利性社区发展机构 Capital Impact Partners（CIP）联合成立服务于"村庄"的全国性平台——VtV 网络（Village to Village Network），并成为"友好的老龄化"发展网络中规模最大、发展速度最快的平台。至 2015 年上半年，已有 170 个"村庄"在 40 多个州为近 3 万名老年人服务，另有 160 个"村庄"正在筹建。在"村庄"模式快速发展的过程中，因各地的实际情况有所不同，"村庄"之间也有显著差异。因此，有学者对"村庄"模式本身进行了类型学研究（Lehning et al., 2015），依据"村庄"模式的顾客导向属性，从会员的参与程度、提供支持和服务的主体是志愿者还是专业性服务人士、资金来源主要方式是会费还是外界捐赠三个方面（Doty and Glick, 1994）比较不同"村庄"之间的差异，从而将"村庄"大致分为四类：会员参与度高、志愿者服务为主、会费为主要收入来源的"原始型村庄"，会员参与度高、志愿者服务为主、外界捐赠为主要收入来源的"外部资金支持型村庄"，会员参与度低、专业服务为主、会费为主要来源的"会费支持老年服务型村庄"，会员参与度低、专业服务为主、外部捐赠为主要来源的"老年服务型村庄"。

此外，对包括"村庄"在内的不同养老方式的类型学研究以及在此基础上的比较研究也是学界的一个关注点，在"友好的老龄化"背景下，实现友好老龄化的方式在社区层面可分为三种类型：社区规划型、以支持为中心型、多部门参与型。其中，"村庄"模式、自然形成的退休社区服务支持项目（Naturally Occurring Retirement Communities Supportive Service Programs，NORCSSP）模式属于以提供支持为中心实现"友好的老龄化"的途径，这两种模式通过整合非正式及正式资源、解决服务传递问题、搭建老年人互助的平台，改善社区层面的社会关系，为老年人提供服务及其他支持（Greenfield et al.，2013，2016），成为其他模式的有益补充。对此，一些学者在对"友好老龄化"进行概念界定的基础上，依托美国的69个"村庄"、62个"NORC"项目的调研数据，对"村庄"模式与"NORC"模式的实施、差异（如服务的供给方式、主要资金来源不同等）进行比较，启发今后研究要重视以上异同点对两种模式的实施效果及可持续性等关键产出的影响。此外，Greenfield等还进一步依托2012年"友好的老龄化"社区的全国性调研对其"组织特征和志愿行为"进行比较（Greenfield et al.，2016），认为"友好的老龄化"是来自不同部门的利益相关方通过做出周全而又有所区别的努力，在当地特定的地域范围内，使社会的和/或物理的环境更加有益于增进老年人的健康、幸福，更有利于"在地老化"和在社区实现老龄化（Greenfield et al.，2015）；比较志愿活动的阻碍及促进因素、组织管理因素中趋于稳定的因素及受管理影响较大的因素，强调合理划定志愿者活动界限以及对志愿者进行科学的管理等对服务效果的影响。

此外，Sun和Florio等（2007）通过对日本、美国、欧洲国家不同类型的老年互助社区进行质性比较，认为在老龄失能化背景下，应改变传统老年人照顾模式，借助在社区内推广智能科技等手段促进老年人的社会参与，并引导其积极并独立地生活；同时提出环境辅助生活（Ambient Assisted Living，AAL）系统的应用，可以为老年人提供安全的在自己家中或社区中养老的环境，但目前这种系统的应用还没有全面推广。Yang和Hsu（2010）也从促进安全的角度考虑，认为有必要使用电子医疗记录技术、带有感应器及定位功能的可穿戴设备、智能手机、平板电脑等，降低老人受伤及死亡的概率。就此，Satariano等（2014）认为"村庄"模式及其他"在地养老"模式是检验成本效益的好机会，可促进具有不同特征的老年人在不同需求上的满足。但是，当前在老年人中推行科技手段面临一系列挑战，如对经济条件欠佳的老年人难以推广，老年人群体获取科技信息的途径较年轻人闭塞，视力和认知上的障碍也对老人对科技的接受产生影响。此外，关于科技手段对老年人"在地养老"有什么帮助，目前缺乏相关的评估研究，这也使老年人不能直观地了解科学技术对老年人晚年生活的帮助和影响（Choi and DiNitto, 2013）。

综上可见，虽然多数研究对"村庄"模式持积极的态度，但是，基于老年人互助与社会化的"村庄"模式应该如何应对伴随老年人年龄增长而来的、强度和密度更大的居家养老服务需求，是多数管理者面临的问题，也是当前学界对"村庄"模式能否可持续发展的质疑（Lehning et al., 2013）。此外，包含以上研究在内的"村庄"模式研究多是基于个案或抽样调查的实证研究，并且主要是基于现状的横向研究，数据主要来源于现状数据及老年人对过去经历的回顾，该领域目前尚无相关纵向研究。因此，今后可通过纵向研究的方法追踪"村庄"成员及模式运行的发展变化、评估并预测该模式对老年人可能产生的影响，以弥补该领域研究的空白。

（四）英美互助养老的理论研究

经文献分析发现，英美学界对互助理论探索的学科视角较广，但多数研究主要以社会学、历史学、心理学、生态学理论为基础。俄罗斯学者Kropotkin（1955）的理论探索工作具有一定的开创性，他基于个体行为学、人类学、历史学、经济学和政治科学的综合视角，认为物种的个体努力程度是有限的，互助实践有巨大的发展前景并且是进步的阶梯，在人类伦理的发展过程中，互助是领先发展的部分，这为英美学者的互助研究提供了启发。另一个对英美互助研究影响较深的理论是类家庭（Quasi-family）理论，该理论认为参与互助的主体多是基于共同的目的，在类家庭的社会关系中开展超越亲情的、非族长制的互助行动，以类似兄弟的关系结构在物质和心理上相互支持（Foote and Cottrell，1965）。然而，Shapiro（1977）通过对比来自专业人士的帮助与自来父辈与子辈间的帮助、互助组成员间的帮助、亲属关系下兄弟姐妹间的互助，认为所谓的"类亲属"理论并不成其为理论。

关于互助养老方面的理论探索多是基于对具体互助养老模式的分析，比如，在基于生态系统理论（Ecological System Theory），探索"村庄"本质（Lehning et al.，2015）的研究中，Greenfield（2011）应用老年学领域和人类发展领域的两种生态学理论框架，即老龄化一般生态模型理论框架（Lawton and Nahemow，1973）和生态系统理论框架（Bronfenbrenner and Morris，2007），以个体与其所处的不同环境背景的相互影响和动态交换为视角，探讨包括"村庄"模式在内的不同"在地养老"模式对人的发展连续性和功能变化的影响；若环境变化造成个人资源需求不能满足，个体就难以实现"在地老化"（Lawton et al.，1997）；个体与环境的交换会随时对个体机能产生影响，比如个体生物生理特征（心理资源：自尊、乐观等），通过对个体机能的调适，帮助老年人更好地应对其所处环境中的挑战。"村庄"模式在带动老年人参与的同时，也使老年人作为"村庄"的组织者与管理者主动影响环境的变化，使环境向有利于"在地老化"的方向发展。

此外，Wahl 和 Iwarsson 等（2012）还进一步以老龄化与环境为视角，对 Lawton 和 Nahemow（1973）的老龄化一般生态模型理论框架进行了批判性继承，认为应以"整合的模型"对个体与环境之间的互动过程、个体与环境的资源（包括科技资源）等进行分析，鉴于老龄化一般生态模型中并未提及科技资源这一要素，而在当今社会中，科学技术及其应用在老年人的生存环境中的作用与影响日益增大，因此建议新的"整合的老龄化生态环境模型"应将科技因素考虑在内。

在社会学理论方面，来源于社会网络理论（Theory of Social Networks）的社会支持网络（Social Support Networks）为互助团体中个体间的互助和交换行为提供了研究框架。该理论认为，网络的规模、地理的分散性和交通的方便度、成员的同质性、社会交换的方向性、网络的密度影响个体社会身份的维持、精神支持及物质帮助、服务的获取以及新的社会联系的建立（Walker, McBride and Vachon, 1977）；老年人社会支持网络的维护和发展亦会受以上因素的影响，增加社会资本、促进社会融合与社会参与不仅是多数互助养老模式的目标之一，也是相关理论分析的重要部分。

此外，互助养老的理论支撑还有需求层次理论（The Hierarchy of Needs Theory）以及社会交换理论（The Social Exchange Theory）。美国学者马斯洛（Maslow, 1954）提出的需求层次理论认为人类的需求分五个层次，即生理需求、安全需求、情感和归属感需求、尊重需求和自我实现需求，且该理论基于三个基本假设：未满足的需求能够影响人的行为，满足的需求不能影响人的行为；人的需求有层次性，当某一层次的需求得到满足后，才会追求其他层次的需求；在需求层次金字塔中，越向下的层次在全人口中所占的比例越大。老年人在满足基本的物质和生理需求后，需求层次会进一步提升，以满足安全、尊重等更高层次的需求。随着社会经济的发展，农村老年人的物质需求和精神享受需求不断提高，现有的养老模式已无法满足持续提升的多样化需求，这就需要依靠互助养老使老年人之间实现基于各自不同需求的交换，以满足自身需求，实现需要层次的不断提升。这也说明，传统的养老模式正在逐步向多样化养老模式并存发展过渡。社会交换理论的创始人霍曼斯（Homans, 1958）从心理层面探讨人类的社会行为，认为人与人之间的互动基本上是一种交换过程，人与人交换行为是希望得到与其付出代价等同的利益与回报，利益与回报结果也会影响人与之间的行为选择。在互助养老模式的具体实践上，老人之间相互提供帮助，本质也是进行交换行为，老年人通过帮助他人获得的回报不仅是物质的也是精神的，同样对于来自他人的帮助，也应付出劳动或使用一定自有资源进行交换，以达成互助。

（五）文献总结与简评

通过前文综述可见，英美学界对"互助"概念的内涵界定虽表述不同，但其所包含的要素具有一致性，即互助需要具备三方面的活动/互动：自我照顾，愿意寻求他人帮助并接受他人的帮助，能为他人提供帮助（Elder Spirit Community, 2005）。互助行为依据不同的分类标准可分为不同的类型，如依据组织类型可分为非组织化互助与组织化互助，依据互助行为中交换的媒介可分为非支付型的社区交换和支付型的非正式交换两种类型。虽然互助可以分为不同的类型，但基于互助需求而组成的互助团体或组织的运行逻辑基本一致，即基于共同境遇或需求，自下而上地自愿被称为团体或组织，通过自我管理、自我服务及成员间的互助行为满足需求或克服困难，并进一步向期望的好的目标迈进。美国学界对互助团体或组织的界定还强调了在互助过程中或互助组织的运行管理中，要在加强个人身份认同的同时传播某种意识形态或价值观念，这表明美国在"个体主义"盛行的社会背景下，对互助组织"共同体"意识的培养，以及对共同价值观念内化的引导的重视，只有如此才能更好地依靠"共同体"内个体之间的互助交换解决社会中原本处于"个体"状态的人们的困境。

前文对互助的传统及其变迁方面的文献综述表明，英美两国的发展脉络及特点同中有异。民间互助的发展会受到经济发展、政府的福利政策及宗教政策导向、"第三条道路"的发展等因素的影响。前福利国家时代的英国政府在社会保障领域缺位，加之政府的自由放任态度，使得民间互助得到快速发展。最初是基于亲缘、地缘（邻里）及宗教信仰自发的个体互助，但随着工业革命的发展，失业等风险随之而来，基于业缘与地缘的组织化群体互助（友谊社、行会等社会团体、组织）获得发展，成为重要的福利保障及福利提供主体。民间互助在自我发展的同时也受到国家政策导向的影响,新《济贫法》规定的以济贫院为主,限制自由与进行劳动惩戒的院内救济使多数人不愿意接受政府救济,同时,英国政府为减轻政府济贫负担,通过《罗斯法例》鼓励友谊社发展并给予其合法地位,从而促进了民间互助性福利组织的发展;到 20 世纪初,《国民保险法》颁布,此类组织的发展最终由于国家福利政策的扩张与发展而受到挤压,并最终退出历史舞台。此外,英国的宗教改革及遣散修道院政策也降低了宗教在社会福利供给中的地位。在社会层面,虽然组织化的互助福利在发展上有所弱化,但互助的思想与传统在社会中得以存留,并在新时期以新形式获得发展;在养老领域,随着"去机构化"的发展,有组织的邻里互助行为在政府鼓励社区照顾的背景下以新的社区互助养老形式获得发展。与英国相似,美国互助组织也经历了由繁盛到衰败的过程,最终演变为社会服务组织,其主要原因也是国家的管制以及现代国家福利制度的挤压,剥夺了这类组织所承担的部分社会责任。商业部门在提供类似服务上的竞争以及专业的医疗组织提供的日益健全且高质量的卫生保健,挤压了互助组织的生存空间(Beito,1997)。在互助组织衰败的同时,具有类似功能的社区邻里互助组织也开始逐渐兴起。

由此可见,英美两国传统的互助行为都经历了从非正式的无组织形式逐渐走向正式的组织化形式、从保障程度较低的共济互助走向保险形式的高保障性共济互助、从群体性小规模的本地组织走向全国性大规模的共济互助网络的过程;其产生原因是不能获取足够的服务或资源,或没有可获取的服务或资源,随着国家保障制度的完善,其发展空间日益缩小,可解决的问题也从在医疗、养老、扶幼、应对紧急突发事件等多方面提供资金服务支持及偿付保障,逐渐转变为纯社会服务类组织(美国)或为政府服务的政治性组织(英国)。社区在提供福利服务及养老资源方面的作用日益凸显。

然而，互助/自助团体的特点因各国不同的意识形态、关注的焦点是个人发展还是应对社会变迁而有所差异（Hatzidimitriadou, 2002）。西欧国家与北美国家的自助/互助运动有较大差异，较北美国家而言，西欧国家对"社会福利是国民幸福生活的保障"这一观念的认可更加根深蒂固，其社会责任感更强并更加倾向于发展综合性社会服务以为国民提供支持；相反，北美国家历来重视通过个体努力获得"美好生活"，社会服务的干预仅为应对社会运行时出现的故障或明显缺位。因此，北美国家中的私人或非政府部门的活动通常会被看作与国家福利相对的活动形式，志愿性公民参与则被看作其保持特定生活方式或者表明其政治立场的活动；西欧国家的社会福利与个体、私营部门活动则是相互合作与互为补充的关系，国家与民众高度认同志愿行动。最终，在北美国家中，互助/自助团体不得不为转变个体主义、独立自主等社会价值观念和公众态度而奋斗；西欧国家的互助/自助团体则是在公民对福利价值观念及公众幸福生活达成一致社会共识的氛围中运行的（Cocq, 1990）。虽然近几年美国也在不断改进社会福利制度，但上述社会价值观念仍然深入人心。因此，不同政治体制、意识形态下的互助养老模式的对比研究也可作为未来的研究方向之一。

就互助养老的理论性研究而言，近年来，Kropotkin对动物及人类"互助"行为展开理论探索，基于互助养老的理论性研究主要有：基于亲属关系的"类家庭理论"研究（Foote and Cottrell, 1965），基于生态学及老年学相关理论的老龄化一般生态模型理论框架（Lawton and Nahemow, 1973），进一步将科技因素考虑在内的"整合的老龄化生态环境模型"研究（Wahl, Iwarsson and Oswald, 2012），以及基于社会网络理论的社会支持网络（Walker, McBride and Vachon, 1977）视角的研究。总体而言，互助养老相关的理论研究还比较匮乏，结合互助养老新特点进行相关理论探索任重而道远。

第三节　相关概念界定

1. 互助养老。本书所指的"互助养老"可根据参与互助的老人的居住形式分为两种类型：居家型互助养老与集中居住型互助养老。居家型互助养老主要是指参与互助的老人仍然居住在自己家中，由其他老人或老人之间相互提供上门帮扶或在公共场所开展其他不同类型的社交、文体娱乐等活动的养老形式，美国互助养老的"村庄"模式是其中的一种类型。集中居住型互助养老是指参与互助的老人在特定的场所集中居住，老人在共同生活中实现互助。本书所讲的互助养老幸福院模式属于在地养老中的"在社区内养老"，也属于集中居住型互助养老，这一形式通常以行政村为单位，也有少数是由多个行政村联建，以老人间的互助为核心，通过幸福院这一集中居住和互助平台实现来自家庭、村庄共同体（主要是村集体）、政府、社会等主体的养老资源的整合，在家庭养老功能弱化的形势下满足老人的养老需求，特别是生活照料和精神慰藉上的需求。互助养老幸福院模式在一定程度上可以看作家庭养老、社区养老、社会养老、自我养老等养老方式中部分元素的融合，不同养老方式可以在互助养老平台上分工合作提供养老资源。这是一种混合型养老方式，也是互助型在地养老的一种形式。社会养老是指由社会提供经济支持、生活照料、精神赡养等服务，社会逐步承担起养老职能，但家庭需要购买必要的养老资源。

2. 在地养老。2013年，美国疾病控制与预防中心将"在地老化/老龄化"定义为：不论年龄、收入、能力水平，老年人都能够在已经居住多年的家中和社区中安全地、独立地、舒适地居住，能够在条件变化时不必离开熟悉的居住环境。本书将"在地养老"定义为：依托家庭和社区养老条件的改善，使老年人能够在老年期，在已经居住多年的家中和社区中安全地、独立地、舒适地居住和生活。

3. 机构养老与居家养老。本书所指的机构养老是指依靠国家资助、亲人资助或老年人自助的方式，将老年人集中在提供综合性养老服务的机构中养老的模式；居家养老是指老年人在家中居住，在继续得到家人照顾的同时，以社区为平台，依托社区公共服务设施，整合社区其他各种服务资源，由正规服务机构、社区志愿者及社会支持网络共同支撑，为有需要的老人提供养老服务的一种养老方式。其中，"以社区为平台，依托社区公共服务设施"实际上就是人们通常所说的"社区养老"，它是居家养老的平台，通过利用社区的公共服务设施（比如日间照料中心等，不是具有法人资格的养老机构），为居家养老提供必要的依托和辅助，以便更好地实现居家养老。机构养老通常是人们在居家养老和社区养老无效时而不得已选择的养老方式（丁建定，2013）。

4. 空巢老人、留守老人与独居老人。本书所指的"独居老人"是独自居住、独自生活的老人，调研地的独居老人多是住在独立住房单元的"鳏""寡""独"群体。本书所指的"留守老人"是指子女长期（通常半年以上）离开农村居住地外出务工或从事其他职业后被留在农村家中的60岁以上（或65岁以上）的具有农村户籍的老年人。独居老人不一定是留守老人，独居老人虽然自己独居一处生活，但其可能有子女居住在本村，从而不能将独居老人等同于留守老人。"空巢老人"是指没有子女照顾、独居或与配偶共同居住的老人，大致包含三类老人：无儿无女无配偶的孤寡老人，有子女但与其分开单住的独居老人，子女外出务工的留守老人。

第四节 研究设计

一 研究框架

广义的社会结构是指社会各个基本活动领域，包括政治领域、经济领域、社会领域、文化领域，以及各领域之间相互联系的一般状态，是对整体社会体系的基本特征和本质属性的静态概括。社会结构的变迁则构成社会过程，是社会结构内各活动领域发展变迁的动态呈现。社会结构的发展变迁基于社会各个基本活动领域。就狭义角度而言，家庭、家庭养老、养老方式等作为社会体系的一部分，其产生与发展变迁需要政治领域、经济领域、社会领域及文化领域等方面一整套社会结构的支撑，本书将这一整套社会结构的支撑称为"支持系统"。任何一种养老方式都存在于社会结构之中并且其存在需要一定社会结构的支撑，养老方式的产生与变迁通常也是人们适应社会结构变化的过程；养老方式需要进行不断调适才能更好地嵌入社会结构，并对社会结构的变迁产生影响；要实现一种养老方式的存续或可持续发展，还需要对有利于该养老方式发展的支持系统的形成进行引导。受此思路启发，本书选取支持系统作为视角和分析框架，将传统家庭养老的发展变迁及其功能弱化过程，以及互助养老幸福院模式的产生与发展置于支持系统的框架（见图 1-1）中进行分析。

在这一框架中，传统的家庭养老之所以一直是我国农村地区的主流养老模式，是由于其背后有一整套社会结构的支持，并成为传统家庭养老生存的土壤，这种支持系统主要包括经济领域的自然经济及小农生产方式，政治领域的封建君主专制下的家国同构传统与乡绅治理模式，社会及文化领域的宗法社会、儒家家庭伦理。在支持系统的变迁过程中，农村传统家庭养老模式虽然也因应社会结构的变迁而有所调适，但是，改革开放以后，我国在经济、政治、文化及社会生活方面发生变迁，传统家庭养老的支持系统在各个领域都受到冲击，使得传统家庭养老在功能上呈现弱化的趋势，尤其是生活照料与精神慰藉功能弱化，从而导致空巢老人等群体在养老上面临一系列问题。因应家庭养老支持系统的变迁及家庭养老功能的弱化，互助养老幸福院模式产生。因此，互助养老幸福院模式的产生是建立在一定的支持系统之上的。其产生之后，需要不断调适嵌入社会结构之中，并且在发展中主动

第一章 绪论

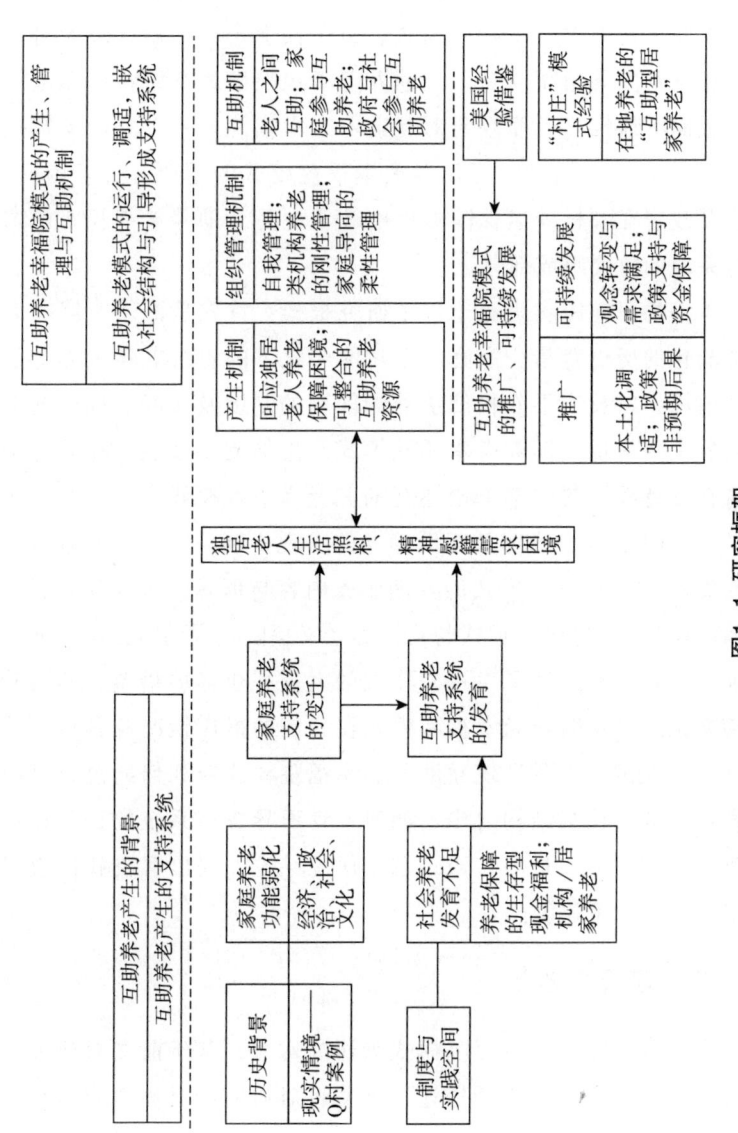

图 1-1 研究框架

引导支持系统，才能在中国农村真正"扎根"并获得可持续发展。与美国自下而上形成、发展与推广，政府不干预其运行的"村庄"模式不同，互助养老幸福院模式在自下而上产生之后，政府对幸福院建设及发展给予支持，互助养老幸福院模式开始在国家范围内自上而下地推广，而政府对互助养老幸福院模式发展的支持是本书所谓的"中国式"互助养老幸福院模式的重要方面。因而，政府及政府在农村养老保障方面的政策也是互助养老幸福院模式支持系统的重要组成部分。

本书的研究内容贯穿于以上研究框架：首先是讲述家庭养老功能弱化的历史背景、家庭养老功能弱化下的农村老年人养老的现实情境，以及当下农村解决养老问题的制度及实践空间，这部分内容主要呈现互助养老幸福院模式产生的支持系统；在此基础上，在支持系统的框架下论述互助养老幸福院模式产生之后，运行中幸福院的组织管理及互助养老的实现机制；之后，通过对美国互助养老"村庄"模式的互助服务内容与形式、居家养老服务体系的构建、"村庄"模式与互助养老幸福院模式的对比等方面的论述，为我国互助养老幸福院模式的发展提供经验借鉴；然后基于前文论述对互助养老幸福院模式在我国的推广情况及其可持续发展进行探讨，主要呈现互助养老幸福院模式应如何通过自身的不断调适嵌入社会结构之中，如何主动引导支持系统的构建以利于其可持续发展。最后，通过总结研究结论，提出解决我国农村养老问题的政策建议。

二 研究内容

本书以互助养老幸福院模式为研究对象，基于前文对研究框架及主要研究内容的概括描述，下文将对研究的具体内容进行分解与细化。

（一）互助养老幸福院模式产生的历史背景和现实情境

互助养老幸福院模式产生的历史背景主要是传统家庭养老功

能的弱化，对传统家庭养老功能弱化的研究主要围绕传统家庭养老功能弱化的过程及弱化的内在机理展开。本书认为养老方式的存在需要一定社会结构的支持，养老方式的产生与变迁通常也是人们适应社会结构变化的过程。传统家庭养老之所以一直是我国农村地区的主流养老模式，其背后也有一整套社会结构的支持。本书主要从晚清时期、民国时期、新中国成立至改革开放、改革开放至今四个阶段论述传统家庭养老的弱化过程，并从传统家庭养老支持系统在经济领域（自然经济及小农生产方式）、政治领域（封建君主专制下的家国同构传统与乡绅治理模式）、社会领域（宗法社会）、文化领域（儒家家庭伦理）等领域内的变迁来呈现家庭养老在内容与形式上的变化，尤其是传统家庭养老在生活照料与精神慰藉功能上的弱化。在此基础上，以同样的框架论述调研地点的传统家庭养老的变化过程及其在生活照料与精神慰藉功能上的弱化。

（二）互助养老幸福院模式产生的制度与实践空间

基于对解决农村养老问题主要有家庭养老与社会养老两种方式的判断，前文论述了家庭养老在解决当前农村养老问题上的功能弱化，本部分研究内容主要呈现社会养老在解决当前农村养老问题上的发育不足。正是家庭养老功能的弱化和现有社会养老的发育不足，迫使农村地区探索新型养老模式以弥补以上两种养老方式在解决养老问题上的缺陷，作为社会养老的一种形式的互助养老幸福院模式便是在上述背景下产生的。社会养老的发育不足，主要体现在与农村养老相关的社会保障制度在解决农村养老问题上的缺位与不足、我国当前在农村地区的居家养老模式探索和机构养老在解决养老问题上的困境两个方面，这两个方面的背景构成了互助养老幸福院模式产生的制度空间与实践空间。对互助养老幸福院模式产生的制度空间的论述主要以社会养老方面正式的农村养老保障制度（社会保险制度中的"新农合"与"新农保"，社会救助制度中的最低生活保障制度、"五保"制度，社会福利制度中的计划生育补助制度、高龄津贴制度等）为研究内容，呈现了当前农村社会养老主要是以现金福利为表现形式的生存型保障，缺乏生活照料和精神慰藉方面的服务保障。互助养老幸福院模式产生的实践空间主要体现在当前农村机构养老（乡镇敬老院、民办养老机构）及农村居家养老满足老人生活照料和精神慰藉需求的困境上。

上述两项研究内容主要是为了呈现当前农村老年人的生活照料及精神慰藉需求难以依靠现有家庭养老及社会养老方式得到满足，从而印证互助养老幸福院模式产生的必然性和必要性。

（三）互助养老幸福院模式的产生机制、组织管理机制与互助机制

本部分内容主要应用调研地 Q 村的实地调查资料分析互助养老幸福院模式在 Q 村的产生机制、组织管理机制及互助机制。在产生机制方面，主要研究内容是互助想法在村里的推进以及如何利用村庄现有资源成立互助幸福院，重点是互助想法的推进机制与养老资源的整合。在组织管理机制方面，主要研究幸福院的组织架构及人员安排，类机构养老的刚性管理与家庭导向的柔性管理。在互助机制方面，主要从互助养老的经济支持、生活照料和精神慰藉方面研究老人如何在互助生活中以及多方主体的参与下，通过养老资源的整合来满足其不同层次的养老需求。互助养老中的冲突与排斥也是一项研究内容，是影响养老需求满足的一个方面，也是互助养老机制失灵的表现。这三项机制的运作内含着互助养老在运行中嵌入当地的社会结构，并通过其平台作用引导各主体参与从而形成支持系统的过程。

（四）美国互助养老的经验借鉴与互助养老幸福院模式的推广、可持续发展

该部分呈现了美国互助养老"村庄"模式在养老服务供给的形式、内容及居家养老服务体系构建上的经验借鉴，作为互助养老幸福院模式可持续发展的重要支撑，以促进其更好地满足老年

人的养老需求；在论述互助养老幸福院模式由国家自上而下推广发展状况的基础上，重点呈现该模式在推广中为更好地嵌入社会结构的调适和非预期的政策后果，在支持系统的框架下，分析养老观念、养老需求满足、政策支持与资金保障、幸福院负责人对互助养老幸福院模式可持续发展的影响。

以上研究内容均是在互助养老幸福院模式赖以产生、运行及可持续发展的支持系统构建的分析框架下进行论述的。

三 研究方法

（一）实证研究

笔者在人文主义方法论的指导下，于 2015 年 10 月底至 12 月在河北省 Q 村互助幸福院进行实地调研，主要采用参与式实地观察法与个案访谈法获取资料。笔者居住在幸福院中与老人共同生活进行参与式实地观察，观察老人的互助生活与幸福院的运行状况；在调研中主要采用深度访谈方法，基于半结构式访谈提纲对幸福院老人进行深度个案访谈。对周边村庄和 QZ 县互助幸福院的实地调研主要采用观察法和半结构访谈法获取互助养老的相关信息；对 Q 村退休村支书的访谈则采用口述史访谈法，就"新中国成立后的村庄变迁"主题进行深度访谈，从村庄经济、人口、土地、住房、养老等方面口述社区变迁情况，以梳理村庄内家庭养老支持系统的变迁过程。笔者还通过实地参与村委会对新型农村合作医疗费用收取的过程，获取诸如人口、家庭规模、年龄结构、性别结构、健康状况等第一手信息，并通过对参加"新农合"的老人进行个案访谈，了解其对医养结合、身体健康与养老的看法。

针对美国互助养老"村庄"模式，笔者主要通过电话访谈、电子邮件问卷的方式就"村庄"的产生、运行、存在的问题等方面对"村庄"负责人展开访谈以获取材料。

（二）二手资料收集与资料分析

二手资料的收集主要包括以下几个方面：各级民政部门的报

告、政策文件等；主要通过第六次人口普查数据库及《中国人口和就业统计年鉴》、统计年报等途径获取的国家及省市层面的人口数据；从美国人口统计局网站获取的美国人口数据资料；从 Q 村两大姓的族长处获取的族谱、家族墓碑、牌匾等与当下的宗族与养老情况相关的二手资料；从村卫生室获取的记录老人健康状况及慢性病状况的 Q 村居民健康档案表。

在资料分析上，采取定性分析与定量分析相结合的方法，数据资料的录入和处理则采用 Microsoft Excel 数据分析软件。

第二章 互助养老幸福院模式的历史背景与现实情境

养老方式的存在需要一定社会结构的支持,其产生与变迁通常也是因应社会结构变化的过程。养老方式需要进行不断调适才能更好地嵌入社会结构,并对社会结构的变迁产生影响,从而形成社会结构变迁与养老方式变迁之间的相互关系。传统的家庭养老模式之所以一直是我国农村地区的主流养老模式,是由于其背后有一整套社会结构的支持,并成为传统家庭养老模式生存的土壤。这种支持系统主要包括经济领域的自然经济及小农生产方式,政治领域的封建君主专制下的家国同构传统与乡绅治理模式,社会及文化领域的宗法社会、儒家家庭伦理。在支持系统的变迁过程中,农村传统家庭养老模式虽然也因应社会结构的变迁而有所适应,但是传统家庭养老的支持系统在各个领域都受到冲击;这冲击了支撑传统家庭养老运行的支架,使得传统家庭养老的平稳运行受到影响,这种影响的外在表现为传统家庭养老在功能上的弱化,尤其是生活照料与精神慰藉功能上的弱化,从而导致空巢老人等群体在养老上面临一系列问题。传统家庭养老及其支持系统之间的上述关系启发养老问题的解决需要依靠两条路径:一是不断调整养老方式、养老保障制度以适应社会结构的变迁,从而缓解社会结构变迁与养老方式变迁不协调引起的社会问题;二是通过引导社会结构各领域的变迁以更好地支撑现有养老方式功能的发挥。只有能够真正嵌入社会结构中的养老方式才能有效运行并发挥作用,而社会政策作为支持系统的一部分,其作用就是保障上述两条路径的实现,以满足老年人的养老需求,增进老年人的养老福利。

就传统家庭养老而言,其功能弱化的历史进程呈现了传统家庭养老的现代调适及现代家庭养老方式的形成,同时也构成了作为新的养老模式的幸福院互助养老产生的历史背景。

第一节 历史背景:支持系统变迁与农村家庭养老功能弱化

农业文明时期的经济基础是自给自足的自然经济,这一时期内的农民以小农业生产与家庭手工业生产相结合的小农经济方式维持生计。家庭既是生产单位,也是消费单位,发挥经济功能。同时,家庭也是生活单位和养老单位(养老主体),发挥养老功能和生育功能。此外,在持续两千多年的封建政治统治中,家庭也是封建政权实现基层控制的单位,兼具社会管理功能和教育功能。可见,家庭是多种社会功能实现的载体,在家庭这一场域内,存在经济领域、政治领域、社会领域、文化领域等不同领域的交织,各领域的变迁相互影响、相互牵动。家庭养老作为家庭的一项重要社会功能自然也嵌入社会结构中,并受社会结构各领域变化的影响。封建统治时期,农业社会的特点与自给自足的自然经济形态为农村以传统家庭养老为主的养老格局奠定了经济基础,而以父权为主导的家族制度和以家国同构为特征的宗法制度为家庭养老提供了社会基础和政治保障,儒家的孝道思想为家庭养老提供了文化及伦理根基,士绅阶层为家庭养老秩序与传统的传承进行道德教化,从而形成传统家庭养老的支持系统,使传统家庭养老在很长一段时期内保持着相对稳定的状态。直到晚清时期,经济、政治、文化、社会等方面的变化趋于明显,传统的家庭养老也开始发生变化。在此后的民国时期、新中国成立到改革开放前以及改革开放至今的工业化、城镇化时期,原有的社会结构受到冲击

第二章　互助养老幸福院模式的历史背景与现实情境

并出现巨大的变迁而开始进入转型期，传统家庭养老的形式和内容也随之产生变化。下文将以上述四个时期为线索，呈现传统家庭养老功能弱化的历史变迁。在这一变迁过程中，传统家庭养老与社会结构之间的不适应酝酿了家庭养老的现代调适，也为互助养老幸福院模式的产生提供了契机。

一　晚清时期（1840～1911年）

晚清以前，基于土地的自给自足的自然经济是主要经济形态，土地既是小农经济的内核，也是传统家庭养老的物质保障与重要经济来源；土地的不可移动性使以土地为生产生活资料的小农被固定在土地上定居生活，以家庭为单位进行男耕女织的生产劳作，人口流动性弱，由此形成具有相对稳定性的、自给自足的农业社会；围绕土地的稳定的家庭生产生活使家庭在养老资源（经济支持、生活照料和精神慰藉资源）的供给上具有长久、稳定、可持续的可能。在老人年迈不能耕作时，家庭内常以"赡田"的形式给老人留出部分土地，由子女代耕或出租，耕种或出租所得用于供养老人、送终、祭祀等，确保老年人家庭养老的经济和物质支撑。农业文明时期，小农生产主要依赖于长期从事农业生产所积累的经验，老年人掌握的传统种植经验以及生活经验是农业生产和日常生活中的财富，年轻人的生产和生活多遵从家中长者的安排，老年人在农业社会中具有较高的地位和家庭权威；老年人依托自给自足的小农经济在帮助家庭创造经济价值和美好生活上的重要性使家庭尊老、敬老、养老的传统具有稳定的经济基础。

晚清时期虽然仍属于自给自足的自然经济时代，但是，鸦片战争之后，清政府被迫结束闭关锁国政策而开埠通商，外国工业纺织制品的低价倾销挤压了城乡家庭手工业的生存空间，农村家庭手工业被迫与小农生产脱离，以耕织结合为特征的自然经济开始解体；但是，老年人在农业生产中的权威仍然存在，老人在农

农村互助养老：幸福院的案例与启示

业社会中对家庭经济仍然具有重要意义。在沦为半殖民地半封建社会的过程中，中国逐渐成为西方资本主义国家世界市场的原料供给者，农产品的商品化趋势愈加明显，茶、桑、罂粟等经济作物的种植挤压了粮食作物的种植面积及耕地面积。与此同时，粮食的商品化率也进一步提高，农民的日常生活所需开始依赖市场和商品经济，家庭也不再是养老资源的唯一供给主体，家庭在养老资源供给中的地位受到市场的冲击，以自给自足为特征的自然经济开始解体，家庭养老的经济基础开始出现动摇。虽然晚清时期家庭养老的经济基础开始发生改变，但是老年人在农业生产中的权威地位没有发生改变，日常生产生活中的尊老、敬老、养老传统得以传承；这种传统在家国同构的宗法制度和宗族社会中得到了强化，使得家庭养老能够继续成为农村最主要的养老方式。

在很大程度上，家国同构的宗法制度为家庭养老提供了政治保障，苏凤捷对中国古代社会的特点有如下总结："卿大夫以采邑为家，诸侯以国为家，天子以天下为家。周天子就是以天下为家的这个家族系统的总族长。每个在血缘关系中处于不同等差的家族，同时也就是国家政治结构的不同环节，政权与族权合一。"（苏凤捷，1984）可见，在封建君主专制形成之时，家国同构的理念便已形成，统治者以家族治理的方式治理国家，要维护其封建政治统治必须同时维护家族制、长幼尊卑的等级秩序及纲常名教的行为规范，家庭养老的传统也因此而得到同步的巩固和强化。"中国本无社会一名称，家国天下皆即一社会。一家之中，必有亲有尊。推之一族，仍必有亲有尊。推之国与天下，亦各有亲有尊。最尊者称曰天子，此下则曰王曰君。王者众所归往，君者群也，则亦以亲而尊。人同尊天，故天子乃为普天之下所同尊。"（钱穆，2001）中国社会在结构上是"身家国天下"，在机制上是"亲亲"与"尊尊"，在实践上是"修齐治平"（渠敬东，2016）。在一定程度上说，朝堂之上的君臣关系与家庭之中的父子关系同构，臣

第二章　互助养老幸福院模式的历史背景与现实情境

要对君尽忠，子要对父尽孝，封建统治秩序的维护便是以无数家庭秩序的维护为基础的，这种等级秩序下的伦理关系对亲代与子代在家庭养老中的权利、义务、责任有所约束。并且，传统农业社会中男性占主导地位，男权社会的等级秩序为"养儿防老"的家庭养老传统的形成提供了社会基础。

这种家国同构的理念一直到晚清封建君主专制统治的末期仍然存在，在家国同构理念下，清朝继续推行汉代开创的"以孝治天下"，"以孝治天下"的根本是尚"礼"的儒学思想中的忠孝文化，通过礼义秩序调和家庭人伦关系，教化社会风尚，维护社会稳定，构建和谐的家国关系，进而巩固封建君主专制统治。以"孝"巩固封建统治的做法主要体现在以下几个方面。一是通过对大众进行忠孝文化的道德教化促进大众对忠孝价值观念的认同与践行，清代忠孝文化的教化主要通过乡约组织的讲约劝导与宗族的族约约束来实现，晚清时期亦是如此。二是通过法律及其规定的惩罚措施对家庭养老及子女的孝道责任进行强制性约束，并对不孝行为起到警戒作用。统治者通过对家国同构理念及宗法制度的维护，为家庭养老提供稳定的政治基础、文化伦理基础及社会基础。三是通过继承汉代选拔官员与人才的举"孝廉"制度，并在科举考试中将"孝廉"与"贤良方正"的考试科目合并为"孝廉方正科"以表彰和重用忠孝之人巩固忠孝文化，进一步巩固封建专制统治。"孝廉""贤良方正"的科目名称及其合并也反映了家国同构的理念，"孝"即孝顺父母，"廉"即办事廉正，"贤良方正"即才能、德行好，为人正直，选拔出的"孝廉"即为忠孝的模范。

在对大众的忠孝文化道德教化上，制度化的讲约劝导可追溯到汉代的三老制度，"举民年五十以上，有修行，能帅众为善，置以为三老，乡一人。择乡三老一人为县三老，与县令、丞、尉以事相教，复勿徭戍。以十月赐酒肉"（《汉书·高帝纪》）。东汉以后还在郡、中央层面设立了三老，负责对民众的教化管理，但后来发展至宋朝时乡里组织逐渐成为政府对基层进行行政控制的工具，教化作用逐渐弱化。为此，宋代产生《吕氏乡约》以巩固乡里的教化职能，清代雍正时则将乡约制度化，设约正、约副（由乡绅地主担任）负责讲约劝导。清代乡约每逢朔望便开展讲约活动，从康熙皇帝的"上谕十六条"到雍正皇帝进一步发展的《圣谕广训》，都渗透着基于家国同构的儒家思想与宗法思想，"人人亲其亲，长其长，而天下平"。《圣谕广训》是从国家层面发布的不仅面向皇室、官员还面向普通民众的训导谕，下文将以《圣谕广训》为案例，从中选取9条内容呈现其是如何强化家国同构思想，以及如何通过教化为家庭养老提供政治保障、社会基础及文化伦理基础的。

《圣谕广训》的第一条便是"敦孝弟以重人伦"，告诉民众行孝道的重要性及民众应该如何行孝道："夫孝者，天之经、地之义、民之行也。……父母之德，实同昊天罔极！人子欲报亲恩于万一，自当内尽其心，外竭其力，谨身节用，以服勤劳，以隆孝养。毋博弈饮酒，毋好勇斗狠，毋好货财，私妻子。"后面的内容将家国思想融入其中，将家庭中的不孝不悌推及君臣关系、保家卫国："推而广之，如曾子所谓'居处不庄，非孝；事君不忠，非孝；莅官不敬，非孝；朋友不信，非孝；战阵无勇，非孝，皆孝子分内之事也。……故不孝与不弟相因，事亲与事长并重。能为孝子，然后能为悌弟；能为孝子悌弟，然后在田野为循良之民，在行间为忠勇之士尔'。"即外显的不孝不悌可以通过国家刑法规章管束，而通常在家庭场域内发生的具有一定隐秘性的家庭养老行为是法律所不能直接干预的，只能通过道德教化来实现，这在当今社会仍然适用。《圣谕广训》的第二条为"笃宗族以昭雍睦"："故人之待其宗族也，必如身之有四肢百体，务使血脉相通而痾痒相关。……立家庙以荐烝尝，设家塾以课子弟，置义田以赡贫乏，修族谱以联疏远。……父与父言慈，子与子言孝，兄与兄言友，弟与弟言恭。雍睦昭而孝弟之行愈敦，有司表为仁里，君子称为义门，天下推为望

第二章 互助养老幸福院模式的历史背景与现实情境

族,岂不美哉。"如果不能保持宗族间的亲睦,就无法很好地发挥人伦的根本即孝悌的道德心,并且鼓励以家族义田保障族中老弱病残群体的生活。清代的部分地区将乡约教化与宗族相结合,在宗族内设族正、族约,宗族乡约化的趋势明显(常建华,2006),宗族还常以学田、族田、义学、义田等形式支持家族教化,这也是道德教化与宗族在维护和延续家庭养老上作用的体现。

《圣谕广训》第三条"和乡党以息争讼"中的"务使一乡之中父老子弟联为一体,安乐忧患,视同一家……夫天下者乡党之积也,尔等诚遵圣祖之懿训,尚亲睦之淳风,孝弟因此而益敦,宗族因此而益笃,里仁为美,比户可封,讼息人安,延及世世协和,遍于万邦,太和烝于宇宙,朕与尔兵民永是赖焉",强调了家庭、家族孝悌与乡党、国家之间的关联。在第四条"重农桑以足衣食"中,"故勤则男有余粟,女有余帛。不勤则仰不足事父母,俯不足畜妻子,其理然也。……自古盛王之世,老者衣帛食肉,黎民不饥不寒,享庶富之盛而致教化之兴,其道胥由乎此",劝导民众勤于农桑,以更好地奉养父母,这也是社会兴盛的经济基础。第五条还劝诫民众"尚节俭以惜财用",谨身节用以养父母。第六条为"隆学校以端士习":"士习端而后乡党视为仪型,风俗由之表率。勿令以孝弟为本,才能为末……谨庠序之教,申之以孝弟之义……则学校不独所以教士,兼所以教民。……而入孝出弟,人人所当共由也"。强调读书人在端正品行,带动良好社会风尚中的模范表率作用,强调在教书育人的同时,还教导民众孝敬长辈的道理,兼有教化民众的功能。第七条劝诫民众"黜异端以崇正学",远离异端邪说,事亲孝,事君忠,尽人事者可以得到上天的福佑。第八条为"讲法律以儆愚顽":"如知不孝不弟之律,自不敢为蔑伦乱纪之行……倘不自警省,偶罹于法,上辱父母,下累妻孥,乡党不我容,宗族不我齿,即或邀恩幸免而身败行亏,已不足比于人,数追悔前非,岂不晚哉?"劝导民众知晓不孝不悌行为的法律惩处,约束自己的行为。第九条为"明礼让以厚风俗":"安上治民，莫善于礼。……尔兵民皆所自具，即如事父母则当孝养，事长上则当恭顺，夫妇之有倡随，兄弟之有友爱，朋友之有信义，亲族之有欵洽……诚能和以处众，卑以自牧，在家庭而父子兄弟底于肃雍，在乡党而长幼老弱归于亲睦"，劝导民众明礼，道德仁义非礼不成，通过礼义秩序维护家庭养老传统。

除了通过《圣谕广训》等进行道德教化外，清代为维护家国秩序还将家庭养老上升到法律层面，通过国家法律保障家庭养老的合法性，使家庭养老纠纷的解决有章可循，保障子孙对父辈祖辈的奉养。比如，"奉养有缺"是清代"十恶"中的不孝之条（《大清律例》卷33），殴打和谋杀长辈亲属被视为"恶逆"，控告或咒骂长辈亲属被视为"不孝"，等等。犯有恶逆或不孝大罪者，非绞即斩，不准赎免，不准缓刑。《大清律例》"子孙违犯教令"条还规定："凡子孙违犯祖父母、父母教令，及奉养有缺者，杖一百"；律注："谓教令可从而故违，家道堪奉而故缺者，须祖父母、父母亲告，乃坐。""子贫不能营生养赡父母，因致父母自缢死者，杖一百，流三千里。"此外，对独生子女家庭的养老问题、子辈在父母年老后分财别居而弃亲不养的问题、高龄老人养老问题等，《大清律例》都有相关规定。比如，清代延续明代的规定："凡招婿，须凭媒妁，明立婚书，开写养老或出舍年限。止有一子者，不许出赘。"此外，清代还有"留养侍亲"制度，即有高龄老人的家庭，子孙犯法可申请缓刑，待为老人送终后再行刑；70岁以上的老人，其一子可以免赋税。出于"皇权不下县"的封建统治传统，清政府主要通过乡约组织与保甲制度实现对基层社会的控制，在实际运行中保甲制度在乡村社会也有一定的教化功能，保甲长有责任向百姓宣讲法令，向知县举善恶（如孝顺子孙的善迹、不孝顺子孙的劣迹等），对于劣迹，官府"先以训饬，继以鞭笞，于户口簿内注明其劣迹，许其自新"（《保甲书·成规上·保甲事宜稿》），使民众知其可为与不可为。

第二章　互助养老幸福院模式的历史背景与现实情境

在封建社会，在以父权为主导的家族制度和以家国同构为特征的宗法制度构成的社会环境和政治环境中，融家国关系为一体的传统忠孝文化以及相对稳定的家庭养老形式得以形成。到1905年，科举制度取消，选拔忠孝双全人才的孝廉方正科随之消失，家国同构体制的政治基础——封建君主专制制度虽然仍然存在，但支持家国同构的人才选拔及任用制度的终结对家国同构的封建统治造成冲击，家庭养老及孝道文化在封建政府层面的肯定与支持开始出现弱化。封建科举制的结束，也使来源于科举制度的传统士绅阶层的接替出现断层，乡村开始出现以团练为基础的土豪劣绅。土豪劣绅与传统乡绅一起控制着农村基层政权，而晚清政府难以控制扎根于乡土社会的乡村士绅，乡约首事官役化倾向日益显著，其对忠孝文化的教化功能逐渐衰退，大多数流于形式，导致乡约对家庭养老秩序的道德教化功能一步步被削弱，乡约在乡土社会中的忠孝文化传递也渐趋弱化，加之晚清时期的保甲制度难以为继，保甲长的社会控制功能及道德教化功能也走向末路，最终忠孝文化由"国"到"家"的传递路径受阻。因此，到晚清时期，国家层面对忠孝文化的教化功能的弱化及对家国同构思想维护的弱化使得家族在忠孝文化的传递及维护上的作用有所凸显，虽然农村主要的养老方式仍然是家庭养老，但支持传统家庭养老的政治基础、伦理及文化基础、社会基础开始动摇。

二　民国时期（1911~1949年）

民国时期国家面临内忧外患，中国社会开始由传统向现代转变，经济、政治、社会及文化等方面都在一定程度上发生了变化，在不同程度上对农村家庭养老产生影响。其间，外国资本主义的入侵因第一次世界大战的爆发而有所缓和，但以孙中山为核心的国民政府对民族资本主义发展的扶持也促使自然经济进一步衰落，且在一定程度上加速了家庭手工业从小农经济中分离的进程，破

农村互助养老：幸福院的案例与启示

产的农民开始涌入城市谋求生计，农村人口的流动性增强。据记载，1919 年江苏吴江农民离村率是 4.88%，山东化县的离村率更是高达 8.7%，家庭的经济来源增加，但是农村家庭以小农业为主的生产方式依然占主导地位。虽然依靠小农生产自给自足的模式受到一定冲击，但是传统家庭养老以小农经济为经济基础的条件依然存在，家庭仍然是养老的责任主体。民国期间，土地政策一再反复，经过孙中山时期及南京国民政府时期的多次土地革命以及中国共产党早期的土地改革，族田公田开始消失，宗族的经济命脉被切断，族产、族权、祠堂和族谱逐渐衰落，宗族社会受到冲击；部分地区的宗族在发展过程中逐渐脱离了自然经济的支持而衍化为纯血缘、地缘的宗亲组织、同乡会馆等，传统宗族的宗法性开始消亡，自给自足的自然经济也不再对宗族的存在起支撑作用。此外，20 世纪 20 年代，社会上便有"节制生育""控制人口""与其多生而不能养不能教，不如生得少，养得好"等思想（陈蕴茜，1997）。家庭结构趋于小型化，家族的势力进一步弱化。此后，腐朽的封建宗族制失去存在的土壤，族长族绅等受到批判，家族在养老方面的保障及协调功能弱化。

辛亥革命以后，持续两千多年的封建君主专制统治走向终结，政治统治中的宗法一体制度走向解体，家国同构的政治伦理及"家长"在政治生活及社会经济生活中的权威进一步瓦解，加之民族资产阶级登上政治舞台并要求实行民主政治以实现"三民主义"，传统家庭养老的政治基础彻底瓦解。《中华民国民律草案》（1925 年）第 1165 条虽然规定"为子者，毕生负孝敬父母之义务"，但正式颁布的民国新律法废除了传统的宗族继承制度，同时规定一夫一妻制、男女经济地位平等，否定了几千年中国家庭社会以父权为中心的宗法观念，宗族制度失去了旧有的法律保护与政府庇护，标志着旧式家国关系、家庭关系开始解体。此外，辛亥革命失败后，受西方启蒙思想的影响，部分先进知识分子意识到民众民主共和意识的缺乏，认为只有革新封建思想才能实现民

第二章 互助养老幸福院模式的历史背景与现实情境

主共和,因此之后的资产阶级新文化运动"提倡民主,反对专制;提倡科学,反对迷信;提倡新道德,反对旧道德",主张"政治民主、信仰民主、经济民主、社会民主和伦理民主";早期中国共产党主张的马克思主义思想等,也在一定程度上影响了传统的家国关系、儒家家庭伦理。家庭关系伴随家族家长制的式微而发生变化,具体表现在纵向的家长—子女关系与横向的夫妻关系的变化上。宗法传统的等级秩序要求子女尊重家长的权威,服从家长对家庭生产、生活的安排,践行传统孝道;民国时期家长的传统权威和地位开始受到冲击,家长—子女的关系趋于平等、民主,子女婚姻遵从"父母之命、媒妁之言"的传统逐渐产生变化,子女争取婚姻自主摆脱封建家长的人身支配的思潮开始出现。家庭中的横向夫妻关系也随着女性经济独立及离婚自由等的出现而有所变化,1935年《民法》规定离婚、结婚同样自由,女性也有提出离婚的权利(郑全红,2008),《民法》第1049条规定:"夫妻两愿离婚者得自行离婚。"可见,家庭婚姻关系中男性不再独占离婚权,女性在家庭中的地位开始上升,夫妻关系趋于对等,传统的男尊女卑等级秩序以及封建家长制遭遇挑战。亲代在家庭中地位的变化以及家庭成员间关系的变化使亲代在家庭养老中的主动权开始逐渐丧失,传统家庭养老的社会基础及文化伦理基础开始动摇。

此外,在新文化运动中,士绅阶层作为"旧文化"的践行者、传递者,封建君主专制制度的维护者而逐渐退出历史舞台;之后,民国时期国家面临内忧外患的局势,国民党企图通过国家权力的下沉控制农村地区,并于1939年实行"新县制"。国民党政权在基层通过县—区—乡三级对乡村进行渗透和管理,乡村的管理者主要为民国时期的"新绅士"阶层,且多为土豪劣绅。较之于传统士绅,民国时期的"新绅士"对乡村基层社会的控制主要通过强制力实现,而非传统士绅在乡土社会的内在道义权威、外在法理权威与个人魅力权威,其社会教化功能(包括家庭养老方面的道德教化）基本处于停滞状态。国民政府在农村试行新式教育，传统儒家思想的传导及乡土社会的礼俗教化被阻断，传统家庭养老道德与秩序的公众教化在乡村社会中逐渐丧失，进一步动摇了传统家庭养老的社会基础及文化伦理根基。

三 新中国成立到改革开放前（1949～1978年）

新中国成立后，在中国共产党领导下，中国于1952年完成全国土地改革，废除地主阶级封建剥削的土地所有制，农民分得土地等生产资料，宗族赖以存在的族田、族产等也被没收或分给农民，家族在农村养老中的经济保障功能随之消失。同时，农村民主政权建设完成，基层党政组织对乡村的社会治理使得宗族在乡村社会的权威遭到冲击，宗族在家庭养老矛盾与纠纷调解上的功能也渐趋式微。至此，宗族对农村传统家庭养老的保障功能伴随其经济基础与政治基础的丧失而逐渐退出历史舞台。之后进行的农业社会主义改造（农业合作化运动）以将生产资料私有制为基础的小农经济逐步改造为以生产资料公有制为基础的集体经济为目标。农业合作化运动前期，农业生产依然依托家庭进行，家庭仍是最基本的生产与生活单位，其养老功能与新中国成立前一致；农业合作化运动后期，农民的生产资料归集体所有，家庭不再是承担生产功能的主要场所与单位，但在农村家庭养老中仍然是承担生活照料及精神慰藉责任的主体。

1958年之后，我国进入人民公社时期，随着土地及其他主要生产资料归集体所有、集体经营，个体小农经济基本被改造为集体经济，作为集体的人民公社开始承担老年人的经济供养功能，保证老年人在分配中能均等地从集体中按时定量地领取口粮以保障其基本的生存所需；生产队不论男女老少，一律同工同酬，按劳分配，多劳多得，现金则以家庭为单位分配给家长（常为家中老人），老人仍然掌握家庭经济的支配权，家庭成员仍是承担生活照料和精神慰藉责任的主体。可见，人民公社时期传统的家庭养老保障形式依然存在，只是经济供养的主体发生了变化，以适应人民公社制度。但是，在人民公社所规定的男女老少同工同酬、按劳分配、多劳多得的制度中，老年人通常会因年老体弱而在家庭成员的劳动所得成果分配中处于道德上的弱势地位。虽然老年人在家庭中仍然掌握经济大权，但其劳动所得在家庭中的弱势地位却在无形中降低了其地位。传统的小农经济时代，宗族通常会依托族田、族产对家庭养老进行补充，集体经济产生之后，传统家庭养老的经济基础产生变化，作为集体的人民公社则通过建立敬老院供养无子女无依靠的老年人，敬老院成为农村家庭养老新的补充，从而开始承担部分养老责任；但是，敬老院中有劳动能力的老年人也须参加集体劳动以享受来自集体的养老保障。

四 改革开放至今的工业化、城镇化时期（1978年至今）

在土地及其他主要生产资料归集体所有的所有制下，公社对农村土地进行统一规划、统一生产、统一管理，实行平均主义的按劳分配，人们的劳动积极性和创造性受到影响，农业、农村发展缓慢，人民生活贫苦。1978年底，安徽省小岗生产队的18户农民开始"大包干"，开家庭承包土地进行农业生产的先河；1980年，中共中央发布《关于进一步加强和完善农业生产责任制的几个问题》的通知，允许土地承包到户，农户拥有土地的使用权，不拥有所有权。1978年，中国共产党第十一届三中全会决定实行改革开放政策，全国的工作重点开始转向以经济建设为中心的社会主义现代化建设，家庭副业和家庭的多种经营被国家允许和提倡，国家对农村经济活动的控制有所放松，农村家庭重新成为农业生产的组织单位，获得经济自主权，农村开始进入商品经济时代。政社合一的集体经济及其组织形式的解体，使生产功能成为家庭的核心功能，家庭又重新担负起对老人的经济支持、生活照料、精神慰藉等赡养责任。随着集体经济的解体，人民公社时期面向"五保"老人的敬老院制度也一度因失去经济来源而面临难以为继的困境。

家庭联产承包责任制实施后,农村家庭出于对获得的土地进行自主经营的考虑,分家分户的现象增多,加之新中国成立后的30年间人口数量快速增长,净增4亿3000多万人口,给国家经济发展和人民生活水平的提高带来困难。因此,自1980年起,政府决定实行计划生育政策(中共中央,1980),并于1982年将其定为基本国策,农村地区普遍实行计划生育政策,家庭规模小型化的趋势日益明显。改革开放之后,特别是中共中央决定实行社会主义市场经济体制以后,工业化成为经济增长的重要支撑;与此同时,农业机械化也获得发展,农业生产率提高,使大批被束缚在农村土地上的剩余劳动力转移到其他产业。在乡镇企业不发达的地区,农村劳动力纷纷外出务工以谋求更好的生计,这在一定程度上提高了家庭养老的经济供养能力。而就农村流动人口而言,家庭不再是唯一的生产和生活单位,土地也不再是唯一的经济来源,经济基础及生产生活方式的变迁使传统家庭养老的实现有了时间和空间的限制,流动的家庭成员对老年人的生活照料和精神慰藉功能也在一定程度上趋于弱化,加上农村家庭规模的日益小型化,农村空巢家庭的增多,农村空巢老人的生活照料及精神慰藉面临困境,但是养儿防老的传统在农村依然占主流。

随着科学技术的快速发展,机械化、信息化以及先进科技在农业生产中的作用逐渐凸显,传统农业生产经验在一定程度上已不能满足现代农业生产的需求;而年青一代在接受农业新知识、掌握新生产技术方面的能力要优于老年人,传统农业生产中老年人原有的"经验传授者"地位受到冲击,加之年迈,劳动能力变弱,老年人在家庭经济价值创造中逐渐处于劣势地位;此时的农业社会文化类型由"前喻文化"转变为"后喻文化",家庭中的老年人需要在生产生活中向年轻人学习新技术、新知识,年青一代

第二章 互助养老幸福院模式的历史背景与现实情境

在家庭生产生活中的地位上升,从而动摇了老年人在家庭中绝对的权威和支配地位。此外,农村男性劳动力外出之后,女性劳动力往往留守在家中并掌握家中经济大权,老年人在家中的经济支配权也逐渐丧失,逐渐成为家庭中的边缘群体;老年人在家庭中价值、权威与地位的弱化,在一定程度上动摇了传统家庭养老"崇老、尊老"的社会文化根基。改革开放以来,西方资本主义文化对我国民众的影响加深,年青一代追求平等、民主、自由,并受个人主义的影响,重视自我需求的满足与自我价值的实现。老年人对年青一代的支配力越来越弱,年青一代的孝道观念也开始淡薄。虽然,国家重新开始重视以孝道为核心的儒家伦理,但社会整体孝道观念处于比较淡薄状态。

虽然家国同构的体制已经瓦解,但为保障农村家庭养老的实现,国家从法律层面对子女赡养老人的义务和责任、家庭养老的经济基础等方面作出了规定,为家庭养老提供政治基础与保障。比如,1980年《中华人民共和国婚姻法》第15条规定,子女对父母有赡养扶助的义务。子女不履行赡养义务时,无劳动能力的或生活困难的父母有要求子女给付赡养费的权利。1982年《中华人民共和国宪法》第45条规定,中华人民共和国公民在年老、疾病或者丧失劳动能力的情况下,有从国家和社会获得物质帮助的权利。国家发展为公民享受这些权利所需要的社会保险、社会救济和医疗卫生事业。虽然法律规定国家应为符合条件的家庭提供社会保险、社会救济和医疗卫生服务,但我国先后实行的农村社会养老保险与新型农村社会养老保险,仅能为农村老年人提供较低水平的经济保障,精神慰藉和生活照料问题依然难以解决。现代农村家庭养老方式逐渐演变为由子女提供经济支持,老年人居家自养方式。其中,独居老人居家自养的处境更为艰难,生活照料缺乏、精神孤寂,甚至会出现独居老人去世而无人知晓的悲剧。为应对这种局面,2013年《中华人民共和国老年人权益保障法》第二章"家庭赡养与扶养"中增加第18条:家庭成员应当关心老年人的精神需求，不得忽视、冷落老年人。与老年人分开居住的家庭成员，应当经常看望或者问候老年人。用人单位应当按照国家有关规定保障赡养人探亲休假的权利。然而，虽然国家层面的法律对家庭养老有相关规定，但老人不到万不得已时不会使用法律手段解决家庭养老问题。

五　小结：传统家庭养老基于社会结构变迁的现代调适

前文分析了晚清时期、民国时期、新中国成立至改革开放前、改革开放至今的工业化、城镇化时期四个阶段中传统家庭养老支持系统的变迁以及家庭养老的应对方法，可以得出以下结论：就农村养老方式的变迁而言，除新中国成立至改革开放前这一时期外，农村养老均以家庭养老为主；新中国成立至改革开放前这一时期，虽然由集体承担经济供养责任，但生活照料和精神慰藉功能仍然由家庭承担；这一阶段农村家庭养老形式是与集体经济的经济基础、人民民主专政及生产生活方式的变化相适应的。其他三个时期内，虽然农村养老均以家庭养老为主，但家庭养老的形式和内容也都因各自支持系统的变化而略有不同。晚清时期家庭和家族是养老的主要单位，民国时期家族的势力遭到冲击，新中国成立后土地改革等政策的实施使家族失去赡养族人（主要是家庭成员不能尽养老义务的老人或无子女的老人）的经济基础，家族在农村家庭养老中的功能逐渐消失，集体开始以敬老院制度形式代表政府承担起家族在赡养"五保"老人方面的功能，政府也开始以制度化的形式参与农村养老，成为家庭养老的补充。改革开放以来，受市场经济、城镇化、工业化等多种因素的冲击，虽然农村仍然以家庭养老为主，但家庭养老的内容和形式产生变化，出现子女为老年人提供经济支持，老年人居家自养的趋势，城市地区和农村地区也出现付费性质的养老服务供给，比如民办养老机构、居家养老服务等。然而，由子女提供经济支持，老年人居家自养的家庭养老方式在一定程度上只是家庭养老在支持系统变

第二章 互助养老幸福院模式的历史背景与现实情境

迁形势下的妥协,并非积极应对,老人在生活照料和精神慰藉方面需求的满足仍然处于缺位状态。一些老人选择入住民办养老机构及购买居家养老服务,但是因"养儿防老"思想在农村中根深蒂固,老人对民办养老机构的养老服务供给及居家养老服务供给的接受度不高,农村家庭养老的形势依然严峻。

在社会结构转型的新阶段,政府也意识到了当前农村空巢老人家庭养老面临的困境。改革开放以来,政府除了在法律方面对子女的家庭养老责任进行约束外,还在老年人社会保障方面不断提高农村社会养老保险及高龄补贴等现金保障水平,也通过税收及床位补贴等形式支持农村民办养老机构的发展以弥补家庭对老年人生活照料方面的缺位,但农村空巢老人的生活照料及精神慰藉问题仍然难以解决。为应对农村家庭养老在生活照料和精神慰藉方面的问题,农村家庭养老方式也主动或被动地做出了相应调适,试图平衡子代的养老负担与亲代的养老需求。比如,农村有些父母跟随外出的子女进城养老,到陌生的生活环境中度过晚年。市场经济的发展在一定程度上促进了养老服务业的兴起,民办养老院不断增多,部分农村老年人也会选择入住养老院花钱购买养老服务,以减轻子女的照料负担,但农村老年人"养儿防老"的思想仍然很重,入住养老院的农村老年人仅占少数,多数老人仍会选择在自己长期劳作与生活的村庄养老,宁愿在乡村过空巢或独居的生活也不愿与子女进城长期居住;较之有配偶同住的空巢老人,独居老人的生活照料及精神慰藉需求通常更难满足,因而精神孤寂,养老悲剧日益增多。可见,社会结构各个领域的变迁都会影响农村家庭养老的内容和形式。当前农村养老问题已经不可能单纯依靠约束家庭成员的养老行为来解决,农村以家庭养老为主的养老传统需要进行调适以适应社会结构的变迁,我们可以将这一过程称为传统家庭养老的现代调适;需要在农村探索现代型的家庭养老方式,与其他养老方式相配合,一同解决农村养老难题,而并非固守传统农村家庭养老的形式。调研地河北省邯郸市Q村自2006年起接连发生独居老人过世无人知晓的事件以及独居老人突发意外无人求助而险些丧命的事件，该村于2007年筹建互助幸福院正是为了解决社会经济发展新形势下农村家庭养老中独居老人居家自养的困境。

第二节 现实情境：Q村家庭养老功能的式微及困境

前文从宏观层面对传统农村家庭养老支持系统的变迁及农村家庭养老模式的调适进行了梳理，交代了互助养老幸福院模式产生的宏观历史背景。后文将以Q村为案例呈现传统农村家庭养老支持系统的变迁及该村家庭养老模式对社会结构变迁的应对；基于对Q村老支书CQY与原村小校长DZX二人以"村庄发展及养老情况变迁情况"为主题的访谈资料，本书以新中国成立作为起点，回顾分析新中国成立、家庭联产承包责任制的实施、计划生育政策等关键事件对Q村家庭养老产生的影响，进一步呈现互助养老幸福院模式产生的具体情境，即农村家庭养老模式在现代社会变迁情势下面对独居老人养老的失灵。

一 Q村概况

（一）地理区位、产业结构及家庭生计

Q村所在的FX县位于河北省南部的平原地带，辖3镇6乡265个行政村，是省级财政困难县；FX县有耕地58万亩，是以种植业为主的平原农业县，以种植粮食作物（小麦、玉米）为主；进入21世纪，以食用菌、洋葱、西红柿等蔬菜作物为主的经济作物种植面积逐渐扩大。FX县总人口39.3万人，其中农村人口25.86万人，长期在外地务工的农民约5.6万人；另外，FX县有铁路、高速公路、国道穿过，交通优势明显，因此物流业也有所发展，至2015年底，全县共有运输车辆约8000辆，约3万人从事

煤炭、钢铁等运输。①

Q 村位于 FX 县北端的 FX 镇，全村耕地面积约 2100 亩，至 2015 年 12 月，全村总人口 1300 人，人均耕地面积 1.62 亩，低于 FX 县平均水平；该村以农业为主导产业，农业经营收入主要来源于粮食作物种植以及大棚蔬菜种植，粮食生产基本实现了机械化，在一定程度上解放了粮食种植劳动力。2000 年前后，Q 村部分农户在驻村县长的带领下开始建设蔬菜大棚，实行棉花和洋葱的间作套种，后改良为经济效益更高、劳动密集型的西红柿、芹菜等蔬菜作物的种植，约有 175 户村民从事大棚蔬菜种植。农闲季节，村内 80% 的中青年人会出去打工，由于劳动技能限制，多数中年男性会去工地上工，一般从事建筑和路政工程等户外作业，冬季寒冷、土壤结冰无法动工时则返乡，开春后返工。出工时，家务和农事由家中留守的女性和老人承担，这种季节性农民工人约有 300 人。种大棚蔬菜的农民也会在自家大棚活儿少时在本村给其他种大棚蔬菜的农户打短工挣钱，家庭生计兼业化现象明显。据村支书说："现在光靠种粮食不能过生活，收入太少；种大棚蔬菜的（农户）收入不低，基本不出去打工了，种大棚蔬菜的人也会在本村给其他种大棚蔬菜的人打工，一天 100 块钱；村里没有固定的劳务市场，大家都知道谁干活好，谁喜欢偷懒，私下里就自己找人了；要是一次需要雇好几个人的话，就找个能干的当工头，工头再自己找几个同村的工友，工头基本都是找能干的人组队。"2010 年前后，有一家苗木公司要在村里承包土地种植苗木，部分村民（多数是老年人和残疾人）将自家责任田以年租金 1200 元/亩的价格租给苗木公司；有些出租土地的人也会在闲暇时给苗木公司打工，男性工资为一天 70 元左右，女性为 50 元左右。

此外，2007 年，Q 村村口处建了高速公路出入口，村内约 80

---

① FX 县统计局 2015 年统计公报（2016 年 3 月 7 日）。

户家庭中的年轻人依靠该村接近高速及国道的交通区位优势开始从事物流行业，即受雇为司机或自家买车"跑大车"。大车司机通常一个月中有半个月左右需要出车，月薪都在5000元以上，年节前后薪水更高；也有极少数村民在县城从事个体经营；另有极少数村民在附近药棉厂全职打工，工作日上班风雨无阻，日薪约为90元；全年在外打工的村民，绝大多数是年轻人，约有20人。2015年，FX县城镇居民人均可支配收入和农村居民人均可支配收入分别为19738元和11135元；Q村大多数村民以不同的兼业形式维持生计，2015年村民人均纯收入为6000多元①。

（二）人口结构及老龄化水平

笔者在2015年12月赴Q村调研期间，恰逢村委会收取2016年"新农合"的保费，并且镇上首次要求为参保人建档立案，一人一档，因此需要填写各种纸质表格，收集身份证复印件、新生儿出生证明及粘贴证件照等。为了更加全面地了解Q村人口的基本情况，笔者在村委会"帮工"三天，最终村委会同意在"新农合"保费收取结束后，笔者可以翻阅2014年12月该村"新农合""新农保"等数据材料。依据以上材料，笔者耗费大量精力整理汇总了Q村的人口情况，数据精确到村民个体。下文将从Q村人口增长与人口结构、人口老龄化与人口负担等方面介绍该村的人口情况。

1. 人口增长与人口结构方面。2014年12月，Q村共有户籍人口1253人，共276户，2016年户籍人口数超过1300人。笔者依据Q村的人口年龄信息整理出如图2-1所示的人口年龄结构和人口性别分布情况（2014年12月数据）。由图2-1可知，Q村的人口年龄结构较为复杂，波峰波谷交错存在，Q村的中位年龄为31岁，人口年龄结构属于成年型，并且Q村的老龄人口以低龄老年人（60~69岁）为主，中龄与高龄老年人口次之。据村支书介绍，

---

① 该数据为村委会粗略统计的数据。

第二章 互助养老幸福院模式的历史背景与现实情境

自 20 世纪 50 年代以来，Q 村的人口数量一直呈增长的趋势，1958 年 Q 村人口约 600 人，1980 年人口约 800 人，1998 年人口超过 1000 人。该村在 20 世纪 80 年后开始响应计划生育号召，生育率有所降低，这一阶段的出生人口与图 2-1 中 35~44 岁年龄段相对应；1995 年前后，计划生育政策日益严格，若一胎为男孩则不能再生育二胎，若一胎为女孩则可生育二胎，超生还需缴纳社会抚养费（20 世纪 90 年代，社会抚养费不超过 2000 元；2000 年以后，违规生育二胎者需缴纳社会抚养费 3000 元，违规生育三胎者需缴纳 5000 元，不缴纳不能落户）。Q 村的人口增长速度在计划生育政策严格的 1995~2000 年有所放缓，因此出现了图 2-1 中 15~19 岁和 20~24 岁两个年龄段人口数量的收缩；之后增速开始缓慢回升，出于"养儿防老""传宗接代"等传统考量，有些家庭即使缴纳不起社会抚养费，也会冒着"暂时"不能上户口的风险而"超生"，因此，5~9 岁和 10~14 岁两个年龄段的人口数又有大幅度增加。Q 村子女数为 3 个的家庭占绝大多数，其次是拥有 4 个子女的家庭，独生子女家庭与有 5 个及以上子女的家庭占极少数。实际上，村内的独生子女家庭仅有 2 户，双女家庭有 4 户。

可见，虽然 Q 村实行了计划生育政策，但是该村传统的生育思想并没有明显的变化；并且在医疗卫生水平提高、平均寿命延长、人口自然死亡率下降等因素的综合影响下，在计划生育政策实施后的 20 年中，Q 村人口增长了约 300 人，人口增长速度远高于 1958~1998 年 40 年增长约 400 人，与此同时，人口老龄化、老龄人口高龄化等问题也逐渐显现。

2. 人口老龄化与人口负担方面。截至 2015 年 11 月，FX 县总人口 39.3 万人，其中农村人口 25.86 万人，约占总人口数的 65.8%。全县 60 岁以上的老人有 4.39 万人，占总人口的比例为 11.17%。其中，单身老人 1.3 万人，占全部老年人口的 29.6%；因子女外出打工等形成的空巢老人有 1.04 万人，占老年人口总数

77

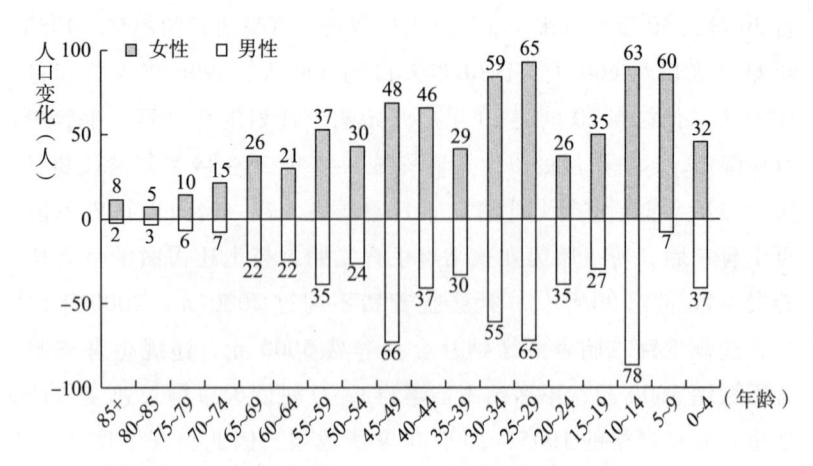

农村互助养老：幸福院的案例与启示

图 2-1　Q 村户籍人口年龄结构及人口性别分布（2014 年 12 月）

资料来源：笔者根据村委会提供的数据整理所得。

的 23.69%，其中有"五保"老人 1644 人。① 可见，该县不仅存在人口老龄化问题，还存在老龄人口单身化及空巢化问题。就 Q 村而言，2014 年 12 月，60 岁以上的老年人口有 147 人（占总人口的比例为 11.73%），其中 65 岁以上人口 104 人，80 岁以上人口 18 人（占老龄人口的比例为 12.24%），85 岁以上人口 10 人，Q 村的老年人口比例高于国际老龄化社会的衡量指标——60 岁以上老年人口占人口总数的 10% 以上。因此，该村位于老龄化社会行列，且呈现高龄化趋势。Q 村共有单身老人 39 人，占老龄人口总数的 26.53%。其中，独居老人 28 人，约占老龄人口总数的 1/5。

2015 年，中国社会科学院林宝副研究员在《中国农村人口老龄化的趋势、影响与应对》一文中，基于 2010 年全国第六次人口普查的数据，将出生率与死亡率、城镇化进程等因素考虑在内，使用 Spectrum 人口预测软件对中国农村人口老龄化 2010~2050 年

---

① 资料来源于 FX 县民政局所提供的《FX 县农村互助幸福院建设情况（2015 年 11 月）》。

第二章　互助养老幸福院模式的历史背景与现实情境

的发展趋势进行了预测：在 2010~2020 年、2021~2034 年、2035~2050 年三个时段内，中国农村老龄化将经历快速发展、高速发展及高位发展，至 2034 年农村老年人口数将达到峰值 1.54 亿人，此后增速会有所降低；此外，农村老年人口高龄化将在 2030 年以后出现加速发展的趋势。可见，农村人口老龄化问题并不仅仅是当下的问题，在未来几十年内都不容忽视。那么，Q 村作为中国农村的一部分，其老龄人口和高龄人口在未来的发展是否也会呈现上述特征和趋势？老龄化问题是否会继续存在并需要继续重视呢？基于此问题，笔者走访了 FX 镇计划生育所，希望通过获取近年来该镇及 Q 村分年龄段的人口自然出生率、死亡率及人口自然增长率等数据对 Q 村未来几十年的人口老龄化情况进行简单预测。但是，该镇计划生育所仅存有近 8 年的数据且个别数据不全，计划生育所工作人员建议去公安局获取出生率、死亡率信息。笔者在 Q 村支书的陪同下前往公安局，但因没有查询权限而最终没能成功获取数据。

受上述调研数据无法获取的限制，笔者转而收集整理 2010 年全国第六次人口普查数据中河北省乡村地区分年龄段、分性别的人口死亡率数据（见表 2-1），并以此简单并粗略地估测 Q 村 2014~2034 年老龄人口的变动情况。因不能获取当地的人口出生率、死亡率数据，仅以河北省农村地区的数据进行估测，必然在精确度上有所欠缺，故仅以估测结果大致展现 Q 村老龄人口的变动情况（见表 2-2）。结果显示：Q 村从 2014 年到 2024 年，再到 2034 年，65 岁以上人口的数量处于不断增长的态势，高龄人口数量也不断增长，高龄人口的增速快于 65 岁以上老龄人口的增速。可见，Q 村的老龄化问题并不会在短期内消失，至少在未来的 20 年中 Q 村老龄人口的数量还会持续增加，并且高龄化趋势会日益显著，其中老龄人口和高龄人口中女性老年人的比例要高于男性，Q 村的人口老龄化及老龄化问题仍然不容忽视。

表2-1 2010年河北省乡村地区分年龄段、分性别的人口死亡率

单位：人，%

年龄段	总人口	死亡人口总数	人口死亡率	男性死亡人数	男性人口死亡率	女性死亡人数	女性人口死亡率
45~49岁	3211902	9774	0.0030	6580	0.0020	3194	0.0010
50~54岁	2782244	14330	0.0052	9479	0.0034	4851	0.0017
55~59岁	2846392	22231	0.0078	14488	0.0051	7743	0.0027
60~64岁	2067978	27015	0.0131	17067	0.0083	9948	0.0048
65~69岁	1239274	28060	0.0226	17236	0.0139	10824	0.0087
70~74岁	958990	43159	0.0450	25822	0.0269	17337	0.0181
75~79岁	726790	51784	0.0713	28310	0.0390	23474	0.0323
80~84岁	410430	47003	0.1145	23255	0.0567	23748	0.0579
85+岁	207295	37597	0.1814	15495	0.0747	22102	0.1066

资料来源：第六次全国人口普查数据中的各地区分年龄、分性别的死亡人口（2009年11月1日至2010年10月31日）（乡村）。

表2-2数据虽然能显示未来一段时期内Q村老龄人口数量的增长情况，但并不能反映该村村民的养老负担状况。下文将通过对Q村人口负担系数（包括少儿人口负担系数和老年人口负担系数）的计算，及其与我国乡村地区、河北省乡村地区人口抚养比的比较，呈现Q村村民的人口负担情况。人口负担系数是反映一定区域内经济发展和人口社会负担的一项指标，老年人口负担系数是指一定区域内的老年人口数量与劳动年龄（15~64岁）人口数量之比；按少年人口负担系数是指一定区域内的少年人口数量与劳动年龄（15~64岁）人口数量之比。按国际惯例一般将人口负担系数（总抚养比）小于或等于50%的时期称为"人口机会窗口期"，而把人口负担系数大于或等于50%的时期称为"人口负债期"。人口机会窗口期，人口的抚养负担比较轻；人口负债期，人口的抚养负担相对比较重。

第二章 互助养老幸福院模式的历史背景与现实情境

表2-2 Q村2014年、2024年和2034年老龄人口变化情况估测

单位:人,%

	2014年			2024年				2034年		
年龄段	男性人口数	女性人口数		年龄段	男性人口数	女性人口数		年龄段	男性人口数	女性人口数
55~59岁	35	37								
60~64岁	22	21		60~64岁	24	30				
65~69岁	22	26		65~69岁	34	36		65~69岁	59	29
70~74岁	7	15		70~74岁	21	20		70~74岁	20	28
75~79岁	6	10		75~79岁	21	24		75~79岁	27	33
80~85岁	3	5		80~85岁	6	12		80~85岁	14	17
85+岁	2	8		85+岁	7	16		85+岁	14	31
65+岁人口数	40	64			89	108			134	138
		104				**197**				**272**
65+岁人口性别比(女性/男性)		1.6				1.22				1.03
85+岁人口性别比(女性/男性)		4				2.29				2.21
65+岁人口数变化的比例*						189.42				261.54

81

续表

2014年	2024年	2034年
85+岁人口数变化的比例*	230.00	450.00

注：粗体数据是65+岁、85+岁两个年龄段的男性与女性人口数之和。*若比例=100%，则人口数无变化；若比例>100%，则人口数有所增长，如表中2024年65岁以上人口数与2014年相比增长了89.42%。

资料来源：笔者对Q村村委会提供的数据的整理。

由表 2-3 可见，总体而言，2007 年和 2014 年全国农村地区（包括河北农村地区）人口的抚养负担均高于全国城镇水平，且这种负担有日益加重的趋势。此外，河北农村地区人口两年的抚养比都低于全国农村地区的平均水平，表明河北农村地区的整体抚养负担低于全国平均水平。Q 村劳动年龄人口数为 792 人，65 岁以上人口有 104 人（老年人口抚养比为 13.13%），0~14 岁的少年人口有 357 人（少年人口抚养比为 45.08%），总人口抚养比（人口负担系数）为 58.21%（大于 50%），表示每 100 名劳动年龄人口就要抚育或赡养 58.21 名非劳动年龄人口[1]，这也意味着 Q 村人口负债期的到来，以及抚幼及养老压力的增大；此外，该村的少年人口抚养比（45.08%）远高于全国及河北农村地区平均水平，且总抚养比过高，老年人口抚养比仅略低于全国及河北农村地区水平，表明该村村民的人口抚养负担主要来源于抚幼，整体养老负担并不十分突出。那么，为何这样一个整体养老负担并不十分突出的村庄，却在独居老人的家庭养老上出现了问题，并因此出现老年人互助养老的无奈之举呢？

表 2-3 2007 年与 2014 年我国城镇与农村地区（全国、河北）的抚养比

单位：%

地区	2007 年			2014 年			
	城镇	农村地区		城镇	农村地区		
	全国	全国	河北	全国	全国	河北	Q 村
少年人口抚养比	24.56	28.36	22.84	24.2	27.16	27.13	45.08
老年人口抚养比	12.86	13.66	11.63	13.9	16.55	13.98	13.13

---

[1] 老年人口抚养比（Old-age Dependency Ratio, ODR）=（65 岁以上人口数/15~64 岁劳动年龄人口数）×100%；少年人口抚养比（Child-age Dependency Rate, CDR）=（0~14 岁少年儿童人口数/15~64 岁劳动年龄人口数）×100%。本研究对劳动年龄人口的统计口径采取国家统计局的统计口径：将 15~64 岁的人口列为劳动年龄人口，参见中华人民共和国国家统计局网站，http://www.stats.gov.cn/tjsj/zbjs/201310/t20131029_449552.html。

续表

地区	2007 年			2014 年			
	城镇	农村地区		城镇	农村地区		
	全国	全国	河北	全国	全国	河北	Q村
总抚养比	37.42	40.02	34.46	38.1	43.71	41.11	58.21

资料来源：《中国人口和就业统计年鉴 2008》《中国人口和就业统计年鉴 2015》，中国统计出版社；Q 村数据为笔者整理，2007 年 Q 村的抚养比数据缺失。

前文分析了 Q 村家庭养老功能弱化的历史过程，呈现了独居老人家庭养老的困境，即互助养老幸福院模式产生的历史背景。按照同样的思路，下文将以 Q 村为案例，在介绍 Q 村家庭养老功能弱化过程的基础上，分析互助养老幸福院模式在 Q 村产生的历史基础，并分析该村在独居老人养老上的现实困境，呈现互助养老幸福院模式在 Q 村产生的现实情境。

二 Q 村传统家庭养老的变迁

整体而言，Q 村家庭养老的发展演变与前文所述全国范围内的农村家庭养老发展变迁的整体思路相似，但又有其自身的特点。下文将通过 Q 村家族养老保障功能的变迁，家庭生计方式、家庭居住安排变迁，养老传统的变迁及送老传统的变迁四个方面呈现传统家庭养老的支持系统在社会、经济、政治、文化等领域的变迁及其与家庭养老内容与形式变迁之间的相互关系，呈现家庭养老功能的总体变化趋势及互助养老方式产生的具体情境。

（一）家族的养老保障功能变迁及其对家庭养老的影响

封建统治时期，家族不仅通过族田、族产为不能实现家庭养老的族内老年人提供养老保障，还作为家庭养老的补充，在对族人进行"敬老"的道德教化上发挥重要作用。新中国成立后，家族解体，家庙、家谱等追思先祖、实现敬老的载体也被作为"四旧"而取缔，家族的养老保障及道德教化功能也不复存在。随着封建统治秩序的瓦解及现代法律体系的建立，宗法家族难以复兴

第二章　互助养老幸福院模式的历史背景与现实情境

并恢复原有功能。Q村的大姓有G姓、D姓，其家庙、家谱等也都在"文革"期间被毁，后分别在1994年、2005年由家族集资重修家庙、家谱，但传统家族的功能并未恢复。当下的家族仅以家庙这一实体符号显示家族的存在，但在日常生产生活中的作用及影响几乎消亡。Q村虽然有两个家庙，但并未保留家规，现在的人都"鬼"①了，谁也不愿得罪人，并且在法律面前人人平等的现代社会中，村民都必须遵守国家的法律法规，家族的家规家法随之淡化并消失；如果家族的人犯了错误，族长没有权力依照传统家族中的"家规"打骂或体罚族人。现在Q村所谓的族长只是负责家庙的维护和花销账目管理，当下Q村的家庙也仅存过年时祭奠祖先的功能了。

调研发现，Q村村民对"家族"这一概念的认识已经淡薄，取而代之的是"都是一家子"（意思是都是一个大家庭的）的概念，"一家子人里有辈分的高低"，如果村民在赡养老人上出现矛盾，一般都会先找家里的长辈（可能是族长或其他有声望的人）进行调解，调解不了的再找村委会帮助调解，毕竟村民都不想把家丑传遍全村。原村小校长DZX（男，65岁）讲了一个D姓家族的案例。

案例2-1：几年前，家族里有晚辈不赡养老人的事情，老人找族长诉苦，族长就把老人的孩子叫到家庙门口，当着村民的面说，"你要是不孝顺老人，我就让老人住在家庙里，让大家看看你败性不败性（德行败坏）"。族长让老人搬到家庙去住，是故意让老人的孩子在村里没面子，晚辈在村子里生活都好面子，不想在背后被人指点，于是最终答应赡养老人。

---

① 在该村方言里是变"精明"的意思。

农村互助养老：幸福院的案例与启示

族长对这一不孝事件的处理是将养老与熟人社会及社会舆论相结合，利用熟人社会中的公共舆论以及晚辈想在村庄立足的心理约束晚辈的养老行为。虽然不能保证晚辈从内心里"敬亲"，但至少能约束晚辈"养亲"，能保证老人的基本生活所需。当下Q村的家族、家庙对家庭养老的作用便主要体现在此。从案例2-1也可看出，当下Q村对家庭养老问题的调解主要依靠外在公共舆论的约束力，这种外在约束力虽然对晚辈的养老行为具有一定的作用，但是难以改变晚辈在养老上的价值观念，也难以激发其行孝的内在动力。据GJ（男，84岁）回忆，G姓家族的家谱在新中国成立前保存完好，家谱的序言部分还记载了家族内孝子的事迹，新中国成立前老人还时常讲起家族里的孝子故事来激励晚辈孝敬父母。但是，"文革"期间家谱被毁，老人们也都不轻易提起家族旧事，知道家谱里记载的孝子事迹的村民越来越少。笔者在调研中曾访问了G姓家族中于20世纪60年代和90年代出生的村民，他们都表示没有听家里人讲过孝子的事迹，只知道祖先里有人中过举人。

G家家谱序言中载有Q村儿媳孝养婆婆的故事，该故事在该县县志中亦有记载，大意为：前屯G有仓妻常氏，夫亡守志，家境贫苦，不遗余力，千方百计孝养婆婆。清咸丰八年（1858）闹饥荒，不能自给，常氏天天去县城领饭，自己舍不得吃，全部带回家给婆婆吃，终因饥饿过度而死，成为守节至孝的典范，为人传诵。此外，G家家庙尚保存有墓碑四通，其中一通墓碑名为《明省祭官G公墓表》，是明隆庆五年（1571）G家四世祖G杰为其父G信所立，该表中便记载了G信为亲老而不仕，朝夕奉养父母直至父母寿终正寝的事迹。

可见，新中国成立以后，Q村这些传统的孝道故事在家族、村民中已近乎失传，对族人或其他村民的道德教化功能也随之消失。家族曾是传统农村家庭养老的重要社会基础，而这一社会基础在当下农村的家庭养老中已经基本失去作用。

（二）生计方式、居住安排与家庭养老变迁

如前文所述，新中国成立后的土地改革使农民分得土地，原先村里的地主、富农基本是大家庭，土地在村里平均分配之后，地主、富农等大家庭失去了维持生活的经济基础，开始出现小规模的分家。1958年，人民公社时期实行农村土地、其他主要生产资料归集体所有，家庭不再是生产单位，公共食堂的建立使家庭的生活功能开始丧失，特别是"大炼钢铁"时期，村民家中的铁锅、铁铲甚至门上的锁都被投进高炉里炼成钢铁，同居共财、共爨的传统家庭生活受到冲击，此时家庭的存在意义仅剩居住功能。集体生产与同工同酬、按劳分配的制度也不利于农村大家庭生活的维持，尤其是老弱病残多、劳动力少的家庭，并且在平均分配强调平等的制度下，亲代对子代的经济支持功能弱化，分家成为农村家庭在生活上权衡利弊后的一种选择。据村支书回忆，人民公社时期，村里分家的不少，那时候分家比较简单，找个大家庭的长辈主持，将家里的房子、日常用品（不包括土地、大型农机具）分配一下；条件不好的家庭，没有钱给孩子单独盖房子，就分几间正房给孩子成家后居住，父母住偏房；分家之后，父母年迈不能种地挣钱，成家的儿子们需要按季度或按年给父母口粮和商定好的生活费，保证父母晚年的生活所需。

Q村自1983年起试行以家庭为单位的土地承包制，1984年国家政策规定土地承包期限一般应在15年以上，集体生产与自留地制度结束，家庭重新成为生产和生活单位。家庭联产承包责任制的实施也使一些子女主动要求分家以获得土地，多子家庭分家现象更加普遍。村里给各家分配宅基地时会考虑到地缘因素，大家庭分家后的房屋大致集中在一起，子女和老人相互来往比较方便。当时多数农户以种植粮食作物为主，农闲时以家庭作坊形式加工鞭炮，作为副业，农业与家庭手工业相结合的生计方式成为家庭收入的主要来源，具有不可移动性的土地和以家庭为单位、以居住的房屋为"厂房"的生产方式将家庭成员固定在村庄内，家庭

成员的跨地区流动性极小。老人在与家庭成员的共同生产与生活中得到精神慰藉和生活照料需求的满足。20世纪80年代，计划生育政策实施，当时村民的"养儿防老"观念根深蒂固，"儿女双全"愿望以及对多子多福的期盼仍比较强烈，为此Q村多数家庭冒着违反计划生育政策被罚款的风险选择"超生"。1984年中共河北省委、河北省人民政府印发的《全省计划生育工作会议纪要》指出，"农村普遍提倡一对夫妇只生育一个孩子"，但是根据前文第一部分对Q村人口情况的介绍，Q村这一时期多数家庭的子女数为3~4个，村民普遍认为"年轻时多生一个儿子，年老了就多一口饭吃"。可见，养儿防老在20世纪80年代依然是村民最理想的养老选择。一直到20世纪90年代，河北省对农村计划生育政策的实施依然没有放松，但Q村村民关于养老及传宗接代的传统观念并未发生大的改变；这一时期，村民生育孩子的数量虽然减少到2~3个，但是始终没有达到"提倡一对夫妇只生育一个孩子"的目标。

从前文对Q村人口情况的介绍可以看到，到1998年，Q村的人口数超过1000人（1980年为800人左右），年均人口自然增长率略高于同期全国水平13.6‰[①]。为了应对人口数量的整体增长和部分家庭人地矛盾突出的问题，到1998年（家庭联产承包责任制实行15年之后），Q村开始进行第二轮承包地调整，当年8月29日，第九届全国人大第十次会议发布了修订的《中华人民共和国土地管理法》，第一次将"土地承包经营期限为三十年"的土地政策上升为法律，其间"增人不增地，减人不减地"。因此，自1998年重新调整土地至2015年12月，Q村的人口又增长了约300人，但没有对土地进行再调整，人地矛盾日益明显。2003年前后，村里外出打工的人开始增多，部分老人的生活照料和精神慰藉需求的满足面临困境，此处所讲的人地矛盾便是原因之一。

---

① 据国家统计局数据计算所得。

第二章 互助养老幸福院模式的历史背景与现实情境

案例 2-2：ZGS（男，74岁）家庭人地矛盾与外出打工案例

1998年以后，土地30年之内就不能动了。我们老两口加上儿子一共有4亩多地，儿媳妇分了半亩地；家里六口人，不到5亩地，地太少，种粮食也不挣钱，孩子还得上学，种地挣的钱不够养家；我们家里商量了一下，就租了两亩多村里年纪大、种不了地的老人的地种大棚蔬菜，一亩地租金为1200块钱一年。种了3000棵西红柿，一亩地毛收入两三万块钱，纯收入有一两万块钱。但是，大棚也不是常年有活干，夏天大棚里没活儿的时候，我儿子就出去打工挣钱，到内蒙古的工地去上工，挣些零花钱。

据村支书回忆，在20世纪80年代第一次家庭联产承包责任田划分之后，再次分地对村委会而言不是简单的事情，需要考虑家庭人口增减、分地的时间点、土地的品质、土地上属于家庭的水利设施等多种因素。1998年第二次分地之后，村里留了500亩机动地，当时政策允许"大稳定、小调整"，可以每五年根据人口数量变化情况为新增人口家庭分地以解决人地矛盾。到2003年，村里预留的机动地分完了，新添人口仅分得几分地；同年，国家出台政策[①]，规定此时没有机动地的村子以后也不准再留机动地了。村里的土地数量是一定的，很多人口变化大的家庭户（比如，第一次分地时村里有一户只有4口人，到第二次分地时变成14口人），光靠分得的土地没办法养家，因此只能外出打工挣钱补贴家用（比如案例2-2）。后来，有村民找村委会说家里娶了媳妇，添了外孙、外孙女，自己土地不够养家，但村里也没有办法，已无地可分。毕竟30年不动的土地政策是明文规定，村里也不能私下调整。

人地矛盾日益突出的过程，与改革开放后市场经济的发展，

---

① 自2003年3月1日起实施的《中华人民共和国农村土地承包法》。

农村互助养老：幸福院的案例与启示

工业化、城镇化的推进具有同步性。进入20世纪90年代，工业标准化生产对农村家庭作坊式生产提出了挑战，国家对安全生产的监管也日益严格，对无许可证从事鞭炮生产的家庭会采取罚款或拘留的处罚方式。加之家庭作坊生产鞭炮存在安全隐患，Q村就发生过多起鞭炮爆炸造成屋毁人亡的事件。在监管与安全隐患的双重压力下，该村的家庭作坊式鞭炮生产自20世纪90年代末起急速萎缩，到2005年前后，生产鞭炮的家庭仅剩10户左右。家庭鞭炮生产衰败之后，村民一时间没有找到新的家庭手工业项目。种植粮食作物虽可糊口，却难以支持家庭对小康生活的追求，村民由此产生转变传统生产经营及生计方式的想法。后来当地政府曾出面帮农民寻找外出务工机会（在工厂、工地等务工），村里出去务工的人在工地或工厂有务工机会，都会通知村里其他能外出务工的村民，外出务工人口开始增多。到2003年前后，虽然人地矛盾无法缓解，但随着工业化、城镇化的发展，外出务工机会增多，70年代、80年代出生的村民中外出务工的人数逐渐增多，人口流动性增强（特别是在农闲季节）；村内青壮年男性劳动力多外出务工，妇女、老人则留守在村里照顾家事、农事，家庭中的年青一代成为家庭经济价值创造的主体，老年人在家庭经济价值创造中的作用逐渐被边缘化。与此同时，村里不愿外出务工的剩余劳动力也面临生计转型的困境，当时驻村的县领导鼓励村民贷款（凡是想建大棚的农户，每户可从当地银行贷款2000元）建蔬菜大棚以增加收入，以经济价值较高的西红柿种植为主；种大棚蔬菜的村民在农闲时也会出去打工挣钱补贴家用（比如案例2-2）。但是，由于大棚的建设及生产成本高、精耕细作较辛苦，选择农闲时外出打工的人仍然居多。到2007年，村北建高速口，村内青年开始受雇为司机或自家买车"跑运输"从事物流行业，家庭经济条件随之好转，对老年人的经济支持基本能保障，但是，出车期间难以保障对老人生活照料、精神慰藉资源的供给。

生计模式的改变改善了村民的生活及住房条件，由于年青一

第二章　互助养老幸福院模式的历史背景与现实情境

代与老年人的生活方式、价值观念存在差异以及新房具有台阶高等不利于老年人居住的特点，分家而居成为减少家庭矛盾、方便老人行动的合理化选择。就居住安排而言，至 2014 年底，在全村 276 户家庭中，除独居老人 28 户外，还有 11 名单身老人与兄弟姐妹或子女同住（其中有 4 名单身老人与其老年兄弟姐妹或子女同住），另有仅与配偶共同居住的纯老家庭 54 户。父母在原址翻盖房子给最后一个结婚的儿子成婚用时，一般都会预留 1~3 间做养老房；还有些家庭选择在新址建房子，这些家庭的老人在能自理时通常住在原来的老房子里；有些单身老人跟儿子搬进新房，有些则独居老房，单独在一处居住的老人虽然跟子女在一个村庄里居住，但见面机会总不如在一起住的时候多，其生存环境也不容乐观。老人住的老房子基本是"三四十年代的破房子"，国家的危房改造补贴政策补贴资金只有 1.5 万元，老人要盖新房的话，需要自己再补贴几万元，所以多数老人选择将就住在老房子里而不申请政策性危房补贴。Q 村还有个别老人攒的钱都用于给儿子盖房结婚，以至于没钱给自己盖新房而只能在孩子家轮流居住。在养老上，老人不能自理后，通常会被子女接到家中进行照顾，或者在老房子里由子女轮流照料。

伴随农村政治变迁、生计方式变迁及经济的发展，在趋利的人口流动下，"空巢"家庭户（包括一人独居户、纯老家庭户）增多，家庭结构小型化特征明显，加上分家而居的趋势日益显著，家庭不再是唯一的生产和生活单位；但是农村主要的养老方式仍是家庭养老，子代仍然需要对亲代履行经济供养、精神慰藉、生活照料的赡养责任。然而，分家而居的传统和家庭人口的流动性使得原本在家庭场域中践行的赡养行为受到赡养者和被赡养者所处的"空间地点"与"赡养距离"的限制而难度增加，传统家庭养老的内容和形式因此发生变迁。虽然多数人仍持有"养儿防老"的传统价值观念，但子代对亲代的养老行为逐渐出现子代为亲代提供经济支持、亲代居家自养的趋势。这种家庭养老方式的变迁使独居老人的生活照料、精神慰藉需求的满足面临困境，下文将通过独居老人死亡的案例具体说明 Q 村独居老人面临的家庭养老困境。

（三）养老传统的变迁

虽然儒家忠孝礼义文化倡导的忠君与孝亲观念随着封建君主专制统治的结束而产生变迁，忠君一说不复存在，但孝亲观念延续至今。受儒家传统孝亲观念的影响，子代对亲代有"善事父母""养老送终"的义务，"养老"与"送终"意即"事生"与"事死"，是个连续的过程。传统家庭养老中的"事生"即满足老年人在世时的经济供养、生活照料及精神慰藉需求，在对老年人进行经济供养、生活照料的"养亲"过程中还要重视从精神层面"敬亲"，"今之孝者，是谓能养。至于犬马，皆能有养，不敬，何以别乎？"（《论语·为政》）养亲可能实现，敬亲难实现，"养，可能也，敬为难；敬，可能也，安为难；安，可能也，卒为难。"（《礼记·祭义》）敬亲可能实现，安亲①难实现；安亲可能实现，但终身敬亲难实现。"事死"即丧亲，也就是曾子所概括的"慎终追远"，"慎终"和"追远"分别对应父辈亡故后的丧葬行为和祭祀礼仪；传统孝道文化将"事死"放在很重要的位置，比如《中庸》中提到"事死如事生，事亡如事存，孝之至也"，侍奉死者要同侍奉生者一样，侍奉亡故者要像侍奉在世者一样，这是孝的最高表现。与"养生"相比，"送死"似乎在传统孝道中有更高的地位，《孟子·离娄下》云"养生者不足以当大事，惟送死可以当大事"，奉养在世的父母，还不能够算是大事，能在父母死后尽哀尽礼才算大事，因为"送死"或"事死"的过程更能体现出"敬亲"。这种儒家思想对农村传统家庭养老的实现有重要影响，即重"送老"，轻"养老"，正是因为这种思想传统的存在，"养老"方面

---

① 子女在父母在世时立身行道，不犯刑律，不做冒险、不义之事，不让父母为自己的过错和安全而担惊受怕。

第二章　互助养老幸福院模式的历史背景与现实情境

的内容才比"送老"方面的内容更易受外部环境影响而产生变化。

正如前文所提及的，在经济、政治变迁的影响下，Q 村传统家庭养老中"养老"的内容和形式发生了变迁，出现子代为亲代更多地提供经济支持、亲代居家自养的趋势；但是村民对"送老"及举办葬礼的重视程度没有因受政治、经济变迁的影响而降低，反而在国家推行丧葬政策改革时悄悄地维护"送老"传统。本部分的重点是通过分析 Q 村关于养老、敬老、送老方面的案例，说明当下家庭养老中"事生"与"事死"的行为逻辑及家庭养老传统的变迁。在"事生"传统的变迁上，在经济供养方面，当下农村家庭养老中存在养儿防老传统与经济自养趋势并存的现象。养儿防老传统在家庭养老的经济供养方面的意义主要是由子辈为父辈提供晚年生活所必需的经济支持，当下 Q 村村民的养儿防老观念依然浓厚，但是在改革开放以来经济政治变迁、人口寿命延长及健康条件改善的情况下，Q 村老年人的经济自养趋势日益明显。下文将以 Q 村为例论述当前农村家庭养老中养儿防老观念依然浓厚、经济自养趋势日益明显的现象。

为什么说 Q 村当下依然养儿防老思想浓厚呢？这从 Q 村老人年老后对土地的处置方式上便可看出。如果身体条件允许，还能种地，老人一般会选择在经济上自养，而不向子代索取经济支持；待老人的身体变差而不能靠种地维持生计的时候（通常是 70 岁左右，具体因人而异），老人会将其耕种的土地分给本村的儿子（们），作为"交换"，子代（主要是儿子）每年要给老人地钱、零花钱，为老人提供食品等生活所需，并且承担养老照料的责任；若儿子没有耕种老人土地的意愿，或者没有耕种土地的能力，老人便会优先考虑将土地流转出租，从而获得地租以维持生活。在 Q 村老人看来，即使自己有儿有女，一般也不会把土地给女儿耕种，女儿出嫁即"泼出去的水"，儿子才是养老责任的承担主体，不能指望嫁出去的女儿来养老，靠女儿养老不具备"社会合法性"。因此，从老年人对土地的处置及养老期待上看，Q 村的养儿防老观念依然很浓厚，案例2-3可以佐证。

案例2-3：ZQD，女，62岁，早年丧夫，因身患疾病不能继续种地，有三个儿子在本村居住且都已成家，生活宽裕，大女儿嫁至邻村，小女儿嫁到本村。但是，本村的小女儿家突生变故，小女婿在外务工时被工地的车轧断了腿，治疗花空了家庭积蓄，家中有三个孩子正在上学；小女儿一家共七口人，小女儿连同三个孩子在婆家都没有分到土地，因此七口人种着不到4亩土地；小女婿失去挣钱能力，小女儿早上去市里的早市摆摊，一天能赚30元钱，其他时间在家种地以维持生计，家庭生活拮据。ZQD身体好时种着她自己、过世的丈夫、两个出嫁的女儿共四口人的地，生病后，便把土地平均分给了三个儿子，由儿子承担养老责任。我问她："您小女儿就在本村，而且家庭条件不好，为什么不把原来女儿在娘家时分到的那份耕地再让小女儿种，或者跟儿子提议把地平均分给4个本村的子女，女儿也分担部分养老责任呢？"她回答说："我也知道小女儿过得不好，说起来，虽然小女儿过得最不好，但是小女儿孝顺，经常来看我，给我带吃的；但是没办法啊，养儿防老，还是得靠儿子养老，女儿嫁出去了，就不是娘家人了，要是把地分给女儿了，儿子们肯定都不尽心养老了；要是让女儿也养老，儿子们的脸面也过不去，就好像儿子们都不孝顺、不养老似的。"

此外，仅有女儿的农村家庭"招赘"养老的传统在Q村依然存在，也体现了养儿防老观念在村民心中根深蒂固。可见，Q村老人的养儿防老观念依然浓厚，老人通常不吝啬拿出所有的积蓄为儿子们盖房子、娶媳妇。据村支书介绍，村里也有年轻人种地，但基本是兼业，有空就出去打工，光靠种地只能解决温饱问题，通常父辈种地加打工大半辈子才能盖得起房子或买楼、买车、给

第二章 互助养老幸福院模式的历史背景与现实情境

孩子娶媳妇。在 Q 村的婚俗中，需要男方买车（根据家庭经济实力，一般花费 10 万元左右）、盖房或买房（在村盖房或在县城买房，20 万元左右），给女方彩礼（5 万～10 万元），加上房屋装修、酒席置办等，结婚要花 40 万元左右。父辈给孩子娶完媳妇，基本半辈子的积蓄就都用完了，有的还得借贷给孩子娶媳妇。同时，父辈也知道子辈为孙辈娶妻也是同样的过程，也有很大压力，因此，父辈在给孩子娶完媳妇，即"完成任务"之后，多数想通过自己的劳动再积攒一些积蓄用来养老而不给子女增加养老负担，由此形成了老人在经济上自养的趋势。

随着老年人寿命延长和医疗条件的改善，多数老人在 65～70 岁时还能下地劳作，在子女成家之后到老人失去下地劳动能力之前，还有几年甚至十几年的时间，老人可以通过自己种地或将土地出租来实现经济上的自我支持，而且老人也希望在年老时能有一定积蓄，"能不向孩子伸手要钱是最好的"。村里甚至有的老人为积攒更多的养老钱以使自己尽量在经济上实现自我支持而存钱到村里所谓的"农民专业合作社"（并非农村信用合作社或农商银行）中，想通过拿到比银行更高的利息使自己的养老钱增值，但是最终本利无归。Q 村有两个所谓的"农民专业合作社"，都是本村村民在工商局注册挂牌的；但其实际运作方式是将民间筹集的资金挪作他用，它们并非为农民提供产前、产中、产后服务的法律意义上的农民专业合作组织。调研期间，笔者走访了其中一个蔬菜种植农民专业合作社，其运作方式是：以在合作社"存款"获得比银行高的利息为由头从村民手中募集资金，将筹集到的资金用到自己承包的土地上（大面积种植蔬菜），市场行情不好时合作社就周转不开，农民便无法拿回自己的"存款"，而最多只能拿到少量的利息。村里还有一家合作社也以类似的方式运作，合作社负责人将资金拿去炒房地产，使得村民在合作社的"存款"同样有去无回。在合作社存款的村民中也不乏老年人，存钱到村内合作社的老人 LRJ 的案例（案例 2-4）可以很好地反映该村老年人的经济自养趋势。

案例 2-4：LRJ，男性，69岁，身体硬朗，但有高血压等慢性病，是笔者调研时在村口随访的一位老人。当问及他家里的经济情况时，老人便愤怒并带着骂意地说起他"存钱"到村里的合作社想让自己的养老钱增值的经历。他说："村里的合作社就是骗钱的，不是银行那种农村信用合作社，村里好多人都把钱存进去了，因为村里的合作社给的利息高，村里人估摸着在合作社的存款大概有五六百万元，现在都拿不回来了。因为村里的合作社都倒闭了，他们打着种养殖合作社的幌子，拿着我们的钱去做别的事，跟着'大老板'去盖楼、投资，结果失败了。我们在里面存的钱全部搭进去了。这合作社一般都是找村里平时跟他们关系还不错的村民，拉着他们存钱到合作社，都是熟人。我孩子成家早，他们成家之后，我辛辛苦苦攒了十多万块钱准备养老，觉得合作社给的利息比银行高，就把钱从银行取出来，存到了村里的合作社，现在都打了水漂了，本金也没拿回来，养老钱都没了。村里不少手里有点存款的老人都在那儿存钱了，这合作社黑了心了。"

由此可见，在 Q 村存在养儿防老传统与老年人经济自养趋势并存的现象，王增文（2015）在对我国 15 个省（区、市）38 县进行的养儿防老观念的调研中也得出类似的结论：选择依靠儿子养老的占比（39.17%）最大，其次是依靠储蓄养老，占 22.02%。而养儿防老作为"事生"的重要方面，不仅仅包含对老人的经济支持，子辈还要向父辈供给生活照料和精神慰藉资源。前文在描述 Q 村家庭生计变迁和居住安排时，提及该村在经济、政治变迁影响下的生计变迁和居住安排情况对子代之于亲代的生活照料及精神慰藉带来的时间和空间上的挑战。下文将通过 Q 村案例，具体呈现人口流动性增强、子代忙于生计以及分家而居的现状下，

第二章　互助养老幸福院模式的历史背景与现实情境

家庭养老中子代之于亲代的生活照料及精神慰藉资源供给的变迁，以及亲代对子代在生活照料和精神慰藉上的期望的变迁。

Q村老人与已婚子女分家之后，老人只要生活能够自理，便基本不需要子代对其日常生活起居进行照料；若与配偶共同居住的老人，一方生活不能自理，通常以另一方进行照料为主，当两位老人都不能自理时，则由子女轮流照顾。单身且不能自理的老人的生活照料通常是村里的难题，若老人独居，通常子女会轮流到老人的住所照顾老人，出嫁的女儿回娘家照顾老人通常会整天陪着老人，同吃同住；作为家里的男性劳动力，儿子对老人的生活照料通常不是全天候的，儿子基本能保证晚上陪护老人并照料起居，白天还要为生计奔波，而由媳妇负责老人的餐食。若失能老人是男性，由于Q村的性别观念比较保守，很少有儿媳白天全天候与老人独处并伺候老人，因此在儿子白天奔忙于生计的情况下，老人在白天的生活照料及精神慰藉需求还是难以得到很好的满足。相比之下，女性失能老人得到来自子女的生活照料要好一些，女儿、儿媳都可以全天候陪护。此外，鉴于Q村村民的主要生计方式是种大棚蔬菜/粮食、长途运输和外出打工，农忙和农闲时都要为生计奔波，即使与儿子一家住在一个院里，也只能在一日三餐时见到孩子，聊天的机会也不多，因此村民陷入"三餐养老"的困境，即子女仅在三餐时间照料、陪伴老人。在调研中，老人普遍认为："以前是多子多福，现在看来，孩子多也未必福就多，有一个孝顺孩子就够了。"

案例2-5：WYQ，女，82岁，三儿两女，三个儿子都已成家，两个儿子住在村里。老人的一个儿子、一个女婿都有大车，短途运输时三五天不在家，长途则半个月不回家，基本都是儿媳妇在家照料老人、养育孙代、照顾地里的农活。有一次，老人的儿子出车十多天后回家看望老人，老人见到儿子就开始抹眼泪，说："大半个月不来看我……"儿子说：

"我媳妇儿不是经常过来看你吗？我在外面出车也回不来，还非得我看你才行啊？"老人跟我说："也不是非得儿子来看我，他们跑长途车，我在家心里都惦记他们，这么长时间不回来看我，我就会想是不是出车祸了……咱也不会用手机，也没有手机，儿子不来看我，心里就觉得空落落的，儿媳妇也不是儿子，还是不一样……"接着又说："我还有个儿子在村里种大棚蔬菜，忙得很，有时候中午都在地里吃饭，我以前腿脚灵便的时候还去地里瞅瞅，现在走不了那么远的路了，只能在家干等着。孙子都上学去了，也是晚上才回来，想找个说话的人都没有。孙子们没上学的时候，经常来我这儿玩。之前村里还有个小学，我管接送孙子上下学；后来小学被合并到镇上去了，我年纪大了，不能去接送。孩子回家还得写作业，有时候好几天都看不见孙子，心里也想得慌。"

案例 2-6：GJC，男，42岁，退伍军人，新任村支书，在城里住，村里有事才开车回来。在聊到照顾父母这个主题时，新任村支书说："别看现在村里好多老人都有好几个孩子，孩子成家后在村里住的也不少，但是现在孩子们都太忙了，别说是在外边打工、成家或者上学的，就是在村里种地的孩子，一天下来跟老人也见不上几面。有一天我开车回来，看见发小家的小儿子一个人在街上跑，差点儿撞到我的车上，我就问：'你爸妈呢？'小孩儿说：'在地里忙活儿呢。'我说：'你去别人家找别的小孩儿玩，街上太危险，车这么多。'后来我遇见发小，跟他说：'别让俺侄儿（路上玩的小孩）在街上瞎跑，咱村大街上跑这么多外地的大车，多危险。'发小说：'地里这大棚，忙起来谁都顾不上，俺孩子都是"天守"，老天爷替俺守着孩子呢，俺也没空儿守着他呀。'都说现在的孩子就是家里的宝贝，你看现在做父母的都忙着挣钱，连孩子都顾不上，哪还有那么多时间照顾老人、陪老人聊天？！"

第二章 互助养老幸福院模式的历史背景与现实情境

可见,随着市场经济的发展,生计方式发生变迁,在趋利心理的作用下,子女多忙于生计而挤占了照顾老人、跟老人聊天的时间(案例2-5、2-6都有体现)。即使老人有子女在本村居住,或者住在同一处院子里,老人心里空虚寂寞的现象也普遍存在。大棚蔬菜种植属于劳动密集型农业,西红柿种植对精细作业的要求较高,给植株打杈子、授粉及采摘果实等对劳动力和时间要求也高。农忙时节,种大棚蔬菜的村民基本都被"捆"在大棚里,限制了村民照顾老人的时间和精力;"跑大车"从事物流运输行业也类似,经常十天半个月不能回家(见案例2-5)。农村剩余劳动力的转移能够促进农民经济条件的改善,虽然有利于提升子女对老人的经济供给水平并改善老年人的物质生活,但是村民为增加收入而种植蔬菜等经济作物、从事长途运输行业、外出打工影响了子女对老人进行生活照料和精神慰藉的质量和数量。就全国而言,农村居民弃种粮食作物,改种经济回报高的经济作物的趋势越来越明显,这不仅关乎国家的粮食安全问题,还关乎农村老年人的生活照料及精神慰藉问题;加之工业对农村劳动力的吸收(外出务工及长途运输行业均包含在内),在当下的农村,不仅有"天守"的孩子,还有"天守"的老人,这些老人和孩子不一定是留守老人、留守儿童,因为可能有直系亲属在同村居住,但是其生活状态却与留守人群相似,同样面临生活照料缺失、精神难以得到慰藉的困境。

此外,在孝道观念及养儿防老传统的影响下,子代对亲代不仅负有养老责任,对亲代而言,子代还必须履行传宗接代的义务,以及帮助亲代实现"含饴弄孙""子孙绕膝"的愿望;"不孝有三,无后为大",无后即为不孝,有后才有养儿防老、儿孙满堂、尽享天伦之乐的可能。由Q村的案例可见,以农村基础教育撤点并校为主要内容的"文字上移",在一定程度上挤压了村里老年人与孙辈相处的机会和时间,子孙绕膝的时间越来越短,使农村老

农村互助养老：幸福院的案例与启示

人在"完成任务"①之后，突然失去生活的乐趣或找不到生存的意义，觉得继续活在世上就是累赘，没有事情做，失去心灵寄托，从家庭处可以获得的精神慰藉资源越来越匮乏。

前文提及分家而居的传统对农村老年人生活照料及精神慰藉资源的获取也有一定的影响，改革开放之后的分家而居传统又有了差异性的变迁。除了代际生活方式及价值观念的差异外，改革开放以来农村新建房屋的构造在一定程度上强化了分家而居的传统，并在一定程度上限制了老年人的自由活动范围，进而影响了其从家庭中获得生活照料及生活慰藉资源。随着Q村婚俗对住房要求的变迁、农民经济水平提高后住房条件的改善等，近年来村民结婚新建房屋以及村民翻建房子都趋向于盖楼房，且不论新建的平房还是楼房，台阶普遍很高，即使老人住在楼房的一楼或者新建平房的偏房，通常大门与道路之间有5层或7层台阶（高度约1米），天井与正房之间还有5层或7层台阶，并且没有适老的无障碍设计。在新楼房中，老人通常住底楼；在新建的平房中，老人通常会挑离大门口最近的"偏房"居住。但即使住底楼或者偏房，也都有台阶，上了年纪的及行动不便的老年人常会受身体机能的限制，基于安全的考虑，大多数时间会待在底楼或者偏房里。新式住房限制了老人与村里其他子女或村民的社会交往，进而影响了其精神需求的满足。因此，村里有些老人宁愿在原来的老房子里独居，也不愿跟子女同住。但独居老人的养老也面临很多困境（见案例2-7），后文将会以若干Q村独居老人的案例具体说明。

案例2-7：ZSY，男，74岁，离异，是无儿无女的"五保"老人，性格孤僻。老人在村里的交往对象主要是老人的

---

① Q村老人对"完成任务"的界定是：子女都成家、两边的老人（父母和公婆/岳父母）都过世；有能力的还要帮子辈照看孩子，也算是一项附加任务。

第二章　互助养老幸福院模式的历史背景与现实情境

哥哥一家,哥哥是其法定监护人,代领国家给他的社会救助金并承担赡养责任;几年前哥哥因中风偏瘫,ZSY 平时也会经常上门聊天探望;后来 ZSY 骑自行车摔倒,因腿部受伤而活动不灵便,而老人侄子结婚时新建的房屋台阶很高,ZSY 每次去看望哥哥都是爬上台阶再四肢并用退下台阶,后来去看望哥哥的次数也慢慢变少了。他与哥哥家的交往也因为台阶和身体条件受到限制,性格变得更加孤僻了。因 ZSY 的哥哥病后生活不能自理,其法定监护人变更为侄子,侄子为了方便照料父亲和 ZSY,想接 ZSY 住进新房子的偏房里与父亲同住;ZSY 考虑到自己腿脚不灵便,住进去虽然能跟哥哥住一起,但是"出家门儿都很困难",跟在监狱一样,最后还是选择住在自己的老房子里。

以上对当下 Q 村养老传统变迁的论证主要是引用了老人在同村居住的子女的案例,但是,改革开放以来,户籍制度、就业政策以及教育制度上的改革使得农村子女可以通过升学、考公务员、进企业等途径落户城市,这些落户城市的子女的养老行为对老人养老需求的满足也十分重要。自古有言,"忠孝难两全",虽然忠君思想已经伴随封建统治的结束而消亡,但在赖以维持生计的工作岗位与养老责任之间仍然存在两难的选择。由于安土重迁的思想和对城市生活环境的不适应,以及社会保障的城乡二元分割等原因,农村仅有一小部分老年人跟随子女进城养老,绝大多数父母选择留在农村养老。进城工作并定居的子女一般都有严格的休息休假制度,又有抚幼的负担,受时间、空间的限制,这些子女对留在农村的老人的生活照料和精神慰藉资源的供给难以很好地保障;此外,子女进城后,其日常生活基本脱离亲代生活的农村社区,受到的道德约束要弱于在村庄生活的人,即使落户城市的子女不孝顺,这些不孝顺的子女所受到的来自村庄的舆论约束和谴责也同样弱于在村庄生活的人。Q 村进城就业定居的人也不少,这些人在对老人的经济供养上一般较为慷慨，但老人从进城定居的孩子身上获取生活照料和精神抚慰相对于在村居住的孩子而言要困难许多（见案例2-8）。

案例2-8：Q村ZZQ老人的儿子在某大使馆工作，还有个儿子从部队转业后留在了城市。老人不愿进城生活，便留在村里养老。说起孩子们，老人觉得脸上有光，但是也觉得孩子们回家的次数太少，一两年回来看望一次，老人平时觉得孤单就拿着孩子的照片看；他觉得上大学出去的农村孩子也一样，找到体面的工作，虽然父母觉得光荣，但是孩子回家的次数确实少了，做老人的还是希望孩子能常回家看看。

可见，Q村在农业发展上趋向经济价值高、劳动密集型的经济作物种植，城乡人口流动及农村人口外流、农村分家而居的现状及新式房屋的台阶设计、农村基础教育布局调整等政治、经济、社会、文化领域的变迁，都对老年人从家庭处获取精神慰藉和生活照料资源产生了影响，在一定程度上挤压和限制了老人获得家庭养老资源的机会和途径。

前文提到，传统家庭养老中的"事生"即满足老年人活着时的经济供养、生活照料及精神慰藉需求，在"养亲"的同时，还要重视从精神层面上"敬亲"，养老要以敬老为基础，否则与动物之养没有区别。然而，"敬亲"比"养亲"更难实现，敬亲不仅体现在要和颜悦色地奉养父母，在态度上和悦、行为上以礼事之，还要从内心敬重父母，《论语·为政》中子夏问孝，子曰："色难。""色难"即此意，但是，在敬亲时又不能盲目顺从父母，"亲之过大而不怨，是愈疏也……愈疏，不孝也"（《孟子·告子下》），意即子女对父母的过失和违背道义的行为持不怨、不谏的态度，甚至对父母盲目顺从，也是不孝；子女应该"事父母几谏"（《论语·里仁》），以委婉的方式多次劝谏父母。这种对父母的顺

第二章　互助养老幸福院模式的历史背景与现实情境

从与劝谏上的"敬"主要体现了父辈在家庭决策中的权威，而传统家庭养老中这种权威和"敬"的本质仍是长幼尊卑、父为子纲的封建家庭秩序，并且这种秩序在封建君主专制时期有严苛的律法保障，比如《唐律疏议·名例》规定，奉养有缺，骂祖父母、父母等都是"不孝"，若亲代报官，情况属实，则会根据情形处以杖刑等严酷的惩罚。现代法律虽然也规定了子代对亲代的养老责任，但其强制力远不如封建统治时期。随着封建宗法社会的解体、新思想的传入、家庭关系中"父—子"轴向"夫—妻"轴的转变，父辈在家庭中的地位逐渐被边缘化，以上传统的"敬亲"观念也在农村发生变化。

在前文所述的子女为老人提供生活照料和物质供养资源的过程中，没有尖锐家庭矛盾的大部分子女能做到和颜悦色地奉养父母，从内心敬重老人。但是，改革开放以来，受新式教育、家庭民主思潮、分家传统的影响，加之后喻文化时代的到来，子代在家庭中的地位上升，且家庭关系趋于民主化，亲代在家庭决策中的作用逐渐弱化。据Q村村支书介绍，现在村里的子女大部分只有在上学、结婚、盖房子等这种大事上才会咨询家里老人的意见，有的子女只是象征性地跟父母说一声，决定权大部分在子女手上；分家后子女的家事一般都由子女自己决定。从父母的内心来讲，孩子能征求他们的意见，哪怕是象征性地征求意见，他们也觉得高兴，觉得孩子认为父母的意见是有用的，认为这是子女对父母的尊敬。随着计划生育政策的实行，家庭子女数呈现总体下降的趋势，尊老爱幼的天平逐渐倾斜，出现"尊老不足，爱幼有余"的社会现象，用Q村老人的话说就是，"都尽着钱给孩子花，有时间也都陪孩子了，老人排在次要位置"。这在一定程度上是对敬老传统的冲击。此外，近年来，农民的逐利思想趋于严重，有些家庭的养老行为开始基于代际交换和利益权衡，如衡量亲代是否对自己的家庭有所帮助，以此决定是否敬养老人，Q村便有此类案例（见案例2-9）。

农村互助养老：幸福院的案例与启示

案例 2-9：Q 村一 Z 姓老人（已过世）有两个儿子在村里，老两口跟最晚成家的二儿子住一个院子。二儿子翻盖房子的时候同意留两间偏房给老人住，房子盖好后只给老人留了一间偏房。当时老两口还有劳动能力，能帮二儿子家干农活、干家务。后来老人身体不好，不能干活了，二儿子就把老人赶出了家门。大儿子见父母被赶出来，也不想收留老人。后来村支书过来调解，大儿子说："养老人也行，但是老人的 4 亩地要给我种。"最后老人没办法，就把地给了大儿子，老两口这才住进大儿子家。但是，大儿媳妇经常在门口骂老人，而且骂得很难听，没过两年，老人就过世了。

当前法律对家庭养老的约束力远不如封建君主专制统治时期，家庭养老的维系在根儿上是靠"血缘"与"亲缘"关系及此关系所内含的养老责任感和义务，但是这种责任和义务的践行在一定程度上受到前文所述的政治、经济、社会、文化领域变迁的影响而出现"敬老不足、爱幼有余""基于代际交换和利益衡量的养老敬老"等怪象。

此外，笔者调研时曾问及村里老人："您觉得孩子做到怎样就算孝敬？"大部分老人的回答还停留在经济支持和生活照料层面，认为"孩子给吃给穿给花，生病了来照顾，不叫老人生活上困难，就算孝敬了"。只有两位退休小学老师提到"敬养"，认为"现在基本都能保证吃穿了，老人在家里说话还能有人听，孩子不惹老人生气，还能定期回来看老人，这才算孝敬"。还有一位老人提到了"安养"，说："孩子不给老人'找事儿'就算是孝敬，那些在外面偷摸不干正事的孩子都不是孝敬老人的孩子。"前文提到，"养，可能也，敬为难；敬，可能也，安为难；安，可能也，卒为难"。"卒为难"，即终身敬亲最难实现，子女在老人在世时要尽可能做到养老、敬老、安老，老人过世后，子女也要保持敬亲的态度和行为，将敬亲贯穿"事生"与"事死"的整个过程。

（四）送老传统的变迁

前文提到，在传统家庭养老中有轻"养老"、重"送老"的传统，这是由于"送死"或"事死"的过程（丧葬和祭祀，是子女表达丧亲之孝的主要形式）更能显示出子代对亲代的"养"和"敬"，尤其是"敬"。因为"事死"的过程是呈现在公众面前的，公众舆论对村民是否孝顺的评判关乎其在村庄这一熟人社会中的面子与生存，而子女奉养老人的行为通常发生在家庭这一具有隐秘性的场域中，虽然养老过程中也需要敬老，但是若不是外人亲眼见证或当事人自己诉说，外界很难对发生在家庭场域内子女的养老行为进行评判。因此，村民通常不会放弃通过"送老"这一过程来表明其敬老态度和行为的机会；即使家庭内部在养老问题上有尖锐复杂的矛盾冲突，但在暴露于众人面前的丧葬礼仪中也会显示出和睦、敬老的一面。在一定程度上，互助养老幸福院模式就是通过在幸福院这一超越家庭的场域内使子女的养老及敬老行为外显在公众面前，使村民在养老方面受到舆论的约束而更好地将家庭养老的功能融入互助养老中。后文将有专门的章节解释该模式的产生及运作逻辑。本部分将重点论述当下社会中"送老"传统的变迁。

在Q村村民的口头语中，经常会听到"过事儿"一词，"过事儿"有两个意思，即过白事儿和过红事儿，两个都可简称为"过事儿"；过白事儿是指办丧事，过红事儿则是指办喜事儿。村里人祖祖辈辈都认为白事儿和红事儿不管是对家庭整体而言还是对家庭成员个体来说，都是具有转折意义的大事儿，不能马虎，要认真操办。过白事儿指的就是"送老"的过程，可见Q村家庭对"送老"的重视程度。

Q村过白事儿的传统是把老人的遗体放在整木棺材里土葬，葬到自家的田地里，使其入土为安；葬礼上要请吹鼓手吹奏哀乐，还要请戏班子唱大戏。据村里老人介绍，现在棺材铺里的套材没

农村互助养老：幸福院的案例与启示

有低于5000块钱的，棺材的木料都要整材，不能是多块木材拼凑的。谁用的棺材最好，谁就"名义上最孝顺"。棺材实际上是给村里人和亲戚们看的。以前，村里的传统是高寿老人寿终正寝算喜丧，家里在给老人办丧事时都会请戏班子来唱大戏贺喜丧，但是要唱悲伤的曲目（如《诸葛亮吊孝》等），唱大戏也是唱给来观丧的人听的。现在村里兴起了请歌舞团，八九个人表演一个晚上就得好几千块钱。村支书曾响应政府号召，禁止村民请歌舞团，但是没控制住。过世老人的子女对村支书说："我们有这个钱，怎么还不让我们花钱请歌舞团呢?!"以前，亲朋来吊丧都会带馒头给丧家作为祭品，现在都变成送花圈了，花圈少就好像意味着这家家里没人。一般都是几十个花圈，花圈上都写着名字，大家都能看到，送花圈的就孝顺，对老人"敬"。以前的葬礼上有用纸糊成的金山、马车，活人在世时能享受到的东西，过世后家人也要给烧过去。随着时代变迁，这些也变成了纸糊的电视机、小别墅、小汽车，价格都不便宜，烧的东西越多，表示这家孩子对老人越孝顺。其实，老人过世后也享受不到这些东西，都是虚的，还不如趁其在世的时候对其好一些实在。之后就是烧七、烧百、烧周年，家里人都要按时去老人坟头上祭祀。

由此可见Q村对"送老"的重视程度。笔者在调研时，跟WYQ老人（女，84岁）聊起村里的丧葬，她说："花这么多钱在葬礼上有什么用，葬礼就是古代传下来的一个仪式，没必要花那么多钱，老人都享受不到。咱们这村里子女给老人养老钱，一般条件的家庭，一个子女一年也就给老人三五百块钱，十年才三五千块钱的，这办一次葬礼花的钱要是都孝敬在世的老人，可不比用在葬礼上强！有一次在城里上班的儿子买了吃的来看我，我对孩子说我现在浑身是病，给我买好吃的也吃不了多少，活着受罪，还不如早死了。孩子就说：'娘，你可得多活些年，过事儿的时候给你请戏班子唱大戏！'我说：'不用唱大戏，唱戏也没什么用，还不如我活着的时候你多来看看我。'"对老人而言，老人希望在

第二章 互助养老幸福院模式的历史背景与现实情境

世时子女能够多来看望以满足老人的精神需求和生活照料需求，平时多给老人些经济支持，葬礼上不用太过破费；但对子女而言，常回家看望、照料老人是在家里尽孝，而"唱大戏""送花圈"等是让外人知道子女孝顺的一种途径，从一定程度上讲，这是子女在乡土社会中"有面子"地生存和交往的"资本"。

综上所述，Q村的"送老"传统随着经济、政治的发展变迁也产生了部分形式和内容上的变化。比如，在国家推行殡葬改革的情况下，Q村仍然保留了"异变"的土葬传统，唱大戏、请歌舞团等贺喜丧的丧葬形式，并且有相互攀比的现象。然而，相较于死后的"敬老"，父辈更期望在世时得到子辈的"敬养"。此外，在当前农村中，"送老"的表现形式趋于一致，从葬礼"送老"这一过程中已经很难判断子代是否从内心"敬老"。

本部分重点分析了Q村传统家庭养老适应现代经济、政治、社会、文化等领域的变迁所产生的变化，家族作为传统家庭养老的社会基础之一已经不再发挥原有的作用，其道德教化功能弱化；土地制度改革、经济体制改革、计划生育政策的实行、工业化及城镇化的发展等带来的人地矛盾及分家而居现状使传统家庭养老对老人的经济支持、生活照料和精神慰藉的内容和形式也发生变迁。当下农村家庭养老中家庭对老人的经济支持条件改善，虽然养儿防老的观念依然浓厚，但鉴于农村老年人寿命延长及健康状况改善，老年人经济自养的趋势明显。经济、政治、社会、文化等领域的变迁使家庭对老人的生活照料和精神慰藉功能难以保障，加之传统家庭养老中重"送老"、轻"养老"传统的存在，空巢老人的生活照料和精神慰藉面临困境。进入21世纪，Q村发生独居老人死亡而无人知晓的事件，这是传统家庭养老功能弱化的集中体现，这些事件的产生也内含着传统家庭养老须进行现代调适的需要，互助养老幸福院模式便是对传统家庭养老进行现代调适的回应。

三 Q 村家庭养老的现实困境：独居老人死亡案例

前文对 Q 村传统家庭养老变迁的论述中提及传统家庭养老功能的弱化对当下家庭养老的影响，其中独居老人面临的养老形势最为严峻。Q 村发生的独居老人死亡悲剧是传统家庭养老功能弱化的结果，也是现代家庭养老方式尚未形成并发挥其保障作用的产物，还是 Q 村以互助养老为突破口构建现代型家庭养老方式的动因，更是互助养老幸福院模式产生的具体情境。案例 2-10 是 Q 村独居老人[①]死亡后才被发现的案例。

> **案例 2-10**：Z 某，男性，2005 年时 75 岁，独居老人，育有两子一女。儿子都在村西头住，两个儿子结婚后，老人独自住在一个院子里。平时身体素质挺好，自己能照顾自己，无聊时经常与其他几位老人组桌打麻将。有一天下午，村内独居老人打麻将"三缺一"，于是三位老人便结伴去 Z 某家喊他打麻将。实际上，Z 某有两天没过来打麻将了。他们看见门从里边上着锁，知道老人在家里，但是敲门良久无应答，最后破门而入发现老人已身亡。Z 某的儿子从地里赶过来，说这两天地里忙，前天老人还到地里串（没事的时候到处走动）来着，没想到就去世了，而且不知道老人过世的原因和时间。

通过对以上案例的比较分析，可以看出，Q 村独居老人在养老中面临的主要困境是突发疾病或遭遇危及生命事件时无从应对。案例 2-10 中，独居老人的子女平时忙于生计，即使在一个村里，

---

① 本书所指独居老人是一人居住独自生活的老人，调研地的独居老人多是住在独立住房单元的"鳏""寡""独"群体。部分鳏寡老人虽与子女同住，但分房而居（多住偏房），子女多忙于生计，对老人生活照料及精神慰藉资源的供给十分有限。

也不是每天看望老人。老人平时主要通过与其他老人打麻将充实生活，平时身体素质不错，但不料在家中孤独去世。可见，老人的孤独离世与子代忙于生计而对亲代的生活照料资源供给缺位有一定关系，即使老人与子女同住一处院落，子女也不一定能日夜陪伴、照料老人。

综上所述，家庭仍是养老主体和主要场所，不论老人失能、半失能抑或可自理，若老人非独居，则其养老危机通常可在与家庭成员的共同生活中得到化解。通过对上述案例分析可见，老人独居后，普遍面临子女忙于生计无暇顾及老人生活的处境，即使老人与子女同住一处院落，子女也很难做到日夜陪伴照料，老人与子女共同生活的机会变少，通过与家庭成员的共同生活化解养老危机的传统策略失灵。此外，老人独居后，其养老状况在其住所内具有一定的隐秘性，若老人不主动向家庭或家庭之外的主体求助，其养老困境通常不易被家庭觉察、预防并化解，外界主体也很少会主动介入原子化家庭的养老问题中。独居且没有现代智能养老设备（如紧急呼叫器、跌倒感应设备等）的生存环境使老人在遇到困境时更难依靠自己或从家庭、外界获得帮助应对危及生命的突发事件，同时，邻里间的相互照料和"进家串门"等日常交往也因各自为生计奔忙而日益减少，使独居老人的养老困境被外界发现的概率进一步降低。在一定程度上，独居老人的养老悲剧是农村传统家庭养老功能弱化的集中体现，而这种功能的弱化主要体现在子代对亲代生活照料和精神慰藉等资源供给的弱化上，在工业化、城镇化及市场经济发展的背景下，恢复家庭对老人的养老资源供给困难重重，在依托家庭的基础上，在家庭之外寻找出路不失为一种选择。

第三节 独居老人的养老困境与出路

从前文对Q村传统家庭养老变迁的论述中可以发现，传统家

农村互助养老：幸福院的案例与启示

庭养老功能在新形势下正趋于弱化，突出表现在家庭成员对老人生活照料及精神慰藉的缺失上。在 Q 村，虽然家庙和家谱作为家族的符号正在复兴，但仅存祭祀祖先的功能，原有通过族田、族产为家族弱势成员提供养老保障的功能已经消失，族长对家族赡养纠纷的调解功能也被基层民主自治取代，家族在家庭养老秩序上的道德教化功能也面临消亡。在新形势下，家族作为传统家庭养老的社会基础已经成为过去。在政治、经济、社会等领域变迁背景下，Q 村村民的生计方式亦发生变迁，由农业、家庭手工业相结合的生产方式转变为农业和外出务工相结合的兼业生产方式，分家而居的传统也进一步强化。对家庭成员而言，家庭不再是生产、生活的唯一单位。工业化、城镇化的发展进一步加速了 Q 村的人口流动，子代常年外出务工及农闲时外出务工的现象增多，使子代对亲代的养老资源供给产生了时间、空间和金钱上的限制，子代与亲代在养老资源的供给和接受上多少会夹杂着对时间、空间和金钱的衡量。亲代往往会牺牲自己在养老资源上的需求以成全子代在学业、事业及家庭生活上的追求；子代往往会多给予亲代经济支持作为补偿，而对生活照料和精神慰藉资源的供给不足。由此，传统家庭养老中子代对亲代的赡养在养老资源供给内容的偏重上产生了变化：一方面，Q 村老人的养儿防老观念仍然浓厚，希望通过子代（尤其是儿子）获得包括经济支持、生活照料、精神慰藉在内的养老保障；另一方面，随着农村人口平均寿命的延长、健康条件的改善，老年人通过劳动获取收入的年限延长，为了减轻子代的供养压力，老年人在经济上自养的趋势日益明显。

虽然当下 Q 村老人养老的经济支持基本可以得到保障，但是传统家庭养老中的生活照料和精神慰藉需求的满足因分家而居传统、生计方式的改变及敬老传统观念的弱化而面临困境。鉴于上述现状，Q 村大部分老人对家庭养老的期望也多停留在"养老"层面，对"敬老"则仅有"不叫老人生气"的要求。但是，我国

第二章 互助养老幸福院模式的历史背景与现实情境

自古以来有重"送老"、轻"养老"的传统，子代明知在向亲代供给生活照料和精神慰藉资源上存在不足，却普遍没有办法改变这一养老供给缺位的现状，反倒在"送老"这一老年人生前享受不到的"敬老"环节上格外重视甚至攀比，加之当下农村家庭生育子女数有减少的趋势，"尊老不足、爱幼有余"趋势日益明显，这更挤压了子代对亲代在生活照料和精神慰藉上的资源供给。其中，独居老人在从子代处获取以上养老资源时的困境尤其明显，并且Q村多次发生独居老人孤独过世而无人知晓的悲剧。虽然Q村发生上述悲剧的独居老人都有子女居住在本村，都不是留守老人（仅能算子女分家后的空巢老人），但孤独过世的悲剧依然发生了。可见，虽然老人有子女在同村居住，但由于忙于生计等原因，仍然保证不了老人生活照料和精神慰藉需求的满足，尤其是在独居老人面临危及生命的困境时，难以提前察觉、预防或及时获得求救信息并赶到现场；而独居老人面临突发事件时，因生存条件限制及自身身体功能局限往往难以向外界求助。在一定程度上，独居老人的养老困境是传统家庭养老功能弱化的集中体现，随着经济、政治、社会、文化等方面形势的变化，支持传统家庭养老功能实现的社会性支持结构已经发生变化，传统的家庭养老功能也需进行相应的调适才能避免类似Q村独居老人身上所发生的悲剧。

但是，新形势下的农村传统家庭养老功能很难调适到原来的状态，那么，新形势下农村养老的出路在哪里？家庭在农村养老中的角色和功能需要进行怎样的调适才能使老年人实现老有所养？家庭在养老中的缺位靠什么弥补？就此，学界对农村养老的出路进行了探讨。

在对家庭养老当下及未来的定位上，刘书鹤、刘广新（2005）等认为，在现在及未来，家庭养老都会占主导地位，但随着经济社会的发展，家庭养老将不能很好地满足老年人的生活照料及精神慰藉需求。从前文Q村独居老人发生的家庭养老悲剧中便可以看出，当下农村家庭在满足以上两项养老需求上存在不足。这一

农村互助养老：幸福院的案例与启示

判断在学术界基本达成了共识。既然家庭因养老功能弱化而在为老年人提供经济支持、生活照料及精神慰藉资源上处于缺位状态，使老年人养老面临资源困境，那么，这种缺位的家庭养老需要由其他哪些主体、通过怎样的路径实现"补位"呢？对此，多数学者意识到单纯一种养老模式难以应对农村人口老龄化的挑战，不同养老模式的组合才是应对挑战的最优选择。因此，学界对福利多元主义下农村养老资源供给的多元体系基本达成一致，期望通过其他主体供给养老资源以弥补家庭在供给养老资源上的不足。然而，对于多元体系的构成元素、不同主体在农村多元养老体系中供给养老资源的地位和养老责任分担的比例问题，学界有不同的观点。

目前学界基于对我国养老方式的基本划分、发达国家养老方式变迁的轨迹以及我国的特殊养老传统，基本达成解决农村养老问题的对策，即建立三元养老体系，也即通过家庭养老、社会养老及自我养老三种方式的结合满足老年人的养老需求（穆光宗，2004；张立等，2012）；但是，在养老方式组合中，对各养老方式的地位和所占的比例，学界的观点略有分歧。穆光宗（1999）认为三元养老体系现阶段仍应当以家庭养老为主，但是家庭养老功能的弱化、外移与替代是客观趋势，家庭养老的比例会继续下降，主张整合社会力量，发展多种形式的社会养老和社会救助事业以满足农村老人养老的多样化需求。此处的社会养老是指由社会提供经济支持、生活照料、精神赡养等服务，社会逐步承担起养老职能，但家庭需要购买必要的养老资源。穆怀中等（2015）认为，随着农村社会养老保险制度的完善，农村养老保障将由以家庭养老为主逐渐转向家庭养老与社会养老并重，最终发展成以社会养老为主。童星等（2005）则认为，现阶段就应该坚持社区居家养老为农村养老保障的主体，但目前我国社会养老中的社区居家养老服务还处于起步阶段，仅有极少数农村社区为空巢老人、独居老人、失能老人等特殊群体提供居家养老服务。

第二章　互助养老幸福院模式的历史背景与现实情境

虽然学界对当前农村家庭养老的应然主体有不同看法，但是对"未来农村养老方式中社会养老所占比重会逐渐升高，且逐渐超过家庭养老的比重"的判断基本一致，可见学界对社会养老作为农村家庭养老的补充的重视。虽然老年人通过自己的储蓄、劳动和财产性收入、转移收入和土地转包承租收入等可以在经济上实现自我支持、在生活上实现自我照顾，但精神慰藉需求及失能阶段的照顾需求通常难以通过自我保障得到满足，还需要家庭和社会在不同程度上的支持。但是，当下我国农村面临家庭养老功能弱化、社会养老发展不足的现状，农村老年人依然面临生活照料和精神慰藉资源供给不足的问题。社会养老作为我国农村养老的重要方式，当前在对老年人的经济支持上主要以新型农村社会养老保险、社会救助及其他社会福利保障为依托；在对老年人供给生活照料及精神慰藉资源上，社会养老当前主要有机构养老和居家养老两种实践模式。前文呈现了在农村家庭养老功能弱化形势下，家庭在养老资源供给上的缺口；下文将通过呈现我国农村社会养老发展的现状，探讨互助养老幸福院模式产生的政策与实践空间。

第三章　互助养老幸福院模式产生的制度与实践空间

在当前阶段的中国农村，虽然政府近几年一直推进社会保障政策改革、城乡居家养老体系建设，但在养老保障政策基础上以居家养老和机构养老为主要社会养老方式弥补家庭养老不足的方案在农村的推进十分缓慢且处于起步阶段。目前养儿防老等传统养老观念在农村根深蒂固，经济处于弱势的农村老年人对于花钱购买养老服务、入住养老机构的接受度不高，社会养老在农村地区的作用微小，多数人仍选择家庭养老与自我养老，但这两种方式依然无法解决家庭养老功能弱化带来的老人在生活照料、精神慰藉等方面的困境。在家族养老保障功能消失、家庭养老功能弱化、社会养老发展不足的情况下，农村家庭养老只能寻求其他非正式养老资源作为补充，基于邻里互助传统的互助养老幸福院模式则是其中一种。下文将分析当前我国社会养老在农村养老保障制度、农村机构养老、农村居家养老等方面的发展现状及困境，以及法律对家庭养老的弱约束，从侧面呈现互助养老产生的政策和实践空间及其存在的合理性与必要性。

第一节　生存型保障为主的农村养老保障制度

当前我国涉及农村养老问题的社会保障政策主要是社会保险制度中的新型农村社会养老保险制度、新型农村合作医疗制度、社会救助制度中的"五保"供养制度①与最低生活保障制度（以下简称"低保"制度），社会福利制度中的高龄老人津贴制度和独生子女家庭、双女户的计划生育家庭补贴制度，以及覆盖部分老年退伍军人的社会优抚制度，但是这些制度主要是针对农村老年人的生存型保障制度，照料型、服务型养老保障政策缺乏，仅集中供养的"五保"老人及孤老伤残军人能够享受生活照料及部分精神慰藉服务。此外，自下而上的养老保障主体划分未将独居老人作为正式保障的对象，现有政策常将独居老人置于空巢老人类别中。虽然近几年政府和社会对空巢老人的关注度有所提高，但在像Q村这样的农村地区尚没有针对空巢老人、留守老人或独居老人的专项保障政策，而在现有政策中他们被视作普通老年人。下文主要通过论述互助养老产生的2007年前后及当下国家层面对农村空巢老人、留守老人或独居老人等群体的正式社会保障制度支持、服务型保障政策的缺位，呈现Q村通过非正式的互助养老弥补家庭养老功能弱化的政策和实践的空间及可能性。

一　社会保险制度

1. 农村社会养老保险制度。互助养老产生的2007年，河北省尚处在1997年以来推行的农村社会养老保险（以下简称"老农保"）政策时期，当时的政策是"个人交纳为主、集体补助为辅、国家予以政策扶持"，鉴于Q村无集体企业，村集体无法为村民补助养老保险金，而国家仅给予政策支持，并无资金方面的支持，因此，该村村民参加"老农保"的积极性并不高，少数已经开始享受养老金待遇的老年人的实际养老金待遇水平在几元到十几元之间②，

---

① 2014年5月1日颁布施行的《社会救助暂行办法》第三章中将"五保"供养人员纳入"特困人员"供养制度实施对象。
② 2009年河北省试行新型农村社会养老保险后，中央财政对符合领取条件的参保人支付基础养老金，河北省对参保缴费给予补贴，标准为每人每年30元，农村重度残疾人等缴费困难群体由政府为其每年代缴81元的保险费。

农村互助养老：幸福院的案例与启示

对于农村老年人养老而言就是杯水车薪。后因"老农保"制度管理混乱等，1997~2010年，"老农保"一直处于只发放养老金的只出不入状态；直到2010年，河北省推行"新农保"的扩面试点，FX县原本不属于试点县，市政府考虑到产生于FX县的互助幸福院对农村养老事业的贡献，特批该县为"新农保"试点县。[①]"新农保"试点时，已满60周岁的村民可直接领取55元/月的基础养老金，满18周岁的村民（在校学生除外）基本参加了"新农保"；根据2014年该村"新农保"缴费情况的统计数据，村民的缴费额度最低的是100元，最高的是3000元，但大多数村民选择了100元的最低缴费标准。虽然政策要求不强制村民参保，但为了提高参保率，Q村要求子女只有给自家老人缴保险费才能享受养老金待遇。至2015年，Q村"新农保"参保率达99%，基础养老金增长为每人每月75元。虽然75元的基础养老金仍是较低水平的福利，难以满足老年人的日常生活需求，但有研究表明，农村社会养老保险减轻了子女在赡养老人上的经济负担，淡化了村民的"养老是子女的责任"观念，尽管这种淡化作用并不明显，但该观念确实存在于不同年龄群体中（汪润泉，2016）。

2. 新型农村合作医疗制度。"医"和"养"是老年人晚年生活的重要方面。鉴于只有一部分家庭条件好且保障意识比较强的村民购买了商业医疗保险，Q村多数村民的医疗问题主要靠"新农合"解决。Q村自2006年起推行"新农合"制度，至2015年12月，"新农合"的政府补助水平和个人缴费水平都有所提高，按照省市要求，个人筹资标准由每人110元调整到150元，相应地，各级财政配套的补助也由每人补助380元提高到410元；在县内任何乡村定点医疗机构都可报销，在村卫生院每年每人可报销70元门诊花费，在乡卫生院可报销30元的门诊花费（或者可直接在乡卫生院报销人均100元门诊费用），其中30元用于参加大病保险，

---

① 资料来源于对Q村已退休的村支书、现任幸福院院长的CQY的访谈。

20元用作大病医疗统筹基金。在住院费用上，省级定点医院可报销40%，市定点医院可报销70%，县乡医院可以报销95%。2015年12月，Q村"新农合"参合率为98%，但连年增长的医疗保险个人缴费部分使村民在步入老年阶段之前便选择停止参保，这也从侧面反映出医疗对老年人养老的重要性，案例3-1可说明此观点。

案例3-1：G某，男，52岁，经营6亩反季节西红柿蔬菜大棚已经12年。大棚每年生产投入约5万元、雇工费约1万元（平时老两口加上小儿子做活，忙不过来就雇女工，雇工费为40元/天），一亩地纯收入最低3万元，年纯收入约20万元。G某对其家庭收入状况比较满意。新上任的村支书问G某："为什么前些年都交着新农合保费，今年忽然就不交了？万一生病，没有保险，住院全自费是很费钱的。"G某不满地说："就是很反感保费涨价，每年都涨（个人缴费部分），我觉得这不是国家的政策，是省市自己的'土政策'，以前只交几十块钱，现在都交150块钱了。"新支书解释说："这是全国实行的政策，保费涨到150块钱，主要是加了大病保险，由国家报销大病的费用。"G某说："就算加了大病保险，也没什么用，我现在身体不错，平时头疼脑热买药基本也是自费，也没报销多少；100块钱里村卫生所报销70块，剩下30块还得去乡、县卫生院，因为小病买点药也不值当跑到那么远的乡、县卫生院报销。新农合给报销住院花费还可以，年纪大了应该能用上，但是住院治病能报销的药估计也啥效果好的药，想用好药还是得自费。我也不是就缺这个保费钱，是觉得交了钱也没有用，反正这几年不准备交了。"

Q村老年人患慢性病的比例比较高，需要常年服药。根据笔者对村医的访谈，该村老年人所患慢性病主要是高血压、糖尿病、冠心病等，并且部分老人患两种及以上慢性病。2010年，Q村共

农村互助养老：幸福院的案例与启示

有老年人171人，其中162人患有慢性疾病（见表3-1）。虽然"新农合"政策对村民有门诊报销和住院报销的规定，在药品报销目录中也涵盖了多种用于高血压治疗的口服常释剂类药物（如卡托普利、尼群地平、复方利血平等）及部分注射剂类药物（如硝普钠、硫酸镁等），但是，村卫生所每年报销70元，以及乡、县卫生院每年报销30元的报销水平对患有高血压等慢性病而需常年服药的老年人来说帮助不大。患有高血压的老人一般要常年服用降压药，以防引起偏瘫、中风等疾病，降血压药品不属于特殊药物，价格相对比较便宜，老人买药的花费为一年500~1000元，也有些老人需要花费2000元左右。调研中一位70岁患有糖尿病、高血压的老人说："我一天要吃五六块钱的药，一年光买药差不多花2000块钱，村卫生院只给报销70元。"Q村老年慢性病常用药及价格见表3-2。

表3-1 2010年Q村老年人常见慢性病患病情况统计

单位：人

年龄段	高血压	糖尿病	冠心病	高血压、糖尿病	高血压、冠心病	高血压、糖尿病、冠心病	合计
60~64岁	46	0	0	5	0	0	51
65~79岁	79	1	1	10	4	1	96
80~84岁	6	0	0	0	0	0	6
85+岁	9	0	0	0	0	0	9
合计	140	1	1	15	4	1	162

注：2010年，县卫生局发给村卫生所居民健康档案表，对全村人口的常规健康状况进行记录，并每年进行体检，对慢性病患者定期随访。
资料来源：FX县居民健康档案表（Q村）。

表3-2 2010年Q村老年慢性病常用药及其价格

单位：元，片/丸

药品名	单价	药片数量	每日用量	年花费
尼莫地平	5	50	4	143

第三章　互助养老幸福院模式产生的制度与实践空间

续表

药品名	单价	药片数量	每日用量	年花费
降压片	30	120	4	365
丹参片	14	100	9	460
复方丹参滴丸	24	150	30	1752
复方罗布麻片	10	100	6	220
壮骨麝香膏	13	10	—	—

资料来源：根据对村西医诊所医生的访谈数据整理所得。

对于得重病（比如癌症等）的老年人，在当前农村经济条件改善的情况下，多数村民会尝试救治，但是如果医生认为已经没有治好的可能，则多数村民会放弃住院治疗而将老人接回家进行保守治疗，医疗费用通常由子女摊派，生病期间的生活照料也多由老人子女承担，"生病了子女来伺候"也是养儿防老的一项重要内容。据Q村村医介绍，该村的老年人基本是"小病拖、大病扛"，小毛病基本在村卫生室和乡镇卫生院就医，不到万不得已不去医院。因此，在Q村的传统中，老人"生病住院"以及"出院"对家庭及其亲属、邻里而言是一件"大事儿"，住院期间子女要到医院照料老人，近亲属到医院进行探望是惯例。老人出院后的几天，关系稍远的亲属和邻里也都会到老人家中探望。老人在住院期间以及出院后亲属和近邻来探望期间，出于子女责任和社会舆论的约束，来自子女的照料基本可以得到保障，这也是子女彰显孝心的一种方式。探望过后，老人便恢复正常的家庭养老生活，但"久病床前无孝子"，若老人出现失能半失能的情况，来自子女的照料及老人的生活质量也通常难以保证。在养儿防老传统观念下，即使不考虑护理和照料花费，村民对请护工照顾老人的态度与将老人送进养老院一样，在一定程度上会认为子女不愿意照顾老人（不孝）。因此，在Q村从来没有请护工或保姆在家照料老人的先例，但子女又难以在挣钱养家的责任下长时间抽身照顾老人。我国在农村也尚未建立起护理保险制度，服务型医疗保障政策缺位，使老人在家中的生活照料和精神慰藉成为问题，失能半失能老人及独居老人的处境则更加艰难。

二 社会救助制度

在当前我国的社会救助体系下，为农村老年人提供救助保障的主要有农村最低生活保障制度和"五保"供养制度。其中，前者主要以家庭为单位，帮助低收入家庭将收入稳定在可以保障生活的最低水平上，属于典型的现金类生存型保障制度；后者主要以个人为单位，是对丧失劳动能力和生活没有依靠的老、弱、孤、寡、残农民实行保吃、保穿、保住、保医、保葬（即"五保"）的一种救助形式，供养形式分为机构集中供养和在家分散供养，属于现金保障和服务保障相结合的形式。Q村的"五保"老人都选择指定近亲为监护人在家分散供养，而不愿入住有护理人员提供养老服务的乡镇敬老院。然而，随着家庭养老功能的弱化，监护人对"五保"老人的供养质量通常难以保障，进而难以保障"五保"老人的生活质量。

1. 农村最低生活保障制度。1994年，上海市探索实施致力于农村贫困群体救济的农村居民最低生活保障制度；1995年，民政部进一步在山西省阳泉、山东省烟台、四川省彭州开展农村最低生活保障制度建设试点；2006年的中央农村经济工作会议决定在全国推行"低保"制度。河北省从2005年底开始在全省范围内推行低保制度，当时该省的平均低保标准为80.26元/月，位列全国第17位（同年GDP位列第6位）。可见，该省保障水平在全国范围内不算高。Q村2006年实行"低保"制度时，共有"低保户"45户，90%以上是纯老家庭，其次为有残疾人、智障者的家庭；2007年互助养老模式产生时，河北省的农村最低生活保障率为4.1%左右（张昆玲等，2010），全省低保对象有156.8万人，平均保障标准为740元/年，人均月救助26元。2014年，《FX县人民政府关于进一步加强和改进最低生活保障工作的实施意见》规

第三章　互助养老幸福院模式产生的制度与实践空间

定,"申请最低生活保障原则上以家庭为单位,特殊符合条件可单列申请,向户籍所在地提出申请",在实践中若个人有特殊情况,也可以个人为单位申请。2015年,当地农村低保标准为2375元,即若共同生活的家庭成员的人均年收入低于2375元,同时满足政策规定的其他条件,则可申请享受低保待遇。按照FX县的政策,Q村低保户分为一类低保户(每年享受低保救助金1200元)和二类低保户(每年享受低保救助金1000元),春节时额外补贴100元;按照补差原则,若家庭成员人均年收入在1175元及以下可享受一类低保待遇,若家庭成员人均年收入在1375元及以下则可享受二类低保待遇,以使这些家庭的生活水平保持在最低生活保障线之上。

据村支书介绍,低保对象的确定对村委会而言也是令人头疼的事。"村民一般不会告诉村委会家里的真实收入情况,其实村民都有责任田,就算不种粮食,出租给苗木公司,一年一亩地也有1200元的收入,村里很少有年人均收入低于1000块钱的家庭了。如果公开投票选举低保户的话,估计没几家符合标准,公开投票还会引发干群矛盾。鉴于低保政策是为了帮扶贫困家庭,最后村里选了以个人为单位确定低保对象的'土办法'。村里有5个大队,每个大队给几个名额,各个大队自己推选低保候选家庭,患病或家庭经济状况差的老年人(同等条件下,年纪大的老年人优先)、智障群体及其他具有身体缺陷的残疾人被优先确定为低保对象,老年人(纯老家庭)入选的多。不然,如果以家庭为单位的话,有些家庭条件差不多,要是全家人享受低保,对于其他条件相似的家庭来说就不公平。所以,为了相对公平、平等,优先保障老人、残疾人等村里的弱势群体,把低保钱给这些弱势群体,村里人总不会有意见。"

前文提到在低保对象的申请上"特殊符合条件可单列申请",在此我们不讨论"土办法"是否合规,但该办法使大多数有困难的老年群体、残疾人得到了低保的现金保障资格。然而,在Q村,

121

时常发生老年人即使有低保待遇领取资格，本人也拿不到低保金或足额低保金的现象，因为目前我国的低保金都通过银行系统以银行卡或存折形式发放，部分老年人因为行动不便或不熟悉银行存取款业务，常会委托其近亲属代领。问题出现在"代领"这一环节上，有的代领人不给（不全额给）老年人低保金或直接不去银行领取，使老人难以享受保障（见案例3-2）。即使老年人能领到低保金，但低保金也仅能保证其日常吃穿的需要，生活照料和精神需求的满足还是要依靠家庭。

  案例3-2：ZW氏，女性，91岁，行动不便，委托孙子代领低保金。有一次村支书给老人送"新农保"养老金，老人说："正犯愁最近没钱花，就给我送钱来了。"村支书觉得奇怪，问："你不是每年还有低保钱吗？你孙子没有给你吗？在家里生活应该用不了很多钱，怎么没钱花了？"老人说："孙子没给我。"村支书去问老人的孙子，老人孙子说："我奶奶在家有钱花，我们又不是不养奶奶，要那个钱干什么，我没去取。"村支书说："这个钱是给老人的，不是给你的，你奶奶还说没钱花了呢，你一年能给你奶奶多少钱，还说你奶奶有钱花?! 你去取2000块钱，给你奶奶拿过去。"老人的孙子后来给老人送了800块钱。村支书就跟老人说："你的低保钱以后让你闺女替你领吧，别让孙子给你领了。"

  2. "五保"供养制度。自2001年起，民政部牵头推进"全国社区老年福利服务星光计划"，用于资助城市社区的老年人福利服务设施、活动场所和农村乡镇敬老院的建设。该计划在农村地区新建和改扩建以乡镇敬老院为主的乡镇老年人福利服务设施和活动场地，使其逐步具备住养、入户服务、日间照料、文体活动等功能，并向综合性、多功能的社会福利服务中心发展，形成包括县（市）中心敬老院、乡镇敬老院的老年人福利服务设施网络。

第三章 互助养老幸福院模式产生的制度与实践空间

该计划耗时3年，投入134.86亿元。其中，民政部本级彩票公益金投入13.5亿元（占10.01%），地方彩票公益金投入26.33亿元（占19.52%），地方财政投入43.36亿元（占32.15%），项目单位自筹和其他方面投入34.83亿元（占25.83%）。至2003年，共建立32490个"星光老年之家"，其中位于城镇和农村的有10269个。然而，2015年9月16日，中央电视台《新闻直播间》栏目播出《"星光老年之家"有名无实》的报道，该项目的运行情况进入公众视野，被曝光的"星光老年之家"主要是在城市范围内开展服务。有的是由于资金不到位而无法持续运转，被闲置、挪作他用；有的是由于资金来源渠道多元，但是缺乏协议约束而存在产权争议，场所和设施无法正常使用。民政部的本级彩票公益金自2004年起便不再大规模资助该计划。虽然这一计划在一定程度上改善了乡镇敬老院的硬件设施，但计划原本设定的将乡镇敬老院发展为可提供入户服务、日间照料等配套服务的多功能社会福利中心的设想却未能实现。此外，河北省也依托该项目新建、扩建了一批乡镇敬老院，但是到2005年，河北省对"五保"供养对象的集中供养能力仅为12%（河北省民政厅，2010），且多数"五保"老人选择分散供养。如前文所述，在家庭养老功能弱化的背景下，选择分散供养的老年人面临与普通老年人同样甚至更为艰难的养老困境。

就Q村而言，2007年，该村所在的FX县"五保"供养制度对在村分散供养的"五保"老人的现金供养标准是1200元/（人·年），对在乡镇敬老院内享受机构养老服务的"五保"老人的现金供养标准是1600元/（人·年），另外，孤老伤残军人也享有集中供养服务。2010年前后，对"五保"老人的现金供养标准开始逐年提高，自2014年起增长幅度扩大，至2015年，在村分散供养的"五保"对象享受4500元/（人·年）的供养标准，在乡镇敬老院接受集中供养的"五保"对象享受6000元/（人·年）的供养标准。此外，按照市政府的规定，"五保"老人群体还同时享受二类低保的待遇，即在村分散供养的"五保"对象每年可享受社会救助现金待遇约5500元（河北省民政厅，2015）。

Q村"五保"对象共7人，均为60岁以上、没结过婚的男性。据村支书介绍，Q村的女性一般不存在不结婚的情况，村里也没有女性"五保"对象。距离Q村约6公里处的县城有一家公立敬老院，但Q村并没有"五保"老人在敬老院接受集中供养，而是全部在村分散供养，并且最近10年都没有选择敬老院集中供养的老人。调研就"为什么愿意在家养老，而不愿到敬老院那种可以提供养老服务的地方集中供养"这一问题走访了"五保"对象ZGD（男，72岁），他说："住在家里好，还能看见亲人，我还有个兄弟一家在村里，没事的时候还能去串串；要是去了敬老院，离得远了，兄弟一家肯定不能经常去看我，就算敬老院有服务员照顾生活，我也不想去住；住在家里国家还给发好几千块钱，要是住敬老院，每个月只给20块零花钱，其他的就不给了。"虽然村支书后来跟我说，ZGD老人的监护人是他侄子，他的侄子替他领"五保"救助金，老人的地也是侄子代耕，但是他侄子一般不给老人零花钱，只是管老人吃、穿、住和生病照顾，"五保"救助金、种地的收入和国家的粮食补贴等都是他侄子拿着用。

可见，对"五保"老人而言，在熟悉的生活环境中，接受来自亲人的精神抚慰和支持，并保持自己原有的生活方式，远比拥有金钱重要。因此，即使作为监护人的亲人对老人在生活照顾和精神慰藉上并不周全，老人也愿意选择在村养老。但是，如前文所述，随着家庭养老功能的弱化，"五保"老人在村分散供养的生活照料困境依然存在。

三 社会福利制度

目前河北省农村地区老年人所享受的社会福利主要有针对高龄老人群体的高龄津贴，以及针对计划生育家庭的奖励扶助。这

第三章 互助养老幸福院模式产生的制度与实践空间

两项福利以现金为主,在包括 Q 村在内的农村地区尚没有相关服务型福利供给。

自 2005 年 7 月 1 日起,河北省开始执行省人民政府颁布的规范性文件《河北省老年人优待办法》(冀政函〔2005〕7 号),办法规定"对百岁以上老年人,每人每月由民政部门发给不低于 100 元的保健补贴,所需资金由本人户口所在县(市、区)财政支付"。该文件规定的对百岁以上老年人发放补贴是河北省高龄津贴制度的开端,但是当时百岁老人的数量并不多,就 Q 村而言,村内尚未出现过百岁老人,FX 县 37 万名老人中仅有 8 名百岁老人。从 2014 年 12 月 1 日开始,河北省开始执行《河北省老年人优待办法》(河北省人民政府令〔2014〕7 号),对 80 周岁以上老年人发放高龄津贴,百岁以上老年人的高龄津贴每人每月不少于 300 元。FX 县高龄津贴的具体发放标准为:80~89 周岁的老年人每人每月 30 元,年发放 360 元;90~99 周岁的老年人每人每月 50 元,年发放 600 元;百岁及以上老年人高龄津贴发放标准为每人每月 300 元,年发放 3600 元。该办法还提出为老年人提供多种形式的便利服务,但是目前河北省绝大多数农村地区都没有对老年人的便利服务。可见,在 Q 村互助幸福院成立之前,Q 村的高龄老人既没有高龄补贴,也没有其他形式的服务或护理补贴。据 2016 年民政部发布的《关于在全国省级层面建立老年人补贴制度情况的通报》,在高龄津贴方面,北京、天津、河北等 26 个省(区、市)出台了相关补贴政策;在养老服务补贴方面,北京、天津、山西等 20 个省(区、市)出台了相关补贴政策;在护理补贴方面,北京、天津、山西等 17 个省(区、市)出台了相关补贴政策。与低保、"五保"救助金的发放方式相同,Q 村的高龄津贴也是由县民政部门通过银行社会化发放,分别于当年 6 月底、12 月底分两次发放。由于 Q 村没有集体企业,因此村里对老人没有发放集体福利。

2004 年,国务院办公厅转发人口计生委、财政部《关于开展对农村部分计划生育家庭实行奖励扶助制度试点工作意见》，标志着奖励扶助制度建立，针对农村只有一个子女或两个女孩的计划生育家庭，夫妇年满60周岁以后，由中央或地方财政安排专项资金给予奖励扶助，并于2006年在全国推广，以改善老年人生活，减轻子女的养老负担，稳定低生育水平，改变生育子女的性别偏好。河北省自2005年起试点该政策，农村独生子女家庭和双女户父母年满60周岁（独生子女意外死亡、现无子女的父母年满55周岁）后，按每人每月50元，即年人均600元的标准发放奖励扶助金，直到亡故为止。由前文对Q村人口结构部分的介绍可知，该村村民出于养儿防老和传宗接代的考虑，独生子女户仅有2户，双女户有4户。2007年Q村推行互助养老时，村里的独生子女家庭及双女户父母尚未满60岁，因而尚未享受此类补贴。此外，自2008年起，全国开始正式实行独生子女伤残死亡家庭扶助制度，对失独的计生家庭给予特别扶助金100元/月。可见，国家已经开始通过现金型福利的形式关注计划生育子女家庭的养老问题。Q村的多子女家庭尚且面临严峻的养老困境，农村计划生育家庭的养老形势更为严峻。

第二节　农村机构养老和居家养老服务体系的发展困境

机构养老在为老年人提供生活照料上具有一定优越性，人民公社化运动结束以后，在农村地区，村集体办敬老院的形式逐渐随着集体经济的解体而逐渐不复存在。农村地区的机构养老主要依靠乡镇敬老院，但乡镇敬老院面向的主要对象是"五保"老人群体。在家庭养老功能弱化的背景下，普通老年人的生活照料及精神慰藉需求依然难以满足。为此，民政部于2001年推进"全国社区老年福利服务星光计划"，希望在农村通过加强乡镇敬老院建设，开发乡镇敬老院的入户服务、日间照料功能以辐射

"五保"老人之外的更多老年人,但这一设想最终未能很好地实现。2007年,党的十七大确立了"老有所养"的战略目标,十七届五中全会提出"优先发展社会养老服务"的要求,根据《中华人民共和国国民经济和社会发展第十二个五年规划纲要》和《中国老龄事业发展"十二五"规划》,我国制定了《社会养老服务体系建设规划(2011—2015年)》,提出"社会养老服务体系建设应以居家为基础、社区为依托、机构为支撑,着眼于老年人的实际需求,优先保障孤老优抚对象及低收入的高龄、独居、失能等困难老年人的服务需求,兼顾全体老年人改善和提高养老服务条件的要求"。此后,为建立以"机构为支撑"的社会养老服务体系,虽然国家通过多种形式鼓励及规范机构养老发展,但鉴于农村家庭养老的传统以及机构养老投资大、回报周期长的特点,民办养老机构在农村地区的发展基础十分薄弱,农村家庭养老功能的弱化以及农村机构养老发展基础的薄弱使得养老问题难以解决。

一 民办养老机构服务供给缺位

福利多元主义理论认为市场和社会力量对政府提供准公共产品具有补充作用,养老服务作为一种准公共产品可以由市场及社会力量参与提供。目前,市场进入农村养老领域的主要形式是补充性商业养老保险及民办/民办公助养老机构。鉴于补充性商业养老保险在河北省农村的发展情况尚无确切统计资料,本书在此不对农村商业养老保险做详细论述,仅引用经济比较发达的上海市数据,粗略推测河北省的情况。2007年,河北农村居民商业养老保险的参保率只有4.7%,经济相对上海市而言欠发达地区农村居民的商业保险参保率还要低(王敏,2007)。民办/民办公助养老机构是社会养老的重要载体,在"十二五"期间,机构养老在社会养老服务体系中的定位是"支撑",即机构养老服务的作用是当居家与社区养老服务在满足居民的养老需求上无效时,由养老机构承担养老服务的供给。虽然民办养老机构的运行有一定的市场化性质，可以在一定程度上满足部分老年人较高水平的养老需求，但鉴于养老服务的准公共产品性质，民办养老机构的首要和核心属性是公益性，追求最大利润的市场化属性是其部分的、次要的属性；加上民办养老机构收益周期长、利润低等特点，国家虽然对民办养老机构有诸如建设补贴、入住老人补贴、税收减免、养老机构用地划拨等方面的政策优惠以保障养老服务的供给，但是民办养老机构在农村的发展基础依然十分薄弱，而且受农村居民消费水平、传统养老观念的影响比较明显。

2007年，Q村所在的FX县农村养老服务市场发展基础十分薄弱，农村地区无民办或民办公助性质的养老机构及居家养老服务设施①；县内有光荣院（床位数120张，入住29人）、县中心敬老院（床位数670张，入住652人），但均位于县城范围内；分税制改革后，乡镇政府、村集体财政吃紧，兴办养老事业、提供养老公共物品和服务心有余而力不足。FX县共辖3镇6乡，共兴办了4所敬老院，床位数约500张，而"五保"对象约有1200人，供养率不足42%；Q村所在的FX镇没有公立敬老院，"五保"老人入住敬老院时需要离开所在乡镇到县中心进行集中供养。FX县共有两家民办养老机构，即HF老年公寓、TF安养院，各有50张床位左右，且两家民办养老院均位于县城范围内，入住民办养老院的多为城镇居民。2007年该县共有60岁以上老年人约4万人，每千人约17.5张床位，床位资源极其有限。该县农村养老服务的市场供给为零，农村老年人（除"五保"老人外）若有入住养老机构的意愿，则需到县城，而农村老年人的安土重迁及养儿防老的观念、经济消费水平、熟人社会中的生活习惯等使得农村居民入住县城养老机构的意愿低，Q村的数据可以印证上述事实。Q村内

---

① 至2015年12月，FX县发展至3家民办养老机构，分别为HF老年公寓、TF安养院、XYH老年公寓，均位于县城范围内。

人口老龄化、高龄化、独居化趋势明显，2008年，村内常住户籍人口有1218人。其中，60岁以上人口163人，占总人口的13.38%，80岁以上高龄人口15人，占老龄人口的9.20%；独居老人60人，占老年人口的36.81%。然而，自2000年以来，该村村内没有老年人入住县中心敬老院或其他乡镇敬老院，且仅有1名女性老年人因其子女都在县城居住而最终选择入住县城的民办养老机构。

Q村村民选择以家庭养老为主，而很少选择民办养老机构也与民办养老机构的收费水平及自身的消费水平有关。2007年，Q村的实际人均纯收入为4290元左右①，但多数老年人的可支配收入远不及该村的人均可支配收入水平。由表3-3FX县民办养老院的业务范围及收费标准可见，若老人全自理的话，选择民办养老院养老需至少支付4800元/（人·年），若没有子女的资金支持，机构养老的花费对农村老年人而言就是沉重的负担。除去机构养老的费用高以外，FX县的农村居民若选择机构养老，就意味着要离开自己的村落搬去相对陌生的城里居住，除非子女全部在城里生活，否则FX县很少有农村老年人会考虑进城养老。FX县民政部门工作人员YZM对"很少有农村老年人会考虑进城养老"的分析是：一方面，老人家庭的经济条件是一个因素，但有时经济因素不是决定性因素，如果老人的子女都在村里，则老人就算再有钱也不愿进城里的养老院养老，因为亲情对老人来说更加重要；另一方面，由于老人在农村住习惯了自己的小院，到城里养老院后，楼房里的活动空间变小了，老人会不适应，而且如果子女不来看望，老人在陌生的环境中，就跟坐监狱一样。可见，亲情的维系、养儿防老观念、乡村生活的情结、经济条件等都可能影响老年人对养老方式的选择。

---

① 资料由村支书提供，实际人均可支配收入要低于《2007年河北省国民经济和社会发展统计公报》中所公布的。

表3-3 FX县民办养老院的业务范围及收费标准

名称	地理位置	业务范围	收费标准
HF老年公寓	县城	为能自理的老人提供吃、住、洗衣服等服务	普通三人间580元/（月·人） 普通二人间600元/（月·人） 带卫生间700元/（月·人）
TF安养院	县城	为全自理、半自理、不能自理的老人提供全托服务	全自理400元/（月·人） 半自理500~600元/（月·人） 不能自理700~800元/（月·人）

资料来源：笔者依据FX县民政局网站数据整理所得。

二 农村居家养老服务体系的探索与困境

中国自1999年起进入老龄社会，人口老龄化问题便开始引起政府与社会的广泛关注。2000年8月，中共中央、国务院发布《关于加强老龄工作的决定》，提出了今后一段时期中国老龄事业的发展目标：建立以家庭养老为基础、社区服务为依托、社会养老为补充的养老机制；逐步建立比较完善的以老年福利、生活照料、医疗保健、体育健身、文化教育和法律服务为主要内容的老年服务体系。在农村互助养老幸福院模式出现之前，国家也曾致力于开展对农村社区养老服务的探索并提出"建立健全社区老年福利服务体系"，比如前文提到的2001年民政部推进的"全国社区老年福利服务星光计划"，但该计划在农村地区的实践主要集中在对乡镇敬老院的服务设施和娱乐场所的建设上，并未开展入户的居家养老服务供给等。直到2007年，浙江省开始开展"农村老年福利服务星光计划"试点，建成并投入使用示范性农村社区"星光老年之家"109个，投入建设资金9924万元（其中，省级彩票公益金1000多万元）。但是，多数"星光老年之家"都以老年活动室等公共服务设施建设为主要项目，只有极少数"星光老年之家"根据农村老年人生活服务的个性化需求，开展了医疗、家政、日托、殡葬、送配餐、家电维修、法律咨询、养老金发放等为老服务。

第三章 互助养老幸福院模式产生的制度与实践空间

2006年以后,国家开始大力推进新农村建设,但农村劳动力的外流使得新农村建设力量不足。在此背景下,浙江、四川等省份开始鼓励农村老年协会的发展,在人口老龄化、空巢化趋势下为老年人创造自我管理、自我娱乐的平台,以实现老有所为、老有所乐,从一定意义上讲,农村老年协会也属于互助性、公益性的老年人草根组织。农村老年协会主要通过组织文体活动增强老年人之间的交流与沟通,为农村老年人提供精神上的慰藉,缓解子女不在身边的孤独感,增加生活乐趣;参与农村社区建设,调解村民的赡养矛盾,起到教化年青一代的作用;有的老年协会也开展"串门拉家常"活动,防范独居老人因无人照料而在家孤独去世的悲剧发生(王振、刘林,2014)。综上,农村老年协会开展"串门拉家常"等入户活动说明老年协会已经注意到了独居老人的生活照料及精神慰藉困境,但仅靠"串门拉家常"等互助活动依然难以解决。近年来,福建省农村地区的老年协会不仅开展上述互助性活动,还在村委会和乡贤群体的支持下,开设老年食堂(老年人每个月需要象征性地交100元做餐费,特殊困难老人免费),派人看望生病住院的老人等(甘满堂,2016)。这种以农村老年协会为依托的养老服务供给具有明显的社区互助养老特征,运行成本低,服务质量高,是一种依托农村互助性草根组织为老年人提供日间生活照料、精神慰藉方面服务的居家养老服务模式。

实际上,早在2000年,上海市便开始探索以社区为依托,为老年人提供日托服务和上门服务的居家养老服务试点,以弥补家庭养老缺位导致的老年人生活照料及精神慰藉缺失问题。但是,这种试点都局限于城市社区。2008年前后吉林省推行农村居家养老服务大院模式,即通过对社区内闲置的村部、校舍进行改建或者政府出资新建或租赁等方式建立养老服务大院,发动村里的党员干部、老年协会、义工志愿者作为养老服务员自愿在大院内为老年人提供日间照料服务,并为高龄、失能或半失能的居家老年人提供上门服务。比如,动员义工志愿者与老年人结对帮扶,为

农村互助养老：幸福院的案例与启示

老人提供生活照料、陪医送药、代购物品、精神慰藉等无偿服务；通过村干部、老年协会会员对空巢、高龄、失能老人提供定时的生活照料服务。但是，农村地区能以类似农村居家养老服务大院的模式既提供日间照料服务又提供入户居家养老服务的社区仅是极少数，大多数农村社区还是以提供日间照料服务为主。直到2012年，山西省才率先在农村社区建立老年人日间照料中心。在实际运行中，虽然老年人日间照料中心的经费来源有县级财政补助、村集体筹资以及老人就餐收费（社会捐助很少），但多数农村老年人日间照料中心都面临经费紧张的问题。此外，村委会主任通常担任老年人日间照料中心第一责任人，"三年一换届"的制度使得农村日间照料服务的连续性受到影响。山西省发布的《关于做好全省农村老年人日间照料中心建设工作的通知》中明确规定，农村老年人日间照料中心"以解决农村70岁以上空巢和高龄老人基本生活为目的，以满足老年人的吃饭、日间照料为基本要求"，但有些中心只能接收分散供养"五保"老人和高龄低保老人，有些只能解决中午一顿饭，还有些只有娱乐场所，并不能提供就餐服务，这些导致农村老年人日间照料中心的居家养老服务供给具有很大的局限性。

基于以农村老年人日间照料中心为主要形式的居家养老服务的弊端，为保证养老服务供给的质量，由政府向社会组织、社会福利机构购买居家养老服务的探索开始出现。虽然20世纪末上海便开始在城市地区探索政府购买公共服务，深圳、无锡也相继在城市地区开展了试点（杨宝，2011），但是，农村地区关于政府购买养老服务的探索起步较晚，其中比较典型的是2013年安徽省合肥市高刘镇探索农村居家养老的"139新模式"，即依托社区居家养老服务中心（社会福利机构）根据村落大小划定1个服务片区后，配备3名专业管理人员（居家养老管理员、社会工作者、康复保健师）及9名专业服务人员（家政、维修、送餐人员等）（赵孝刚，2014）。70岁以上低保老人、70岁以上无子女的老人和90

岁以上的高龄老人每人每月可获得由政府买单的600元居家养老服务券，可享受配餐、生活照料、医疗保健、家政、紧急救助、精神慰藉等服务。该居家养老服务中心还通过与高校签订协议成立就业实习基地，将学生的就业实习与为老年人提供居家养老服务的社会实践相结合，缓解一线专业服务人才不足的问题。

2007年前后，河北省虽然开始了对农村老年协会的探索，但多数老年协会处于虚设状态，抑或仅以娱乐活动为主要内容，而且当时农村老年人日间照料中心也尚未在河北农村发展。河北省曾于2008年在城市地区依托社会组织开展政府购买养老服务试点，实施社会化养老促进计划，为市区内年满60周岁的"三无"老人和享受低保老人购买居家养老服务，"三无"老人、享受低保老人分别按每人每月200元和50元的标准领取服务券，由社会组织充当服务机构为其提供日常生活服务，如对服务满意则把服务券交给居家养老服务员，居家养老服务员每月凭券到区政府兑付现金。服务券每张10元，每天可购买一次服务，如日间照料、家政服务和精神陪护。但是，河北在农村地区并未开展政府购买服务的项目。

第三节 社会舆论道德教化与养老

从晚清到民国时期再到新中国成立，法律对成年子女赡养服务的法律约束力逐渐减弱，诸如清代立法对"十恶"中"不孝"行为的严酷刑罚逐渐被取消。新中国成立至今，《中华人民共和国宪法》中规定"成年子女有赡养扶助父母的义务"。《中华人民共和国婚姻法》第21条也规定："子女不履行赡养义务时，无劳动能力的或生活困难的父母，有要求子女付给赡养费的权利。"此外，《中华人民共和国老年人权益保障法》中明确规定"老年人养老主要依靠家庭，家庭成员应当关心和照料老年人"，该法对家庭中子女的赡养责任作了更加明确的规定：赡养人对患病的老年人

农村互助养老：幸福院的案例与启示

应当提供医疗费和护理；赡养人应当妥善安排老年人的住房，不得强迫老年人迁居条件低劣的房屋；老年人自有的住房，赡养人有维修的义务；赡养人有义务耕种老年人承包的田地，照管老年人的林木和牲畜等，收益归老年人所有；赡养人不得要求老年人承担力不能及的劳动；等等。

改革开放以来，基于家庭养老功能弱化背景下老年人的生活照料和精神慰藉需求得不到满足的状况，国家于2012年底重新修订《中华人民共和国老年人权益保障法》，明确规定："与老年人分开居住的家庭成员，应当经常看望或者问候老年人。用人单位应当按照国家有关规定保障赡养人探亲休假的权利。""国家建立和完善以居家为基础、社区为依托、机构为支撑的社会养老服务体系"。从以上两条法条可以看出，一方面国家希望通过"常回家看看的立法"对家庭养老有所约束，使家庭养老的功能有所强化；另一方面国家希望通过将社区、机构等社会力量作为依托和支撑，为家庭养老提供补充。然而，以上三部法律对赡养老人的规定，特别是《中华人民共和国老年人权益保障法》新增的"常回家看看"法条对"经常看望或者问候老年人"中的"经常"没有确切的频率或次数规定，并且该法条并没有体现制裁，因此不具备执行的强制力，最多只能约束和引导子女对老人的赡养行为，但无法约束子女在道德层面对父母"敬养"的行为。即使子女在法律层面做到了常回家看看，但若这一行为没有精神上的驱动，老人也不能真正获得精神上的慰藉。正如中国农业大学叶敬忠教授所提及的："'互相理解''互相包容'和'互惠互助'终究是一种成本最低、效果最好的农村社会管理手段。"（李卓谦，2017）法律在解决家庭养老问题上的弱约束力从侧面反映了社会舆论与道德教化在农村养老中的重要性，也在社会舆论与道德教化上揭示了互助养老的合理性及其存在的空间。

此外，据Q村村支书介绍，在互助养老模式产生之前，村里不少单身老人上门找他告状，请他帮忙解决家庭赡养问题（见案例3-3）。

第三章　互助养老幸福院模式产生的制度与实践空间

案例3-3：有一次一位老人找村支书告状："我住的老房子下雨天总漏水，眼看快塌了，我儿子有空房子，但是不让我住，还不给我钱花。"村支书叫来老人的儿子，当着老人的面说："你要是再不孝顺老人，有空闲的好房子不让老人住，有钱不给老人花，我就去请县法院的法官来当场断案，看你丢人不丢人，老人不可能冤屈你；你要是想改好，咱们就既往不咎，看后边你怎么对待老人。"到晚上这个老人又来跟村支书说："支书，你不用去告我孩子了，他们晚上来给了我钱，跟我说了好话，还要给我修房子，起到作用了。"

村支书说："人，就算再不孝顺，也不愿意在众人面前落一个不孝顺的名声；咱们村子小，乡里乡亲的，有事儿传得都快；你要说他不孝顺，他就不高兴，所以村里一般也没有十分不孝顺的人。老人都想通过私人关系解决这个事，也不想传出去丢人。但是，老人自己跟孩子说，基本不管用，还是找个外人调解效果好一些。要是真的告到法院去，说不定表面上调解好了，私底下子女和父母的关系会更僵，反倒不好。"可见，在农村熟人社会"家丑不可外扬"观念下，村民有碍于"面子"与情感，即使有法律约束，亲代不到万不得已时也不会轻易以法律手段来解决家庭养老问题，反而具有社会性的社区公共舆论及其道德谴责在约束养老行为上有一定的作用。

第四节　小结

当前我国社会保障体系中涉及养老保障的制度基本是以现金保障为主，"新农保"和"新农合"在保障农村老年人老有所养、老有所医上分担了家庭的经济压力，但是对于失能与半失能老人而言，家庭养老功能弱化造成的生活照料和精神慰藉不足使得其

农村互助养老：幸福院的案例与启示

对医疗服务及护理服务的需求日益凸显。在我国的养老保障制度中，针对老年人的服务保障仅体现在社会救助制度中的"五保"供养制度上。但是，当前农村选择在家分散供养的老年人要多于选择集中供养的老年人，对在家分散供养的"五保"老人而言，与普通农村老年人一样，他们的养老需求（特别是生活照料和精神慰藉方面的需求）满足都受到家庭养老功能弱化的影响。在养老方面的社会福利政策上，河北省目前提供以高龄津贴和独生子女家庭、双女户计划生育特别补贴为主的现金保障，但是对于高龄老人，特别是独生子女家庭、双女户而言，子女出嫁、外出工作等导致的生活照料及精神慰藉资源的供给不足是难以通过现金保障的。在家庭养老功能弱化的背景下，我国养老保障制度改革需要重视由提供现金型保障向提供部分服务型保障过渡。在农村居民经济条件普遍改善的情况下，Q村在国家层面养老保障制度的覆盖下，老年人的经济需要基本可以得到满足。在家庭养老功能弱化的形势下，如何供给老年人（尤其是独居老人）所需的生活照料和精神慰藉资源需要提上议程。

机构养老不仅要满足入住老人的衣、食、住、行等基本生活需求，还要满足入住老人在医疗保健、疾病预防、护理康复方面的需求，同时也应重视老年人精神文化、心理慰藉、社会交往需求的满足。对于不能够从家庭获取养老资源的老年人而言，机构养老可以作为替代性选择。然而，在农村地区机构养老的两种主要形式中，乡镇敬老院作为社会救助政策实施的重要依托，主要为"五保"老人提供养老服务；普通农村老年人的机构养老需求则需要通过民办性质的养老机构来满足。基于养老机构回报周期长、利润低等特点，加之受养儿防老传统观念及农村老年人的消费水平、老年人在家养老的意愿等多方面的影响，民办养老机构在解决农村家庭的养老困境上所起的作用有限。对农村老年人而言，探索一种既具有成本效益又能就地满足自身养老需求的养老模式作为家庭养老的补充势在必行，农村居家养老服务便是在这种形势下在各地出现了不同形式的探索。

通过前文对当前我国农村地区老年人居家养老服务模式探索的梳理，可总结出以下几种形式：在村依托老年协会等草根组织提供自愿性互助服务；在村依托老年协会、乡贤等社会力量为老年人提供无偿或低偿的养老服务；在村依托日间照料中心提供居家养老服务；政府通过向社会组织、社会福利机构购买居家养老服务。虽然以上模式都可以满足大部分老人在日间的生活照料和精神慰藉需求，但是，农村地区提供的夜间留宿照料服务十分有限，依然难以满足独居老人晚间的生活照料需求。此外，法律在家庭养老上的约束力虽然能在一定程度上保障子女对老年人的物质供养和生活照料，但是难以约束子女在道德层面上对父母的"敬养"行为，来自农村社会的经验（包括前文论述的 Q 村案例）表明，在熟人社会具有社会性的社区公共舆论及其道德谴责的约束力会对家庭养老的功能起到强化的作用。由此可见，在传统家庭养老功能弱化的背景下，探索一种基于社区的、具有社会性的、可以弥补家庭养老功能缺位且具有成本效益的养老方式有其必然性与合理性。

第四章 互助养老幸福院模式的产生与组织管理机制

与家庭养老的产生及其得以作为农村主流养老方式而长久存在的逻辑相似，Q村互助养老幸福院模式作为一种新兴的农村养老模式，也是顺应一定的社会需要而产生，并且其存在也需要一定社会结构的支持。前文中家庭养老支持系统的变迁构成了组织化互助养老产生的社会结构基础，但是，组织化互助养老的产生在Q村的具体情境中还经历了组织化互助养老想法的萌芽、动员及实践阶段，这三个阶段的发展为Q村互助养老幸福院模式的产生奠定了具体的经济、政治、社会文化基础。本章将通过对Q村互助养老幸福院模式的动员及产生过程进行分析，总结该模式的产生机制，并对Q村互助养老幸福院模式的组织管理机制进行总结，分析该模式是如何因应当地社会结构变迁而产生，如何通过对自身的不断调适，以及对养老资源的整合主动引导支持系统的构建以利于幸福院养老保障功能的发挥的。

第一节 互助养老幸福院模式的产生机制

随着家国同构的宗法制度以及家族的解体，依托家族（亲族、姻族）族产为家庭养老提供补充的养老保障形式逐渐式微，加之分家而居传统下小家庭之间逐渐失去家族这一具有养老保障功能的纽带，以小家庭为单位的养老格局逐渐形成。虽然我国自古以来便有"乡里同井，出入相友，守望相助，疾病相扶持""老吾老，以及人之老"的邻里互助传统，但这通常是无组织的自愿互助，并且随着在工业化、城镇化背景下家庭养老功能的弱化，通常自家的养老问题尚且难以顾全，邻里之间的互访及互助更难以有效弥补家庭养老的不足，从而出现Q村多起独居老人在家孤独死亡而无人知晓的悲剧。前文对独居老人死亡悲剧及互助养老产生的背景进行了分析，呈现了组织化互助养老产生的合理性及必然性；但是，Q村组织化互助养老想法的提出源自Q村克里斯玛式人物村支书CQY对独居老人死亡悲剧的发生碰触其在养老问题上道德底线的回应，以及村支书对独居老人死亡悲剧对于农村社区这一生活共同体社会风气的影响的担忧。

一 萌芽：回应独居老人养老保障的缺位

调研发现，Q村独居老人极端事件的接连发生，对该村老年人的养老心理产生了影响，谈到独居老人死亡的事件，被访问的老年人中有多名老年人回应说："也不指望孩子有多孝顺，咱别最后落得死的时候身边没人的下场就行；咱这有个讲究，家里老人过世的时候，要是孩子们都不在身边，那这些孩子们以后的生活就'不得济'（过不好的意思）。"子女生活"不得济"的结局是老人和子女都不愿看到的，因此民间普遍比较忌讳老人孤独去世等事件的发生。类似子女生活"不得济"的说法虽然没有科学依据，也没有必然性，但是在一定程度上对子女养老行为形成软约束，教育子女要孝敬老人，特别是老人病重的时候要在身边照顾。据村支书介绍，该村在新中国成立以后到2006年之前，仅发生过一起老人因子女不愿分担医疗费而喝农药自杀的事件；2006年后，虽然Q村多数独居老人都有子女在同村居住（甚至住在一个院子里），但前文提及的独居老人死亡案例仍然会发生，子女外出打工后独居老人的艰难境地可想而知。独居老人死亡悲剧不仅使养老问题再次进入村民的公共舆论场并引发村民尤其是老人对自己养老的担忧，也使独居老人养老问题逐渐从"家事"转向具有公共

农村互助养老：幸福院的案例与启示

性的"老龄社会问题"，这在一定程度上促成了村支书对这一问题的关切，开始反思惨剧发生的原因并试图想办法避免类似极端事件的发生。以下是村支书对"您是怎么想到互助养老的主意的"这一问题的回答。

> 现在通过种地吃饱穿暖已经不能让人们满足了，村民还要打工挣钱奔小康，又要打工、又要养老，这就有了矛盾。老人从"完成任务"到70岁、80岁，甚至90岁、100岁，这个时间跨度很长，要子女们经常在身边照料很困难；村里不少老人的子女也在同村居住，但子女也不可能每天都来老人的住处"盯着"老人；老人住偏房，子女住正房，住在一个院子里，白天可能经常见面，但是子女很难做到一晚上去看老人好几次；老人平时没事不呼喊，等到突发重病时往往连喊人的能力都没有……有人说打电话，有时候患重病，手机也打不了。老人之间、邻里之间白天虽然也串门，但晚上还是一个人住，而且咱这的老人基本都是养儿防老的，不愿意住养老院，在家住就常感到孤独寂寞，日常生活无人照料，甚至去世几天后才被发现。以前独居老人孤独死亡这种事儿在村里很少发生，子女"不得济"这样的说法约束力还挺强，子女们也都不想落得不孝的名声，更不想自己家以后的生活因为对父辈的赡养不周而受到影响（"不得济"）。但是现在，这种事儿接连发生，对老人来说太残忍了，要想办法防止才行。我也是担心这种事情发生太多的话，村民都习以为常了，以前留下的老话儿就不起作用了，这样一来，养老问题就大了，村里的养老风气就坏了，社会就不和谐了。我做村支书十多年，处理事情公平公正，村里村外常有人找我调解矛盾，找我调解赡养矛盾的基本都是单身、丧偶独居的老人，孩子太忙，照顾不到老人，老人就说孩子不孝顺；跟老伴儿一起住的一般都会互相帮助，相对来说养老矛盾少。一个老人连

着至少一个家庭，如果养老问题得不到解决，家庭矛盾就会演变为社会矛盾，影响社会和谐。于是，我想着把独居老人和其他单身老人集中起来，同性别的老人两两搭伴儿住一起，形成大集体，24小时相互照应，比独处强，还能消除儿女外出打工的后顾之忧，也只有这个法儿了。

从村支书的回答中可以看出，"组织化互助养老"想法产生的直接诱因是独居老人死亡悲剧对村支书道德底线的触碰。独居老人死亡悲剧发生的直接原因是农村家庭生产生活方式的变迁。虽然当前农村养老以家庭养老为主，家庭成员应承担主要的陪伴与照料责任，但是在生产生活方式变迁情况下，村民外出务工与分家而居的趋势使得家庭养老的实现受时间与空间影响日益明显，导致独居老人"缺乏来自家庭成员的生活照料和精神支持，发生危及生命的事件时无人可求救"，加之前文所述，政府的政策性保障、市场及社会相关服务的供给尚未及时"补位"，是该村独居老人死亡悲剧发生的重要原因。独居老人孤独死亡这一现象对村支书道德底线的冲击激发了村支书对社会弱势群体的同情心，在对老年人个体、家庭、社会和谐之间的关系进行分析的基础上，他萌生了依靠老年人互助、家庭与社区参与的养老保障模式弥补当下独居老人正式、非正式保障不足的想法。

然而，将老人集中在一起搭伴儿养老需要一定的经济、政治及社会文化基础，具备这些才能使其从概念与想法层面得到实施。当问及"互助养老这一想法在Q村具体环境中是否具有可操作性"这一问题时，村支书回答如下。

要把村里这些独居老人集中起来居住，首先要有这么个地界儿（场所）让这些老人能住在一起，光凭我自己的能力，根本不可能给老人提供集中居住场所，也不可能负担日常运行开支，我就想到村里闲置的小学校舍可以改造成适合老人住的房间。但是，改造小学校舍需要用钱，我是村支书，知道村集体还有资金，村南建高速连接线时征用了集体土地，有20多万元征地款，按照《中华人民共和国村民委员会组织法》的规定，因征地所得的土地补偿费，可以用于集体经济建设、公益建设，分配给被征地的农民或分配到各户，所以用来改造小学校舍让独居老人养老也不犯法。小学校舍和征地款都是属于村民集体的财产，我虽然是村支书，也不能随意支配，需要召集村"两委"成员开会讨论；但是，村里一直都是养儿防老，其他委员都担心改造好学校之后没人愿意来住。因为在村民看来，住村里的"老人院"跟住养老院一样，都像是子女不孝顺，其他委员都不同意。之后，我就去问村里的独居老人有没有互助养老的意愿，虽然老人都觉得搬出家跟其他人一起住会让子女丢面子，好像子女不孝顺把老人赶出家似的，但老人考虑到有人照应也不赖，也还算支持我。我就又召集"两委"成员开会，希望能整合村里的资源为这些老人提供养老场所，把村小教室改成多个两人间；老人相互照料，不雇护理人员，老人自己管理幸福院；村集体负责养老场所的水电费、取暖费等开支，老人自身的生活、医疗等费用则由老人或其子女承担。后来，多数委员都投了赞成票，毕竟解决村里的养老问题在道义上是好事，办好了的话，对村庄和谐甚至经济发展都没坏处；再说了，我也没把集体的钱拿回自己家，即使办不成也不丢人，村民也不能戳我脊梁骨。话说回来，村支书不是我赐给自己的职位头衔，没水平、没思想的人也干不好；村民选我当支书，就是信我能管好村子，我自然要为村民谋利益。如果我不是支书，就没有这么便利的条件和权力去讨论集体财产该怎么用，现在的幸福院也就不存在了。

可见，互助养老幸福院模式的建立需要一定的物质条件（集

第四章 互助养老幸福院模式的产生与组织管理机制

中居住的场所及配套设施等)和经济基础,即需要有养老设施建设用地的保障以及资金支持;村委会作为基层村民自治组织,可以依照法律规定管理本村属于村民集体所有的土地和其他财产。[①] Q村经村"两委"会议讨论通过,将闲置的小学校舍作为养老场所,将集体土地的征地款作为建设资金整合村里的养老资源,这得益于村委会作为基层村民自治组织这一性质及法律对其职能所给予的保障;村支书在一定程度上讲是村委会的领导者,这一特殊的职位赋予村支书资源调配权力,使村支书有合法的政治权力召开村"两委"会议讨论集体资产的用处以解决村庄的养老问题。依照《中华人民共和国村民委员会组织法》(2010年10月28日修订实施),村委会应当支持服务性、公益性、互助性社会组织依法开展活动,推动农村社区建设,这也赋予村委会一定的社会责任和使命。村支书提出以互助养老解决村里的养老问题进而促进家庭和基层社会的和谐,也是出于其作为村委会成员的社会责任感和使命感。

但是,互助养老的想法要在现实中实践,不仅要建立在一定的物质和经济基础之上,有相对宽松的政治环境,还需要一定的社会文化条件作为支撑,这种社会文化条件主要是养儿防老的传统及乡土社会的"面子"文化,在Q村主要体现在老年人及其家庭成员对互助养老的态度和意愿上。在家庭养老传统下,老年人即使有借助外力满足养老需求的愿望,但碍于养儿防老的传统、顾及子女在乡土社会生存的"面子",往往会压抑自己的养老需求,这种具有内生性的"压抑的养老需求"通常需要借助外在的干预和引导得到释放。在Q村互助养老实践中,以上"压抑的养老需求"的释放主要体现在村支书对村里独居老人的互助养老动员上,主要通过养老需求的满足、村支书个人魅力的感召及乡土社会中"面子"文化的制约来实现。

[①] 依据《中华人民共和国村民委员会组织法》(2010年10月28日修订实施),农村居民委员会虽然是基层村民自治组织,但是其负责将党和政府政令在村庄层面下达及执行,使该组织具有一定的政治性及政治权力。

143

二 动员:传统养老观念与现实养老需求的博弈

互助养老动员的第一步是明确动员的对象。相对于与配偶共同居住的老年人而言,村支书认为独居老人和其他单身老人是 Q 村养老困境的关键短板,需要优先解决这一群体的养老难题。就此而言,Q 村自上而下提出了老年人互助养老的门槛:年满 60 周岁,单身,具备生活自理能力,无传染病、精神病,自愿并征得子女同意。在上述门槛中,"年满 60 周岁,单身"两项硬性指标较易判定,"无传染病、精神病"的条件是基于对集中居住特点的考虑,"具备生活自理能力"是通过互助行为达成互助养老的基础,"自愿并征得子女同意"是出于对家庭养老传统的尊重及出于家庭关系和谐的考虑,也是互助养老产生并存在的一项重要社会文化基础。在 Q 村,"具备生活自理能力"的老人就是"能顾得上自己的老人",借助工具或其他老人的帮扶,可以完成日常生活活动,如做饭、吃饭、大小便等。按照养老机构对老年人自理能力的划分,互助养老基本可以涵盖完全自理和半失能状态(借助外力可以自理)的老人。"自愿并征得子女同意"的核心是基于对家庭和谐、养老方式选择与养老效果之间关系的考虑,老年人对养老方式的选择能否获得家庭成员认可和支持是影响老年人晚年生活幸福程度的重要因素。不论哪种养老方式,对老年人而言,家庭成员基于血缘、亲情对老人提供的生活照料及精神慰藉都是其他主体所难以替代的,互助养老不能替代家庭养老,家庭参与仍然是重要方面,如村支书所言:"不能因为这个互助养老使父母和子女之间产生矛盾,因为互助养老保障不了失能老人的需求,老人失能后还得靠家庭,一定不能破坏家庭关系的和谐。"

在对 Q 村独居、单身老年人动员的过程中发现,老年人对是否选择互助养老有自己自下而上设定的门槛,即"是否完成任务"。在 Q 村的传统中,子代完婚、送走祖辈就算亲代"完成任务"了,之后,老人一般边种地边养老(一般到 70 岁左右),直

第四章　互助养老幸福院模式的产生与组织管理机制

到因为身体条件的限制而不能继续耕种。随着农村生产生活方式的变迁，子代完婚后往往迫于生计而在孙代的照料和养育上面临困难，虽然Q村有"隔辈儿不养"的传统，但相当一部分老人还是将照料孙代到上小学纳入自己的"人生任务"：一边种地（或将土地出租、由子女代耕）一边照顾孙代，直到孙代上学或因身体条件不能继续照料为止。在完成这些任务之后，老年人才能"自由养老"。因此，一般老人在"完成任务"之前或者还种地的时候，都不太愿"离家"住进幸福院，觉得幸福院就是养老院，住进去就是去养老的。因此，村支书从Q村独居老人及其他单身老人共40多人中选出第一批共6名动员对象（退休的村干部、教师、工人及其家属，两男四女），这些老人都满足自上而下的门槛并且基本已经"完成任务"。

互助养老动员的总体思路是：先动员老人，让老人自觉自愿地选择互助养老；养儿防老传统的存在，使得现实中很难通过直接动员子女来说服老人。在村干部看来，第一批动员对象自身或其家属都是村里曾经或当下的"精英"，具有思想觉悟高的特质，也有累积的威望等隐形资本，动员这些老人并让其试住一段时间之后将其互助养老的经历分享给其他散居的单身老人，这种利益相关者之间的信息交换无疑是最有效、最具说服力的，由此形成"村干部—具有精英特质的目标老人及其家属—其他老人及其家属—其他村民—村外其他主体，并通过这些主体向外层扩散"的动员路径和信息传递渠道。先动员村里思想开通的老人，入住后再由他们给村里其他老人讲感受，带动其他老人参与互助养老，这种策略使互助养老动员的主体与客体产生了变化，不是由村领导直接动员全村老人，而是先由村干部动员其家属中的老人及子女，再由村干部家属中的老人（幸福院老人）对村里其他老人（包括单身、独居老人及其他老人）进行信息传递与动员；老年人群体面临的共同的养老问题、具有身份认同的交流，使自上而下的"动员"逐渐演变为自下而上的"认同"和"参与"。

农村互助养老：幸福院的案例与启示

Q村在动员老年人时遇到的情况是：多数老人表示愿意住进幸福院进行互助养老，但是担心子女不同意，让老人"离家"住进养老院，在外人看来就是子女抛弃老人的不孝行为，老人担心子女会因此在村里被人戳脊梁骨，从而选择压抑自己的养老需求。子女对"让老人到外面养老就是子女不孝顺"这一观念的顾忌以及老人对此的担忧是影响老年人互助养老方式选择的重要因素，而这一观念的形成主要受"家庭养老""养儿防老"传统的影响。通常情况下，老人会为维护子女的"面子"而在养老方式选择上做出让步。因此，如果子女赞同老人互助养老，就会在一定程度上减轻老年人选择互助养老方式的阻力，有利于"压抑的养老需求"的释放，这也恰好构成了互助养老产生并存在的一项重要社会文化基础。以下两个案例呈现了DMG（女，74岁，独居）和YXT（男，72岁，与三儿子住一个院子）两位老人当时选择幸福院互助养老消除子女顾忌的经历。

案例4-1：DMG老人说："俺儿子们给盖了两间新房子，我自己在那住，村干部来动员的时候，俺孩子都不愿意我住幸福院。孩子们觉得，咱家里有三个儿子，又不是没有人管，孩子们都给吃的给喝的，为啥非得去住幸福院呢？不叫人笑话？我就跟孩子说我想去，自己在家孤单，别的老人的孩子也有同意的，人家都不怕笑话。后来孩子觉得也是这么个道理，就跟村里签字同意了。"

案例4-2：YXT老人说："我当时住在三儿子家里，把三个儿子叫来跟他们说想到幸福院住，老大和老二不吭声，老三说：'咱们在一个院里住着，你搬去幸福院住，好像我不让你住在家里似的。'我说我觉得那边都是老人，一起聊天、照应也挺好。后来三儿子就同意了。"

对子女而言，让自己的父母住进村里的"养老院"（幸福院）

和住进民营养老机构一样，都顾忌社会舆论对其"不孝顺"的评价以及在社区共同体中没面子的影响，担心自己丧失赡养老人的道德资本，因此很少有子女主动去说服老人住幸福院，先说服老人再消除子女的顾虑以征得子女同意，成为动员的最佳策略。而且，在动员子女的过程中，要讲清楚在村里的互助养老与传统意义上住养老院的区别。首先，养儿防老的传统没有实质性改变，幸福院建在村里，家庭成员依然是老人衣食住行的主要来源，子女依然有为老人提供经济支持、生活照料及精神慰藉资源的责任；其次，老人之间的互助、自助与花钱向养老机构购买服务不同，具有低成本、高效益的特点，对家庭成员而言可降低养老成本；最后，老人在村里的幸福院就地养老，相对于入住养老机构而言，活动更加自由，可以最大限度地保持老人原有的生活方式，也不影响子女尽孝。如果老人子女的思想觉悟较高，可以考虑先动员子女，再由子女辅助征求老人的意见。在对老年人子女的动员过程中，子女对互助养老的态度除了受上述传统观念及父母意愿的影响之外，还受村支书的个人魅力、威望的影响。

在传统养儿防老观念的影响下，子代既想追求家庭生计和经济利益[①]，又想占有赡养老人的道德资本，至少要不被公众舆论评判为"不孝顺"，从而产生一种类似于对"忠孝两全"或"利与孝之间的帕累托最优"的理想化追求；而亲代既想实现自身养老需求的满足，又想兼顾子女在村民面前"孝顺"的"面子"。因此，在养老方式选择上，子代与亲代都希望能兼顾传统养老观念与现实养老需求。

三 实践：养老保障资源的整合

（一）资金及物资的整合

幸福院筹建的两大关键是养老场所的改造和养老设施配备，

---

① 此处对利益的追求除忠于国家、权力之外，还包含了对更好的家庭生活的追求、对经济收益的追求等除孝道以外的其他追求。

农村互助养老：幸福院的案例与启示

即可用于互助养老的资源整合问题。在完成对第一批 6 位老人的动员之后，Q 村开始整合社区资源，改造老人的集中居住场所并配套相关生活娱乐设施。前文提及，分税制改革以后，村集体经济衰退，Q 村除建高速公路时的征地补偿款外，没有其他集体经济来源，筹建幸福院面临的首要问题是建设资金的筹集问题。2007 年秋季，村委会从村集体的土地补偿款中划出 2 万元用来改造闲置的小学校舍，进行房屋的内部装修，借着教室的布局改造为四间住房、一间办公室，后来办公室内也住了老人，共可容纳 12 人。2008 年春季，因陋就简又改建了厨房、两个小仓库，至此，基本可以满足老年人生活所需的幸福院初步落成。幸福院建成后，学校撤并后闲置的桌椅被重新安排给老人使用，但已经没有多余的资金配备房屋内的床、柜及厨房用具等。于是，村支书向县里在 Q 村的驻村干部求助，县政府最终以物资帮扶的形式向 Q 村资助了床、柜及厨房用具。2008 年幸福院建好以后，之前动员的 6 位老人陆续入住，村委会经讨论决定将村集体剩余征地款项中的一部分用于老人入住后幸福院的日常运行。到 2009 年，院内共住有 10 位老人，老人及其个人物品逐渐增多，生活空间开始拥挤，室友间时常会因为放菜和杂物的空间发生小摩擦。2009 年春季，村里决定增建储存间，院里的老人也帮忙推土干活，生活空间的扩展在一定程度上缓和了老人之间的矛盾。入住幸福院的老人基本是"完成任务"的老人，不用继续种地维持生计，也不需要照料孙辈。但是，种地是老人原有生活方式中的重要部分，老人"完成任务"后也不愿闲下来。村支书在征求老人同意后，在院内租了半亩地开垦成小菜园（地租每年 1000 元），以延续老人原有的生活方式，老人则根据各自的身体状况互帮互助管理菜园。

由于老人在家时习惯用煤球炉取暖做饭，幸福院也为老人提供煤球炉做饭用，使老人更好地适应新的生活环境；但是，烧煤球容易发生煤气中毒事件，出于安全考虑，便用相对安全节能的电暖扇取暖。由于用水、用电享受政府的优惠，按居民标准缴纳，

第四章 互助养老幸福院模式的产生与组织管理机制

院内的年日常运行花费不到 4000 元。幸福院运行初期的日常运行支出主要由村集体承担，物资主要来源于校舍闲置物资的再利用，政府除了提供物资支持外，还给予水电等费用的优惠；养老设施的改造及配备在因陋就简的基础上尽量按照安全、节能、接近原有生活环境的原则进行。到 2008 年底，县乡民政部门、老龄委开始注意到 Q 村的互助养老模式，县政府决定从 2009 年开始根据入住老人的数量给予每人每年 500 元的日常运行补贴，当年补贴 5000 元，这个决定是政府开始以资金支持的形式辅助幸福院运行的标志，政府补贴基本可以保证日常运行。同年，县政府决定在 FX 县内开展小范围试点，2011 年民政部领导视察幸福院后，该模式开始在全县推广，县政府也开始对改建和新建的幸福院给予建院支持和运行补贴。

随着幸福院逐渐步入正轨，该模式逐渐得到村民认可，村内想入住幸福院的单身老人增多，现有的 12 张床位已不能满足老人入住需求。村支书决定向镇里申请经费新建幸福院，当时村支书的申请经县财政局报到省财政厅后，省财政厅最后划拨 120 万元用于新建二层楼房并建成典型示范幸福院。之后，村支书又申请到"中国革命老区项目"的 60 万元经费用于幸福院建设。其中，幸福院建设用地使用，楼房建设、装修及资源配备等大约花费 150 万元，剩余近 30 万元用于日常运营维护。2012 年，幸福院完成搬迁，但只有一层的房间得到利用，二层被闲置了。楼房的建造及装修参照养老机构设计了无障碍通道、扶手及防滑地面，并在幸福院院墙西侧配套建了三间房作为医务室，方便老人就医。此外，还配套建设了活动室、停车棚等设施，安装了户外健身器材。虽然也有图书室，但是目前入住幸福院的老人文化程度普遍不高，尚未充分利用。新建幸福院以燃煤暖气供暖系统取代了电暖风取暖，并且在厨房配套了电磁炉等厨房用具。随着居住条件的改善，幸福院的日常运行经费也随之增加，购置煤炭一年花费 1 万~1.5 万元，水、电费及幸福院其他设施的维护费用约 1 万~1.2

149

万元，取暖花费约占日常运行花费的60%，一年的日常运行花费为2万~2.7万元。

可见，村庄共同体及其社会资本资源对Q村互助养老幸福院模式在发展初期的重要性。建设资源多来源于村集体及村支书个人的社会资本，在得到当地政府的支持之后，幸福院的发展路径发生了变化，养老资源的集聚效应明显，村集体对幸福院的经济支持作用逐渐淡化，政府财政拨款在幸福院搬迁后成为幸福院运行的主要经济来源。

（二）养老场所及其适老环境改造

前文提及，当代家庭住房的高门槛、多台阶、缺少无障碍设施等特点均不利于老人的居住与社会交往，特别是不利于独居老人遭遇意外事故后的求救，这也是发生独居老人死亡悲剧的一个重要影响因素。在互助养老想法落实的过程中，Q村考虑到了适老环境的改造和方便老年人社会交往的需求，虽然幸福院处于创建初期，但受可利用资源的限制，改造闲置小学校舍成为当时最合适的选择。综合而言，闲置小学的地理区位有利于老年人的社会交往。小学旧址位于村东南的居住区内，与原村委会大院在一处，从幸福院旧址到周边的庙宇、卫生所、商店等处相对比较便利，有利于老年人的社会交往及突发事件应对。之所以在此强调养老场所选址之于老年人社会交往的重要性，是因为调研时受周边县乡镇敬老院选址的启发；FX县的邻县AZ镇敬老院位于村庄居住区外的农田区内，类似"养老孤岛"，距离村庄居住区几公里，农田以种植粮食作物为主，农闲时田里很少有人劳动，敬老院中的"五保"老人（有的是残疾人）难以与村里取得联系，社会交往仅限于院内少数几个院民；因为远离村庄，老人只能沿着田间小路溜达一会儿再原路返回，院内老人普遍感到精神孤寂，不利于老年人的身心健康。

幸福院搬迁选址时，村支书考虑到老年人在冬季最难熬，希望能选一处气温相对高的地方，因此选中了村东紧邻居住区的一

第四章 互助养老幸福院模式的产生与组织管理机制

处空地,居住区对冬季的大风起到了一定程度的阻隔作用。后来,政府招标建院后配套了集中供暖系统。幸福院完成搬迁后,村西有些老人却反映新幸福院离家太远,担心住进幸福院后会影响家人来探望的次数和自己的社会交往。调研中曾问及 ZYY 老人(男,74 岁)"为什么不愿意住进搬迁后的幸福院",老人回答:"我有 4 个重孙子、重孙女,到晚上,孩子们就都来我屋里玩,我看着高兴;搬进幸福院之后,孩子们肯定就不能经常到我屋里了,我们家住在西头,幸福院在东头,有一里地呢,小孩也不能骑车子,距离远了就不经常来了;以后孩子们都上学了,来得就更少了。村支书动员我去住来着,我觉得要是在幸福院住时间长了,长时间见不到我的重孙子、重孙女们,他们都不认得我了。"

可见,村里老人对幸福院选址的重视与不想远离家庭、亲情的愿望相联系。就此,村里曾有人提议将幼儿园跟幸福院建在一起,后来考虑到老人喜欢安静,小孩子喜欢跑闹,谁碰着谁都不好,因此出于对意外事件和责任的规避,最终将幼儿园建在了小学旧址。虽然没有将幼儿园与幸福院建在一起,但是搬迁后的幸福院"几院联建",与村"两委"办公室、医务室等建在一起,以利于满足老年人的社会交往需求以及突发事件的应对。

幸福院创建之初改造小学时,在适老环境改造上,以方便老年人的行动、尽量帮助老年人维持原有的生活习惯为原则,主要通过无障碍通道、靠墙扶手的改造,以及开垦小菜园等尽量还原老年人入院之前的生活环境来实现。这些由村支书、村委会其他人员等非专业人员负责设计改造。幸福院搬迁后,楼房的设计、建设由县政府通过招投标方式选择专业建筑公司参考《养老设施建筑设计标准》《老年人建筑设计规范》《老年人居住建筑设计规范》《无障碍设施设计标准》等标准、规范进行。虽然适老设计较小学改建而言更加完善、专业,但不足之处在于没有坡道楼梯和电梯,目前只有楼房的一层在使用中,二层尚无人居住(见图 4-1)。

鉴于"养"与"医"是老年人晚年生活的两件大事，在新幸福院设计、建设卫生所时，建筑公司建议将卫生所建在院内以方便老人看病，但Q村的传统认为卫生所虽然能治病救人，但是仍然比较晦气，担心有老人在院子里的卫生所过世而不吉利，就将卫生所建在新幸福院西北方，有村医坐诊。但这样一来，幸福院老人看病需要绕路，对老人而言不太方便。2014年，市民政局有意将Q村幸福院建成医养结合试点，县民政局便通过招标由工程队打通了幸福院一楼与卫生所之间的通道，改善了院内老人的医疗条件。

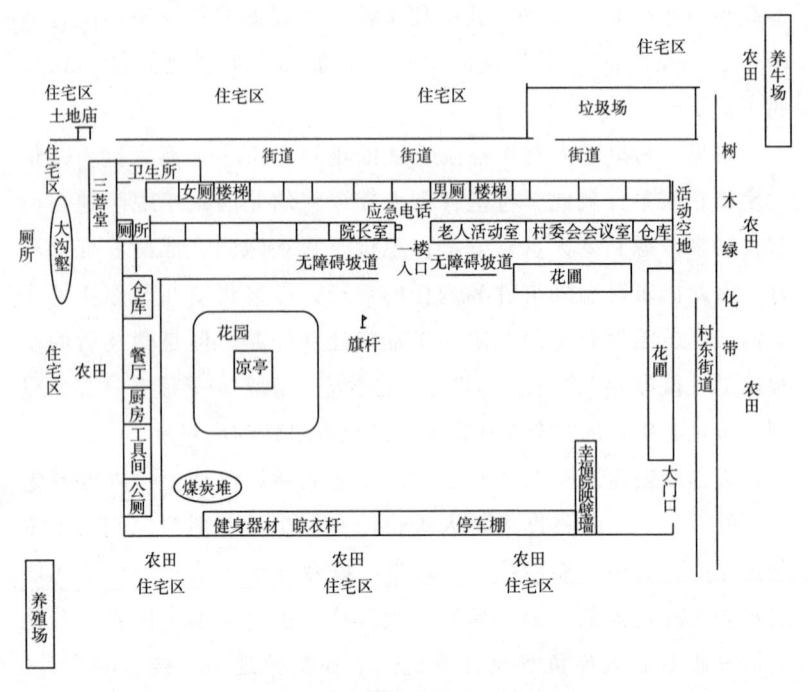

图4-1 幸福院布局及一楼平面

资料来源：笔者依据村庄情况整理而成。

四 小结

前文论述了家庭养老功能弱化的政治、经济及社会文化背景，

第四章 互助养老幸福院模式的产生与组织管理机制

互助养老幸福院模式的产生也被嵌入以上背景中；在 Q 村这一具体环境中，互助养老幸福院模式的产生也需要一定的经济、政治及社会文化基础的支撑。独居老人孤独死亡这一社会性事件触动了村支书对老人的同情心，也引发了其对未来社会风气的担忧。互助养老幸福院模式这一想法的萌芽源自村支书对养老的现实困境的回应，该想法的产生则建立在经济、政治基础及敬老养老的社会文化基础之上。

互助养老幸福院模式从"想法"到"实践"之间的重要一环是"动员"，这是连接互助养老想法与老年人这一受益群体及其家庭成员的桥梁。家庭养老传统和养儿防老的观念是互助养老想法向前推进的阻力，同时，家庭养老功能的弱化及养儿防老在现实中的困境也为互助养老想法向实践的转化提供了契机与可能，这也暗示了老人及其子女对互助养老的潜在需求。由村干部先动员老人，再以老人为中心说服子女、其他老人的策略，既使子女免于担忧自己在养儿防老观念占主流的农村中被社会舆论指责不孝，也给老人自主选择养老方式的机会。征得子女同意的过程，体现了家庭参与对老年人养老、养老方式选择的重要性，互助养老也是建立在家庭养老基础上的一种养老形式。同时，以入住幸福院的老年人现身说法形式动员其他老人，容易通过身份认同使其产生对养老方式选择的共鸣。这会在无形中影响农村养老观念的转变，构成互助养老实践的一项重要社会文化基础。

互助养老想法的实践在一定程度上是对经济、政治、社会文化资源在幸福院这一平台上的整合。互助养老想法在实践中的第一步则是整合养老资源，选择养老场所并统筹养老资源完成适老环境改造，养老场所的选址要考虑到老年人的社会交往需求和社会融入需求，注意养老场所与老年人家庭的空间距离。在养老资源的统筹上，Q 村利用了闲置的小学校舍，得到了村集体经济的资金支持、镇政府的物资支持。养老场所的适老改造以安全、节约、有利于老年人原有生活方式的维持为原则。村集体资产在幸福院建设初期的实践中起主要作用，村支书个人的威望及社会资本也在初期的自组织阶段有一定作用；在当地政府的财政支持下，幸福院完成搬迁并成为典型，随后产生的资源集聚效应使村集体、村支书个人在养老资源筹集方面的作用减弱，政府逐渐成为Q村互助养老幸福院模式中养老资源供给的主体之一。老人入住幸福院后，Q村互助养老幸福院模式初具雏形。大多数新型养老模式的产生会经历想法的萌芽、动员及实践三个阶段，有些养老模式也不免会成为政府扶持的典型，Q村互助养老的案例对其他养老方式的产生与发展具有一定的借鉴意义。

第二节 互助养老幸福院模式的组织管理机制

前文提及6位老人入住幸福院标志着Q村互助养老幸福院模式的正式形成，并进入管理及运行阶段。鉴于互助幸福院将老人集中在一起养老的特点，该模式与集中供养型机构养老有相似点；但是，互助养老幸福院模式中老年人之间的互助服务、自我管理与普通的机构养老中花钱购买服务、由服务人员提供服务、由专业管理人员进行管理的模式又有所区别。坐落于社区的幸福院较之于普通意义上的养老机构而言，其与家庭的距离更近，便于家庭参与互助养老，这也决定了互助养老幸福院模式在组织管理上具有区别于普通机构养老的特殊性，这些特殊性也是互助养老幸福院模式在乡村社区共同体中的生命力所在。下文将呈现互助养老幸福院模式区别于普通机构养老的组织形式，以幸福院共同体公共秩序的维护为基础的管理机制，为更好地满足老年人在互助养老过程中的多样化需求而以家庭为导向鼓励家庭参与互助养老，在幸福院中塑造类"家庭"生活环境的柔性管理策略，并通过对村委会、政府与幸福院组织管理关系的分析，为第八章所提到的幸福院在推广中村委会、政府所扮演的角色探讨做铺垫。

第四章 互助养老幸福院模式的产生与组织管理机制

一 老年人自我管理的组织结构

幸福院运行初期由村支书作为院长负责幸福院的行政性管理工作，之后考虑到男女性别差异及内务等方面管理上的不便，便推选出一男一女两位副院长辅助院长进行日常事务管理。幸福院完成搬迁后，随着入住人数的增多以及政府对幸福院的重视，又增设一名常务副院长，辅助院长处理行政性事务；同时增设三名卫生组长，负责对日常卫生情况的监督。鉴于笔者调研期间，幸福院已完成搬迁，且创建初期的幸福院管理人员安排原则与搬迁后相似，因此下文主要以搬迁后幸福院（现幸福院）的组织结构与人员安排为研究内容，呈现老年人自我管理过程及其区别于养老院等机构的特点。

目前幸福院的组织结构如下：院长一名，常务副院长一名，副院长二名（一男一女），卫生组长三名。幸福院常务副院长要有协助院长处理行政性事务的能力，要具有很强的责任心并且要有一定的文化水平；Q村幸福院的常务副院长YXT（男，72岁）曾经担任过村里的电工，并且在钢铁厂当了几十年工人，组织性、纪律性强并且有责任心、有文化，在幸福院除了协助院长处理行政性事务之外，还负责幸福院的电力维护、供暖系统维护（烧锅炉，检修暖气片、暖气管道等）。幸福院还有二名副院长，即ZGS（男，74岁）和ZXF（女，82岁），根据两人的性格特点和长处赋予两人不同的管理职责，ZGS老人分管幸福院内的矛盾纠纷调解及开关大门，这项管理分工主要是基于老人能说会道，适合当调解员调解老人之间的矛盾。另外，由于老人平时生活比较懒散，于是给老人一项附加的职责，让老人平时负责早上给幸福院开门、晚上锁门，并且必须确认老人的亲人都已经离开幸福院才能关门。ZXF老人分管幸福院的餐饮事宜，主要负责厨房开关门，厨房用具、厨房秩序的维护以及早起为老人蒸饭。这一职责要求老人做事细心认真、待人热情真诚，有责任心和奉献精神。ZXF老人自

农村互助养老：幸福院的案例与启示

愿每天五点半起床为老人蒸饭。有一次早上蒸饭的时候，忘给一个老人的饭盒里放水，米蒸出来硬，不能吃，ZXF 老人马上又给那位老人用电磁炉重新做了饭。卫生组长则选择平时比较喜欢干净并且有责任心的老人担任，负责每天监督值日老人的卫生打扫情况。随着政府和社会对互助养老幸福院模式的重视，到幸福院考察、调研的群体随之增多，卫生组长的责任也随之加重。

村支书 CQY 是幸福院的创立者，在幸福院运行后便以院长的身份管理幸福院，直到 2014 年卸任村支书。村支书在幸福院是克里斯玛型人物，在任职的十几年间，积累了丰富的管理经验并且善于"选贤任能"，能从幸福院中挑选合适的老人作为管理人员。

针对老年人自我管理的组织方式，一名日本学者到幸福院调研时问："你们这里老人自己当管理人员还不要工资，怎么能行得通呢？在日本就不行，都是有偿管理。"老支书回答："就像上学的时候，班里的班长、学习委员、课代表都是学生管理学生、学生服务学生，都不收钱；幸福院也是一样的，班里有班集体，院里也有院集体；幸福院选干部也要从院集体里选，不能从集体外部或者村干部里面选，从外面选的人自己不住在幸福院里就很难融入这个集体，也很难负责任地管理幸福院；有的老人挺喜欢管事当官，找对人就行，老人管理老人，都是老人，更能相互理解。再说了，幸福院跟收钱的养老院不一样，幸福院都不收我们住房费用，我免费住在幸福院已经很满足了，我管理幸福院也没必要再要工资。"

可见，区别于民办养老院等养老机构，互助养老模式中老人不需要向幸福院交钱购买服务，因此在老人看来，自己在幸福院这一公益性"共同体"中担任管理者不拿工资也可以理解。民办养老机构一般都花钱聘任专业管理人员，类似于职业经理人，但是这些管理者通常不是住在养老院养老的老人，遇到问题时难以从老人的角度感同身受地处理；从幸福院的入住老人中选择出的管理者，具有双重角色，既是幸福院的管理者，又是入住其中的老人，熟悉院内老人及老人之间的关系，在管理老人时更能感同身受地理解老人的行为和处境，并且处于幸福院这一熟人社会中，老人之间都相互给对方面子，管理相对容易。此外，在熟人社会中，彼此都有一定的了解，可以知道哪些老人喜欢管事儿，可以根据老人的特点赋予老人不同的管理职责；而养老机构里的老人多来自不同的地方，类似于处在相互之间不熟悉的陌生人社会中，难以在短时间内摸清老人的性格、品质。

可见，幸福院的"自我管理、自我服务"原则是建立在幸福院的公益性、熟人社会以及因才任能的基础之上的。那么，在幸福院这一生活共同体中，管理人员是如何实现对幸福院老人的管理的？管理效果如何？是否有助于满足老年人的养老需求呢？在幸福院这一具有集中居住特征且有一定机构养老性质的养老场所中，不可避免地会存在类机构养老的刚性管理，那么，幸福院老人是不是从内心深处愿意接受管理？这种管理是否尊重了老人的个性？下文将从幸福院具体管理中类机构养老的刚性管理及家庭导向的柔性管理两方面回应上述问题。

二 类机构养老的刚性管理

鉴于幸福院有类机构养老的集中居住特征，来源于个体化家庭中的老年人的生活习惯等都有差异，幸福院共同体内公共秩序的维护需要具有一定刚性的政策来提供保障；然而，个体化家庭的差异性以及老年人养老需求的差异性也要求幸福院的管理制度具有一定的包容性，以更好地满足老年人的养老需求，其中的重要方面便是以柔性的制度使互助养老更好地兼顾家庭养老的传统。

家庭是具有相对隐秘性的空间，老人在家中的行为相对自由无拘束。调研发现，有的老人不愿意搬进幸福院是担心在家里自由惯了，搬到幸福院住就不自由了。老人的担心也有一定的道理，从一定程度上讲，老人在幸福院的活动可以分为两部分：在各自房间这一"小家庭"空间中的活动，在幸福院这一集体场域或公

农村互助养老：幸福院的案例与启示

共空间中的活动。由于幸福院互助的基本原则是两位老人住一个房间内相互照应，即使在各自房间中，活动也不是绝对自由的，在幸福院公共活动场域中的行为也需要遵守一定规则并形成共同体内的公共秩序，这种公共秩序的形成需要依靠刚性的制度约束、口头制度等较弱的约束以及幸福院老人的习惯与自觉。

"不以规矩，不成方圆。"就幸福院刚性的制度约束而言，一方面是为了形成共同体内的秩序，防止"乱套"，一个老人对秩序的破坏可能会影响到公共场域内其他人的正常生活；另一方面便是对老人在公共领域发生意外或纠纷时幸福院的免责考虑。老人入住幸福院之前，老人、子女与幸福院签署的入住协议（见附录）中规定了老人、子女及幸福院三方的权利和义务，其中一条规定，乙方在住院期间，如不遵守本院制度、不服从管理，甲方有权责令其退出本院。如有突发病情或意外摔跌，均由乙方负责。随着政府对幸福院的日益关注，幸福院自身也必须规范化发展，幸福院根据日常运行中的经验和问题制定了包括安全管理、公物和财务管理、卫生管理等内容在内的《互助幸福院制度》（协议所指的制度）。比如，安全制度中有：不准擅自更换灯泡或连接电源，以防造成触电事故；不准打架斗殴，以防发生人为伤害事故；不准在床上躺着吸烟，不准私自生火，以防造成火灾等事故。

Q村幸福院自成立以来，曾发生过老人因违反幸福院"不准打架斗殴"规定，影响到院内的公共秩序而被强制赶出幸福院的案例（见案例4-3）。但是，类似事件一般在重面子、重辈分的熟人社会中很少发生。村支书讲述了打架事件的过程。

案例4-3：被赶出幸福院的男性老人WDQ脾气不好，有一次厨房里正有人做饭，他也想做饭，就从正在做饭的老人手里夺锅铲，并产生争吵。WDQ的叔叔刚好看到，去说和，WDQ认为他叔叔是多管闲事，出手打了他叔叔，还打出血了。因为他违反院里的规定跟老人打架，我让他搬出幸福院，但

第四章　互助养老幸福院模式的产生与组织管理机制

是他不愿意走。我就说："你接着在幸福院住也行，但是下次再犯错误的话，你就自己回家，别等着被开除。"后来 WDQ 又发脾气了，他 94 岁的母亲当时也住在幸福院，有一天晚上解手不小心摔在地上不能动了，幸福院其他老人合力把他的老母亲抬到床上，WDQ 不但不感谢大家，还不停地骂人。如果他继续在这住，幸福院就不"幸福"了，不能因为他自己影响整个幸福院的老人。我就让他回家住了，之后他女儿多次来跟我说 WDQ 还想住幸福院。但是，幸福院里的和平共处秩序需要大家一起维护，不能由着个人的个性去破坏和平的生活，考虑到他的脾气很难改变，我们就没再接收。

鉴于幸福院《互助幸福院制度》的建立是为了老年人在幸福院中的幸福生活，一般而言，老人都会遵守其规定。但是，幸福院制度中规定的内容又不能把生活中各种可能引发安全问题的琐碎事件一一涵盖，因此，需要口头规定等较弱的约束形式来进行补充。村支书说："虽然入院协议上写了要遵守幸福院的制度、服从幸福院的管理，万一发生意外事故要老人自己负责，但是俗话说得好，'沾毛来四钱'，有些事情容易说不清，还是担心老人在院里出现意外事故后会有纠纷。我在幸福院里跟老人一起生活，一旦发生制度上没有明确规定的事情，我会及时给老人进行口头规定，防止再出现安全问题。有一次，有位老人在幸福院摔倒了，幸好摔得不严重，我知道后，便规定：腿脚不好的老人在院里有无障碍扶手的地方必须扶扶手；冬天门口挂的门帘很厚很重，不方便推助残手扶车的老人出行，看见老人要第一时间帮忙拉门帘，让行走不方便的老人先走。老人也都知道这些制度规定是为他们好。现在都不签入院三方协议了，就算有事故，村民们也不会来闹事。老人在院里免费住宿，生活条件还不比家里差，村民没理由来闹事。"

但是，幸福院内有序的公共秩序的形成和维护不能仅靠具有强制性的制度约束，老年人的自觉和习惯的养成才是公共秩序维持的内核，良好的生活习惯和卫生习惯的养成是其中的重要方面。幸福院成为典型后，到院考察、调研的外界主体不断增多，每次检查前动员大家打扫卫生成为惯例。但是，幸福院有些老人，特别是男性老人，以前在自己家的时候卫生习惯就不好，遇到考察、调研这种情况，打扫卫生比较费劲。于是，院长采取奖励的方式给卫生保持得好的老人发点生活用品作为奖励，带动其他老人，并且给老人讲道理："在自己家里，有客人来做客，还都会打扫一下卫生迎接一下呢；幸福院也是一个家，外面的人来考察、调研，也算是客人，也得像家里来客人一样，打扫打扫，干干净净的；咱不光是为了迎接'检查'，也是为了能有个整洁的家。"后来，老人逐渐养成保持卫生整洁的习惯。在生活习惯方面，幸福院老人一般都能做到"人走电视关，人走灯要灭；在电磁炉上坐水，人要在侧立等，水开关炉后离开"等，这些都在一定程度上促进了幸福院共同体内公共秩序的形成和维护。

三 家庭导向的柔性管理

入住幸福院后，老人在幸福院这一基于地缘关系的新"家庭"中的生活与在基于亲缘关系的自己家中的生活有一定差异。但是，幸福院建在村里，在与家庭保持联系上具有天然的优势，这也是互助养老幸福院模式较之于其他民办机构养老形式的一项优势。如何利用好这一优势使老年人在基于地缘关系的幸福院中享受具有亲缘性的"家庭"一样的生活，成为幸福院面临的难题。Q村幸福院在日常管理中，通过柔性的管理政策，在不使幸福院老人所享受到的福利水平降低的前提下，一方面重视家庭参与互助养老，另一方面重视幸福院中拟家庭氛围的创造，让老年人在幸福院中的生活离"家"但不离"家庭"。

Q村幸福院有允许子女留下陪老人住宿的先例，体现了幸福院在条件允许的情况下重视家庭参与互助养老。村里有些独居老人

第四章 互助养老幸福院模式的产生与组织管理机制

有在外地的子女,这些子女回家看望父母时通常会与老人一起住。但是这些独居老人搬进幸福院之后,原来的家就空置下来,特别是冬天,也不再生火取暖。有些子女从外地回来(特别是女儿)后表示想跟老人在幸福院"通腿儿"睡觉,一方面是因为老人原来住的家里长时间没人住,生火取暖、做饭等都不方便;另一方面是因为长时间不能回来看望老人,子女希望能够与老人多点时间相处,而且老人也愿意与子女多相处。幸福院跟旅馆不同,即使有多余的房间,也不能都给老人的子女住,毕竟幸福院主要面向老人提供住宿,要是子女的孩子也住在幸福院的空房里,就都乱套了。幸福院房间里只有两张床供两位老人使用,Q村幸福院允许老人子女在老人房间留宿,跟老人"通腿儿"睡,或者如果老人的室友刚巧不在幸福院,老人子女也可睡老人室友的床铺;老人身体不好时,老人的子女可在室友的空床上留宿照料。在幸福院这一公共环境中,老人子女的留宿不会减少其他老人对幸福院资源的占有和使用,不会使其他老人在幸福院享受到的福利降低,在资源配置上仍可以达到帕累托最优,还能促进子女对老人的情感慰藉和生活照料,一举多得,老人也觉得幸福。

此外,Q村幸福院在管理中也重视"家"和"家庭"氛围的营造。比如,幸福院建有厨房,原则上出于安全考虑不允许老人在住宿的房间开火做饭,但有的老人长期身体不好,不方便到外面厨房做饭,幸福院也会特别允许老人在房间里用电饭锅、电磁炉做饭,跟住在家里一样。Q村幸福院允许这种行动不便但是能基本自理的老人(半失能老人)在幸福院居住,享受类似家庭的日常生活,而不是将这种老人排斥在外。另外,村里年满50岁的单身独居人群如果有意愿,也可申请入住幸福院,基于对幸福院年龄结构以及幸福院互助原则的考虑,年满50岁的单身独居人群的入住可使幸福院在年龄结构上更像家庭,幸福院内的老人之间有亲缘关系的不在少数,有叔侄关系、母子关系。同时,年轻人群还能在互助方面帮助年龄大的老人,类似德国"多代居"的养老

161

农村互助养老：幸福院的案例与启示

形式。比如，SFH（男，51 岁，单身独居）白天打工挣钱，晚上就到幸福院的活动室看电视，经常待到幸福院关门才走，因为他觉得晚上一个人在家孤单。SFH 还没达到入住幸福院的年龄标准，村支书觉得他一个人在家孤单可怜，就问他愿不愿意住进幸福院，SFH 说愿意。住进幸福院之后，SFH 还主动提出负责幸福院的垃圾桶清倒工作（幸福院的垃圾需要拉到幸福院后的垃圾场倒掉）。

在中国人的传统中，节日是家庭团圆的日子，许多在外地的子女也只有在过节的时候才能回家看望老人，过节也是"家"和"家庭"意义的集中体现。幸福院运行之初，老人都要回家过年，在家住三五天，过完年再回幸福院住。后来有的老人觉得回家过年还需要打扫卫生、生火等，年纪大了也担心收拾家的时候发生意外，在家住也冷清，慢慢地有老人就留在幸福院过年。到现在，老人基本都留在幸福院过年，把幸福院当作"家"，家庭成员和亲戚也都到幸福院给老人拜年。在调研中发现，有些幸福院在过春节时是关门的，给老人"放假"回家过年，既然幸福院也是老人的"家"，放假的"家"对老人而言便不能称为真正意义上的"家"了。

笔者调研时已近年关，曾问一名刚住进幸福院几个月的老人是不是要留在幸福院过年，老人回答："我得回去，我不回去，孩子们怎么给我拜年？我还得回家祭拜呢，拜天拜地，烧香磕头保佑全家平安。"村支书听见后说："现在大多数老人都是跟子女分家了的，院里的老人也基本都是自己住在一个院子里，孩子们拜年不是也都到老人住的那个家里去吗？能到那个家，就不能走到幸福院这个家？住在哪里，哪里就是家，父母在哪里，哪里就是家。家里的老天爷跟幸福院的老天爷不是一个老天爷？在幸福院过年也一样能烧香磕头放鞭炮，一样能拜天拜地啊。"老人的儿子接话说："我也不愿意到幸福院去给俺娘拜年……过年要给老人磕头拜年，屋里有两个老人，磕头、拜年都不方便；家里过年亲戚都得看望老人，我娘还是得回家。"村支书回应说："孩子们都到老人跟前，该拜年的拜年，该磕头的磕头，一个屋住的老人还能占到啥便宜吗？再说了，住这里的老人都是长辈，给长辈拜个年也是应该的。亲戚能到家里去看老人，就走不到幸福院来看老人?!"后来，老人和儿子也觉得是这个道理，便决定在幸福院过年了。

如此，在幸福院中既能让老人维持原有的生活方式，又能增进老人的幸福感以及对幸福院这一"家"和"大家庭"的认同。

四 村委会、政府与幸福院的组织管理

幸福院成立初期的运营主要以村集体资产为依托，并且建立在所属村庄范围内。虽然 Q 村幸福院在后期运行中基本依托政府的资金支持，但是村委会作为村集体资产支配和使用的决策主体，与幸福院之间仍存在微妙的关系。由于 Q 村幸福院建立在村集体土地上，老幸福院的建立也以集体资产的支持为主，虽然搬迁后的幸福院多以政府资金维持运行，但从产权归属上看，幸福院属于村集体资产。在幸福院的日常运行管理上，村委会主要发挥监督和指导作用，虽然目前 Q 村幸福院的管理者 CQY 曾经是村里的支书，但村委会成员一般不直接参与幸福院的日常运行管理，而是由幸福院老人自主管理。随着政府对 Q 村"明星幸福院"的打造，当地政府在幸福院运行管理中的指导作用日益明显，从宏观上引导幸福院的发展。除去对幸福院运行资金的支持以及对幸福院养老设施改造方面的指导外，县政府对幸福院招收独居老人的人数也有隐性限制，并且基于"安全防范"与"免责"的考虑参与幸福院规章的制定，镇政府还从老龄办公室派驻院干部监督幸福院的运行。这些措施对幸福院的发展而言，有利有弊。

政府在资金和物资上给予幸福院扶持，就幸福院发展及老人的生活条件改善而言是有帮助的，但是在无形之中使幸福院由自发性的草根组织逐渐向政府扶持的社会组织方向转变，成为"明星幸福院"之后，幸福院的发展形式类似于政府向社会组织购买

农村互助养老：幸福院的案例与启示

服务；市政府和县政府都为幸福院提供资金、物资支持，资金一般由县民政部门拨付、管理和监督，幸福院的硬件设施改造等工程也由县政府通过招投标形式委托施工队进行，原本应由"草根型"幸福院的管理者或村集体负责的养老设施建设变为由政府及施工队负责，幸福院自下而上的话语权弱化，幸福院管理者或村集体在养老设施建设中的角色发生改变，从而使幸福院的设施改造变为自上而下的政府性行为。随着分税制改革后国家财税体制的变迁，幸福院的财务账目由县级民政局负责，乡镇层面在幸福院财税管理上不再扮演主要角色。因此，幸福院自下而上的社会性逐渐被削弱，而自上而下的政府性逐渐增强。在政府性增强的背景下，公共权力的介入使幸福院无法且无力应对可能由此产生的"寻租"现象。虽然地方政府的干预使幸福院自身决策权弱化，但村支书依然希望幸福院能够纳入国家养老保障的正式支持系统，也从侧面反映出幸福院作为自治性社会组织依靠村集体力量维持运行的艰难困境。

在接收幸福院老人的数量上，幸福院的本意是在能力范围之内，对村里的独居老人应保尽保，并且能力富余的话，还可接收其他类型的空巢老人，或者把幸福院二楼的房间低偿出租给村里有需求的老人。调研发现，村内有不少老人愿意在冬季低偿住进幸福院，租金的收入也可以用于幸福院的日常运行及院内老人生活条件的改善。Q村幸福院的二楼曾经在某年冬季低偿出租给村里的两对老人，一间房三个半月的租金共1000元，对于冬季住进来的老人而言，低偿住进幸福院是相对理想的选择。就经济效益而言，若在家过冬，1000元有时都不够家里取暖用煤的花费；就社会价值而言，老人与老人住在一起也有利于降低社会排斥的概率。此外，县民政部门基于"安全防范"与"事故免责"的考虑，督促幸福院制定《互助幸福院制度》，在幸福院内外老人的活动区域内安装摄像头，定时检查消防安全措施，并且建议取消"小菜园"并以"小花园"代之以防老人劳动时出现意外，地方政府对幸福

第四章　互助养老幸福院模式的产生与组织管理机制

院的这些干预在一定程度上有利于提高老人在幸福院中生活的安全性。

五　小结

就幸福院的组织而言，互助养老通过老人之间的自我管理和自我服务达成，根据老人自身的优缺点因才任能，实现老年人的自我管理。互助养老幸福院模式建立在熟人社会的基础之上是其与普通机构养老的重要区别，老人之间对各自的优缺点都有所了解，便于从老人中间推选、任命管理人员，并且负责管理幸福院的老人在基于熟人社会的幸福院中有更强的共同体意识，在管理幸福院时，能更为幸福院集体考虑。但是，就幸福院组织体系内的最高职位——院长而言，如何遴选仍值得探讨，后文有章节专门探讨幸福院负责人的重要性及其必备的品质。

就幸福院的管理机制而言，公共秩序的形成与维护是幸福院运行管理的基础，良好的公共秩序有利于老年人在幸福院共同体中"安全地"生活。以家庭为导向的柔性管理机制则是幸福院管理机制的升华部分，有利于老年人在幸福院共同体中"幸福地"生活。其中，强调公共秩序的形成与维护主要是因为老人来自个体化的家庭，组成幸福院这一大集体、大家庭之后的有序生活，主要依靠刚性的制度约束、口头制度等较弱的约束以及幸福院老人的习惯与自觉来达成，强调行为及思想的共性。强调以家庭为导向的柔性管理机制，是为了回应老年人在幸福院中生活的个性化需求，一方面通过家庭参与互助养老改善家庭成员对老人精神慰藉和生活照料资源的供给，另一方面通过塑造类家庭的生活环境，帮助老年人实现维持原有生活方式的愿望，并促进老年人真正融入幸福院这一大家庭中，使幸福院成为老年人真正的"家"。虽然幸福院有类"家庭"的柔性管理方法，但是在类机构养老的刚性管理下，老年人是否发自内心地自愿服从管理需要进一步研究。

就村委会、政府与幸福院的组织管理之间的关系而言，村委会代表村集体行使集体资产的支配权，在幸福院建设及运行初期对幸福院的发展发挥直接的领导作用。此后，当地政府开始以资金及物资形式支持幸福院发展，随着政府资金及物资支持的增加，政府欲将 Q 村幸福院打造为先进典型，幸福院的硬件设施有很大改善，社会效益也有很大的提高。与此同时，当地政府开始介入幸福院的运行管理，当地政府不干预幸福院的组织及管理人员配置事宜，幸福院的组织及管理人员配置具有自主性；但是，当地政府在幸福院的管理及日常运行方面的直接或间接干预在一定程度上弱化了幸福院作为民间互助性自治组织的自主性，幸福院在养老设施改造及建设、财务管理、物资采购、接收老人规模以及空置房屋的使用等领域失去自主性，自下而上的运行管理方式逐渐被自上而下的行政干预所挤压。因当地政府干预产生的"寻租"现象使草根自治型幸福院低成本、高效益的特征受到影响。第七章将在本章探讨的基础上，总结互助养老幸福院模式在推广及运行中可借鉴的组织管理经验。

第五章　互助养老幸福院模式的互助机制

第四章提到，互助养老幸福院模式在管理上采用的是家庭导向的柔性管理，在幸福院中鼓励家庭参与互助养老，营造类"家"和类"家庭"的生活方式和氛围，尽量在幸福院这个大家庭中延续与还原老人在原来家庭中养老的生活方式，弥补当前家庭养老在生活照料及精神慰藉等功能发挥上的式微，使幸福院这一生活共同体成为类似"大家庭"的存在，在养老上发挥类似家庭成员的互助功能，而不仅是在成员数量上实现"大"。老年人在幸福院中的互助是该模式的精髓所在，也是有效解决当前独居老人家庭养老困境的关键。但是，老年人在幸福院中的互助只是老年人日常生活的一部分，老人互助养老的整体效果与老人在幸福院中生活的各个方面都有密切关联，因此，只有通过还原幸福院生活的日常，才能发现互助养老的形式、老人在互助生活中存在的问题、互助养老的价值及维持幸福院良性运转的条件。下文将以老人如何在幸福院生活中满足养老需求的三个方面——经济供养需求、生活照料需求和精神慰藉需求为线索，在分析幸福院老年人的基本情况及互助养老的经济支持的基础上，呈现老人在幸福院中对生活照料、精神慰藉资源的获取，探讨老年人之间的互助、家庭参与、社区及外界主体等对养老需求满足的意义，以及对强化家庭养老功能的价值，并在此基础上总结互助养老幸福院模式的互助机制。

农村互助养老：幸福院的案例与启示

第一节　互助养老的经济支持

一　幸福院老人的基本特征

前文提及幸福院成立时有2男4女共6位老人入住，笔者调研期间，这6位老人中还有2位女性老人、1位男性老人仍然在幸福院居住。至2015年12月，幸福院共入住老人28人（18女，10男）。鉴于笔者调研时有两名老人在子女家居住，本书主要以当时在院居住的26名老人（16女，10男）为样本对老人的基本情况进行分析。

从表5-1可知，幸福院老年人的年龄多集中在70~79岁，占入住老人总数的53.85%，虽然幸福院的入院门槛中有年满60周岁的规定，但有一名52岁的男性入住，而且，50~59岁年龄段内仅有该男性一人。此外，幸福院老人入住还需要满足"能自理"的条件，在Q村幸福院老人中，仅在70~89岁有4名老人处于部分失能状态，其他老人都能完全自理。本书所指的部分失能状态是指吃饭、穿衣、上下床、上厕所、室内走动、洗澡6项指标中任何一项都能在借助工具或他人的简单帮助下完成，该幸福院的4位部分失能老人主要是由于意外摔到腿、风湿骨病、年老力衰、失聪等原因需要借助拐杖、助步车，或者在其他老人的帮助下完成日常活动。就老人的健康状况而言，调研发现，虽然多数老人能自理，但是多数老人患有一种或多种慢性疾病，其中高血压、风湿骨病、心脏病等居多，并且院内有一名尚能自理的癌症病人。仅有4名老人健康状况较好，无慢性疾病。

就职业构成而言，该幸福院中的老人入院前纯粹以务农为生的老人占65.38%，其次为兼业农民（23.08%），退休人员共有3人，分别是钢厂退休工人、村小退休教师和退休老支书。老人入院后的责任田处置方式主要有自耕、由子女/近亲属代耕或流转出

第五章　互助养老幸福院模式的互助机制

表 5-1　幸福院老人的基本特征

年龄段	人数-男	人数-女	人数-合计	自理-部分失能	自理-完全自理	职业-兼业农民	职业-农民	职业-退休人员	责任田-自耕	责任田-子女/近亲属代耕	责任田-流转出租	入院前居住-独居	入院前居住-与子女/叔伯同住	经济-较好	经济-一般	经济-较差	五保-男	五保-女	低保-男	低保-女	平均子女数	有在村子女的老人数	文盲-男	文盲-女	小学-男	小学-女	初中/中专-男	初中/中专-女
50~59岁	1	0	1	0	1	1	0	0	1	0	0	0	1	0	0	0	0	0	0	0	0.0	0	1	0	0	0	0	0
60~69岁	2	4	6	0	6	3	2	1	2	1	3	3	3	2	1	3	1	0	1	1	3.2	6	0	3	1	1	1	0
70~79岁	5	9	14	3	11	2	10	2	0	10	4	11	3	7	2	5	2	0	2	1	3.5	11	1	7	3	1	0	2
80~89岁	2	3	5	1	4	2	5	0	0	3	2	1	4	2	2	2	0	0	2	3	4.8	5	2	2	1	0	0	0
合计	10	16	26	4	22	6	17	3	3	14	9	16	10	11	6	9	3	0	5	5	2.9	22	4	12	5	2	1	2

租，由于养儿防老传统的存在，53.85%的老人选择将土地交由子女或近亲属代耕，其次是流转出租，幸福院仅有3名年龄在50~69岁、身体状况较好的老人自己耕种责任田。从老人的平均子女数上也可以看出，目前住在幸福院的老人多数是多子女家庭。虽然随着时代的发展，家庭的平均子女数呈减少的趋势，但除3名"五保"老人之外，其他老人都有3个左右的子女，而且除1名老人是双女户家庭、3名"五保"老人无子女外，其他22名老人都有子女在本村居住。就老人入院前的居住状况而言，61.54%的老人入院前独自一人在单独的院落居住，其余老人与子女同住，其中"五保"老人一般与叔侄同住。就老人的受教育程度而言，文盲占绝大多数，并且女性老人的文盲率高于男性老人；其次为小学水平和初中/中专水平，这一学历水平上的男性老年人数要多于女性。幸福院内共有3名男性"五保"老人（同时享受低保待遇），另有2名男性老人、5名女性老人享受低保待遇。就老人的整体经济状况而言，有约三分之一的老人经济条件较差，致贫原因主要是身患疾病、不能劳动之后子女的供养水平低，其中个别"五保"老人贫困是由于其"五保"救助金由其监护人领取并支配，平时的零花钱很少。

幸福院的集中居住模式在很大程度上降低了养老成本，使老人能够以较低的生活成本享受比在家养老质量更高的生活，对经济状况相对较差的老人而言，幸福院互助养老对其养老质量的提升效果更加明显。下文将在论述老人在幸福院互助养老的经济支持状况的基础上，比较分析互助养老幸福院模式与家庭养老、机构养老相比之下的成本效益优势。这些优势是幸福院得以持续运行发展的重要支撑。

二 互助养老的经济支持

老人在幸福院中互助养老的实现需要以经济上的支持为基础，就Q村幸福院内入住的老人而言，其经济支持主要来源于家庭成员、老年人个体、国家的社会福利保障以及社会公益慈善捐助。Q村幸福院在运行初期时，由村集体承担日常运行费用，搬迁后则主要靠政府的补贴维持日常运行，村集体或政府对幸福院在日常运行费用上的补助也间接降低了老人的养老费用。下文将从以上提及的方面，论述老人在幸福院实现互助养老的经济支持情况。

（一）家庭支持与个人自养

互助养老幸福院模式继承了家庭养老中由家庭提供经济支持的传统，家庭依然是入住幸福院老人经济支持的重要来源。入住幸福院老人的家庭成员主要通过三种形式提供经济支持：给老人零用钱/养老钱（包括医疗费用），地租或耕地收益，提供生活必需品。在Q村养儿防老的传统下，一般由儿子负责给老人提供零用钱/养老钱、食品/生活用品（煤炭等）等，由女儿负责衣物、部分食品等生活所需。随着农村子女数的减少，养老负担加重，也有女儿给老人养老钱或分担医疗费用的情况。

由于老年人自身家庭经济状况的差异性，不同家庭对老人的经济支持亦有所差异，前文在对老人责任田的处置情况的分析中提到，在养儿防老传统下，大部分老人选择依靠儿子养老，而且把自己的责任田平均分配给儿子们，由儿子们代耕并供给养老所需。在一定程度上，儿子们给老人的零用钱/养老钱是与土地耕种收益（"地钱"）相挂钩的，幸福院大部分老人的儿子们只给"地钱"当作老人的零用钱，也有部分只给零用钱，不给"地钱"。Q村老人所有的土地一般是夫妻二人的土地，约2.5亩，有些老人还有女儿出嫁前分得的土地，因此地多的老人约有5亩土地。有些子女多的老人把土地给儿子耕种后，每个儿子在过年时给老人250~300元作为老人一年的零用钱；大部分老人分给儿子耕地后，每个儿子每年要给老人300元或500元的"地钱"当作零用钱。幸福院中仅有一位老人将土地分给两个儿子后，要求每个儿子每年给1000元"地钱"。根据调研统计，除去3位"五保"老人和1位单身男性没有儿子外，幸福院老人生育儿子数量的众数为3（平均数为2.5），依此推算，老人最多可以从子女处得到"地钱"/零用钱2000元。前文提及有些老人将土地出租给苗木公司，地租为每亩1000元/年，按照老人占有耕地2.5亩计算，老人一年收益约2500元，要高于将土地平均分给儿子们的收益。但是，老人出于靠儿子养老的考虑，认为土地给自家人种"给的（地钱）差不多够花就行"，即使土地出租收益会高一些，有些老人也愿意把土地给孩子种。Q村幸福院中"五保"老人的土地一般由其监护人代耕，监护人一般不给老人"地钱"或其他土地收益，而由监护人负责供养老人。

Q村幸福院老人个人自养的形式主要是自己种地和就近打短工，但是由于年龄及身体条件的限制，幸福院老人主要依靠来自家庭、政府社会保障的收入，基本不会再通过打工等形式赚取额外收入。前文提及，幸福院中仅有3名相对年轻、身体健康的老人依然自己耕种土地，种植粮食作物，按照2.5亩地来算，老人种植粮食作物的净收益在2000元左右；另有2名男性打短工，但不是经常有活儿，每天能挣60元左右。

（二）社会保障及公益慈善

幸福院老人互助养老生活中的经济来源构成不仅包括来自家庭成员的支持，还包括国家社会保障制度中养老保障方面的现金性支持以及来自社会组织的捐助。其中，当地政府对幸福院的物资支持、按人头拨付的幸福院运行补贴，在一定程度上抵消了原本由老年人及其家庭成员所应承担的养老费用，无形中降低了老年人个体的养老费用。

前文介绍了Q村老年人所能享受到的养老保障待遇，幸福院25名年满60岁的老人都能获得每月75元的基础养老金，每年900元；5名80岁以上的老人还能额外享受每月30元的高龄津贴，每年360元；1名双女户老人每月还享受60元的计划生育补贴，每年720元。调研发现，在幸福院老人现有的收益水平及幸福院互助养老的环境下，老人对国家的社会保障制度满意度很高；国家

第五章 互助养老幸福院模式的互助机制

"新农保"发放给老人900元基础养老金,用老人的话说就是"又白得了两个儿子"。对于高龄老人而言,相当于"白得了三个儿子"。因此,对于非"五保"和低保制度覆盖群体的老年人而言,其通过家庭、土地及社会保障制度所得收入在2000~3500元。而对于幸福院的"五保"老人而言,在享受分散供养的4500元/年的社会救助待遇外,还享受1000元/年的"二类低保"待遇,每年有5500元的收入;幸福院中享受低保的老人基本都是"一类低保"的受益者,享受1200元/年的救助待遇,因而幸福院中10名低保老人的总收入为3200~4700元。可见,享受"五保"待遇的老人的实际经济状况要好于普通老人以及享受低保待遇的老人。

在公益慈善与社会捐助方面,从2012年开始,县直部门与幸福院开展对口支援,提供物资支持、节日慰问等,比如县财政局对口扶持为幸福院置办桌椅,九三学社、乐慈协会、中国民主促进会等社会团体以及个别慈善家也曾捐助助听器等老年用品、现金等,医院也会有义诊等活动。但是,相对而言,幸福院老人所能直接享受到的社会捐助资源是比较有限的。

三 小结:互助养老的成本效益

老人在家养老开支较大的项目主要有水电暖、生病住院医疗费用等,子女一般会承担此类花费。就老人在家养老的花费,幸福院老人 WHL(女性,69岁)算了一笔账:一个人在家住电费每月约35元,1年约420元;做饭用煤气,煤气费一年约500元;冬天取暖需买煤炭2~3吨,煤炭价格约1000元/吨,冬季取暖得花费2000~3000元;平时头疼脑热买膏药等每年100元左右;祭祀用的元宝(15元/袋)、纸钱(10元/打)、香火(老人一般买较细的香火,约3~5元/把)等用品,一年花费约200元;再加上一天三顿饭,老人吃得清淡,有些菜还是自己种的,每天生活成本大概在3元,一年花费也得1000元。加总之后,老人在家养老一年的花费约4700元。若子女承担取暖费,老人自身每年花费也在

2700元左右。在 Q 村的传统中，老人"完成任务"后"人情世故"方面的花销都由子女承担，老人不再随礼金等，因此在此不将人情世故花费计入其中。按普通老年人年收入 2000~3500 元计算，一年下来老人仅能维持收支平衡。若再有其他花费，老人可能会面临收不抵支的困境。

住进幸福院之后，水电暖的费用由村集体或政府拨款承担，实际上既是对子女养老负担中经济供养负担的减轻，又降低了老人维持生活的支出。Q 村幸福院的水电暖等日常运行费用由村集体负担，但是近年来县政府按人头给幸福院老人每人补贴 500 元/年，按入住 28 人计算，年获得县政府补贴 14000 元，基本可以维持日常运行。老人在幸福院主要需要承担自己的生活费用，排除水电暖花费之后，老人一年只需约 1300 元就可生活。但是，这种生活水平停留在满足老人基本养老需求的生存层次，尚不能达到享受性的生活水平。对于住在幸福院的老人而言，如果平时较少生病并且子女管大部分吃穿所需，老人基本用"新农保"的 900 元就可以生活一年。由此可见，互助养老相对于老人独自在家养老而言，具有明显的节约养老成本的优势。此外，第三章在关于农村民办养老机构收费标准的论述中提及，若老人全自理的话，选择民办养老院养老每人需至少支付 4800 元/年的费用，相比之下，互助养老的优势明显。

第二节 需求导向的生活照料与精神慰藉

基于前文的论述，互助养老幸福院模式自下而上产生的一个重要原因是家庭养老功能的弱化，特别是家庭在向老人供给生活照料和精神慰藉资源方面的功能弱化和缺位。在互助养老中，家庭在以上两项养老功能上的缺位主要是通过老人在幸福院共同体中的日常生活与互助照料、社区资源的利用、政府与社会等外界主体的参与来弥补的；可见，互助养老幸福院模式对家庭养老而

第五章 互助养老幸福院模式的互助机制

言起到的是"补位"作用,并非"替代"作用,这意味着以上方面养老资源的供给并不能替代家庭在老年人养老需求满足中的作用,家庭参与互助养老是老年人幸福院生活的重要方面。从这个意义上讲,幸福院这一互助养老共同体的形成不仅是对老年人"个体的整合",更是对养老资源和养老功能的"社会整合"。下文将通过呈现老人在幸福院中的日常生活及融入其中的互助行为,以及家庭、政府、社会对互助养老的参与还原其对老人生活照料及精神慰藉需求的满足。

一 老老互助:生活照料与精神慰藉并重

马斯洛的需求层次理论认为,人的需求可以分为生理需求、安全需求、情感和归属感需求、尊重需求与自我实现需求等层次,老年人在生活照料和精神慰藉方面的需求也包含以上不同的层次。在幸福院中,老人在日常生活中通过不同类型的互助活动以满足自己不同层次的养老需求。具体而言,对老人的生活照料是生理需求和安全需求满足的体现,主要通过在日常生活中对老人衣、食、住、用、行上的照料,以及在意外事件应对中使老人免于生命危险而实现,本书将此类互助活动归纳为生存与安全型互助。对老人的精神慰藉则是老人的情感和归属感需求的集中体现,主要通过社会交往、文化娱乐活动、民间信仰以及家庭情感维系等来满足,此类互助活动可以归纳为精神充盈与归属型互助。老人的尊重与自我实现需求可以看作精神慰藉需求的更高层次,主要通过老人在生活中的自尊及赢得他人的尊重和认可、称职地做事并认识到自己存在的价值来实现,可以将此类互助活动归纳为尊重与自我实现型互助。下文将在对幸福院老人日常生活的描述的基础上,论述日常生活中不同类型的互助活动在满足老人不同层次养老需求上的作用机制。

(一)幸福院老人的日常生活

鉴于幸福院老人由自理老人和半失能老人构成,日常生活中有些活动老年人个体通过自身条件就可以完成,但是有些活动则需要通过老人之间的互助来实现。基于幸福院老人之间的互助活动融入日常生活之中这一特点,只有在还原老人日常生活的基础上,才能更好地区分哪些活动是需要老年人互助的活动,哪些活动是老年人可独立完成的;区分之后,才能观察老人之间是如何通过互助活动来满足其养老需求的。笔者根据调研期间对Q村幸福院老人的日常生活观察,整理出表5-2,对幸福院老人一天生活中的主要事件进行描述。

表5-2 Q村幸福院老人的日常生活

	时间表	内容
常规生活	5:00	分管厨房的副院长开厨房门,并给早餐吃米饭的老人用大锅蒸饭;分管锅炉的副院长烧锅炉
	6:00~7:00	分管开关大门的副院长开大门;老人陆续起床去厨房吃蒸好的米饭,不吃蒸米饭的老人自动分批做饭,早餐一般是蒸米饭、煮面条、炒白菜
	7:00~8:00	吃完早饭,值日打扫卫生的老人(2~3人一组)分工合作,打扫厨房(扫地、擦灶台、洗锅等)、厕所(扫地、冲水等);打扫完后关厨房门
	8:00~11:00	活动室开门(院长、副院长都有钥匙),有些老人到活动室看电视或者打麻将;有些老人骑三轮车或走路回村里的家或者到孩子家串门拿生活用品、到亲戚家串门;在门口长椅上晒太阳或者在走廊来回走路、用院里的活动器材活动身体;女性老人常在房间里打牌、到别人房间串门、叠元宝等祭拜用品;夏季扭秧歌、敲大鼓等;合伙包水饺、蒸馒头等
	11:00~12:30	开厨房门,合伙蒸煮主食或自动分批做午饭,午餐一般是馒头、包子、炒菜;饭后关厨房门
	12:30~16:30	午休;其他活动与8:00~11:00的活动类似
	16:30~19:30	开厨房门,合伙蒸煮主食或自动分批做饭;分管厨房的副院长检查厨房,简单打扫后关门;分管锅炉的副院长烧锅炉
	19:30~22:00	有些老人到活动室看电视或者打麻将,看新闻、戏曲、电影;在村里串门;在房间里打牌、到别人房间串门、叠元宝等祭拜用品

第五章 互助养老幸福院模式的互助机制

续表

	时间表	内容
常规生活	20:30 左右	厨房开门,需要第二天早上蒸饭的老人把饭装在饭盒里放到厨房;分管厨房的副院长将饭盒统一放进蒸屉,待第二天早上蒸
	22:00 后	活动室关门,分管开关大门的副院长关门,各自准备休息
非常规生活	每月初一、十五到村里庙宇烧香磕头;逢年节到附近赶庙会		
	打扫卫生迎接外界主体的考察、调研;重阳节排练节目;参加电视台节目录制、新闻采访等		

资料来源:笔者根据调研观察整理所得。

从表5-2整理的幸福院老人的日常生活来看,老人的日常生活内容在大致延续在家时的生活内容的基础上,集体性、互助性、社交性的活动增多。老年人在家时的活动内容主要包括日常做饭、打扫卫生、打牌、串门、看电视、准备祭品到庙宇祭拜等,增加的活动主要有扭秧歌、利用适老健身器材活动身体等,这些活动在一定程度上因集中居住这一形式而被嵌入集体性、互助性和社交性。由此,老人在幸福院中的衣、食、住、用、行等日常生活事项也都在一定程度上存在互助的行为,比如洗衣、做饭、打扫居住环境卫生、使用手机等电子设备进行社会交往、出行购物等方面都存在日常性互助。此外,互助养老的初衷之一便是防止发生独居老人意外孤独死亡的悲剧,因此在日常生活中老人发生意外事件时的互助也是老人间互助的重要方面。以上老人在衣、食、住、用、行方面的互助及发生意外事件时的互助两类活动可以归类为前文定义的满足老人生活照料需求的生存与安全型互助。老人在幸福院中的集体性文体娱乐活动,比如看电视、打麻将、扭秧歌等在一定程度上可以起到慰藉老人精神上的空虚孤寂的作用,结伴互助准备祭品到庙宇祭拜的过程也使老人的精神得到寄托,这两类可以归类为前文定义的精神充盈与归属型互助。此外,从表5-2可以看出,幸福院分管不同事务的副院长在幸福院中的日常管理活动为老人获得尊重、实现自身价值提供了平台,这种基于理解、认同、支持与互助的管理活动可以归为尊重与自我实现型互助。下文将分别论述以上三项不同类型的互助活动对满足老年人不同层次养老需求的意义。

(二) 生存与安全型互助：衣、食、住、用、行与意外事件

在起居照料方面，互助幸福院在房间安排上的设置是双人间，老人可自由搭伴儿，鼓励年龄大的老人与年龄稍小的老人搭伴儿，身体健康状况良好的老人与身体条件相对较差的老人搭伴儿同住，方便相互间的照料与帮助；大部分自由搭伴儿的老人相互间都比较熟悉，也有很少一部分老人在家居住时由于住处距离远而不太熟悉彼此，到幸福院后也很快熟悉起来；有些老人相互之间是亲属关系，有亲缘基础的老人之间更容易相处，这与民办养老院陌生人环境中人与人之间的相处有很大区别。两位老人在一个房间居住，与老人在家独居时相比，老人在日间及夜间都能相互照应，特别是在生活起居上的互助以及发生意外时的求救与帮助。在生活起居上，老人之间的互助多体现在生活琐碎事情上，但老人的晚年正是在这样的生活点滴中度过，比如：有的男性老人不善于缝补衣物，幸福院中的女性老人或男性老人的室友通常会帮助修补。冬天老人穿的棉衣都比较厚实，老人在家独居时，常因穿脱棉衣困难而和衣而睡，但厚棉衣会压迫和束缚肌肉并影响血液循环，不利于舒缓疲劳，还易引起感冒，长此以往对老人的身体健康不利。入住幸福院后，室友之间相互帮助穿脱棉衣，有利于老人提高睡眠质量及降低生病的风险。老人自己在家时通常"小病拖、大病扛"，到幸福院之后，遇头疼脑热等情况，室友或其他老人都会主动关心并催促老人看病买药，并时常提醒老人按时吃药。GJJ 老人与 GHP（男，62 岁）是叔侄关系，建立在亲缘基础上的室友关系使老人之间的照料与陪伴更加细致，用 GJJ 老人的话说："我们两个住在一个房间，他照顾我照顾得好啊，比亲儿子还好，亲儿子也不能天天在面前这样照顾我啊。"

在饮食及购物方面，老人之间的互助主要体现在厨房用具的

第五章 互助养老幸福院模式的互助机制

使用、烧水做饭（特别是帮助半失能老人）、搭伴儿蒸馒头，以及为出行不便的老人代买食物及生活用品等方面。由于多数老人独居时的条件相对比较简陋，主要用柴火灶、煤球炉和煤气炉烧水做饭，幸福院搬迁之后，出于安全及节约成本的考虑，以电磁炉代之。针对许多老人都不熟悉电磁炉、抽油烟机等现代小家电的使用方法，老书记及其妻子教会几位老人之后，做饭时老人之间相互帮衬，相互教使用方法。为方便行动不便的半失能老人烧水，幸福院在房屋走廊里放了电磁炉和烧水壶。走廊里经常有人走动，水快开时都相互提醒，身体好的老人也主动帮半失能老人提水。幸福院里推助步车的半失能老人做饭不便，做饭时厨房里的老人会帮助该老人拿锅铲、做饭，用老人的话说："一人帮一把，就能吃上饭了，能吃上饭，人就能活着；自己在家住的话，没人帮忙，吃饭都困难。"有些老人体力不济，揉面做馒头等力不从心，老人之间都会相互帮助，搭伴儿边聊天边做主食，在解决吃饭问题的同时彼此也可以互相陪伴。虽然Q村内有两个小卖部、一个劳保用品店，但是村里没有大集，只有一个小卖部平时卖肉、菜，而且种类少、价格贵。老人若想吃村里或家里没有的肉、菜，基本需要到县城的批发市场买，价格也相对便宜。幸福院老人出门购物不便，院里有人进城前都会询问老人有没有需要代买的东西。与独居相比，除了依靠子女购买生活必需品之外，幸福院老人的互助使老人在购物上又多了一个途径。

在幸福院中，不论是老人的卧室还是公共活动区域，都属于公共空间，居住环境卫生需要大家共同维持。鉴于有些老年人只熟悉农历的计时方式，幸福院在安排老人值日打扫公共空间卫生时将老人分为四组，分别在农历逢一、四、七，逢二、五、八，逢三、六、九，逢十时打扫卫生，每组3~4人。老人在分工时都相互照顾，年纪大、行动不便的活轻一些，半失能老人可以不参加卫生清扫，宿舍中的卫生也是相互帮助打扫。院里有一个带滚轮、约1米的公共垃圾桶，垃圾场在幸福院后的空地，年纪大的老人拉不动，由年纪较轻的男性负责倒垃圾桶。在老人个人卫生的维持方面，在男女厕所的洗漱间都有洗衣机，有一部分老人在家独居时用盆手洗衣物、打水倒水都比较费力，有一定的危险性，进幸福院后，会使用洗衣机的老人教不会用洗衣机的老人用洗衣机清洗衣物，降低了生活意外发生的概率。

上述衣、食、住、用、行等方面日常生活上的互助主要是满足老人的基本生存所需，老人之间的互助还体现在发生意外事件后的帮扶上。自幸福院成立以来，平均每年都会发生两三起老人意外摔倒、晕倒、崴脚被室友或其他老人救起的事件。村支书列举了较有代表性的案例。

案例 5-1：有一次，有个老人上厕所不小心摔倒仰在地上，使不上劲儿，起不来，其他老人听见了叫喊声，院里四五个人合伙把她抬回屋里，叫来医生后发现老人发高烧，浑身乏力。如果老人独自一个人在家，外面很难听到老人的呼救。还有一位老人跟室友就伴儿去小卖部买菜，不小心崴着脚了，室友把她扶了去看医生。另一位老人在院里活动时忽然晕倒了，院里的老人发现后及时打电话将其送去县医院，诊断为脑出血，幸好发现得早，医生说再晚一点的话就危及生命了。院里有几位老人都有心脏病，来幸福院住的原因里就有对自己在家发生意外没人可求救的担忧。

为应对老人生活中的意外事件，幸福院在老人的房间里安装了呼叫器。遇紧急事情，老人按呼叫器后，院长办公室内的智能传呼系统上便会显示床位号，呼叫器声音很大，幸福院内都能听见。听见后大家都会去老人房间查看情况，院长或其他院里会使用手机的人也会帮忙叫医生或家属。幸福院门口内侧有公用电话，墙上贴有入院老人家属的联系方式及医生、消防部门的电话，遇到紧急事件时，老人也可用公用电话与外界联系。

第五章 互助养老幸福院模式的互助机制

(三) 精神充盈与归属型互助: 娱乐与民间信仰

老人独居时精神孤寂的现象时常发生, 入住幸福院后集体生活中的娱乐活动比在家时丰富, 而且老人的兴趣爱好大致相同, 大多数与子女共同居住的老人会因自己与子代、孙代的兴趣爱好的不同而使自己的兴趣爱好得不到满足, 比如老人喜欢看戏剧类节目, 小孩儿喜欢看动画片等, 精神文化生活难以丰富。到幸福院之后, 老人会在活动室看戏剧频道, 并且在听戏过程中相互帮助, 有的老人听不清声音, 只能看画面, 边上坐的老人就会大声跟有听力障碍的老人简单描述故事情节, 认字的老人则会告诉不认字的老人电视上唱的是哪一出戏, 使老人的兴趣爱好得到满足的同时, 文化娱乐生活质量也得以提升。会打麻将、打纸牌的老人也经常聚到一起, 边打牌边聊天, 还会在打牌的同时教院里不会打牌的老人, 在消磨时间的同时, 也让老人多学会了一种融入老年群体的方式。幸福院有秧歌大鼓, 老人以前都不会扭秧歌, 入院以后大家互帮互助逐渐学会了扭秧歌, 并且还上了中央电视台的新闻, 每每提起扭秧歌, 都能看到老人笑容里的满足和自豪。对老人而言, 无法融入幸福院生活中, 即使生活在集体中, 也会感觉孤独。这些娱乐活动不仅包含了老人间的互帮互助, 还是老人充盈精神文化生活、融入集体的途径。

从 1994 年开始, Q 村重新兴起庙会, 每年农历二月十九日赶庙会, 烧香磕头的氛围更加浓厚。新建奶奶庙时, 幸福院不少老人还参与了集资捐款, 金额为 300 元、200 元、100 元、20 元不等, 也有极少数老人捐 1000 元, 得以在功德碑上留名。逢初一、十五, 老人会去祭拜。对幸福院老人而言, 村里的庙宇还有社会交往功能。由于幸福院坐落在村东, 如果老人不主动出来走动, 就跟村里其他离得远的老人很少有机会见面。每到初一、十五, 各个庙宇旁边便是老人们见面聊天的场所; 幸福院内的老人与村里散居的老人三两成群地站着或坐在一起聊家常, 相互送吃的 (多是用来祭祀的点心面包、水果之类)。这在一定程度上起到了满足老人社会交往需求的作用。

(四) 尊重与自我实现型互助：自我管理与互助服务

如前文所述，老人的尊重及自我实现需求可以看作精神慰藉需求满足后更高层次的需求，幸福院老人在这一层次上的需求主要通过在幸福院日常运行中的自我管理和互助服务来满足。自我管理主要体现在老人作为幸福院的管理人员在与其他老人之间的互动与互助过程中获得他人的认可与尊重，履行自己在管理岗位上的职责，最大限度地实现自己的价值。幸福院其他老人的尊重及自我实现需求则表现在相互帮助的过程中获得"被需要感"，从而感觉到自己在"完成任务"之后还有奔头儿，活着还有意义，并不是一无所用的累赘。在老有所为条件相对匮乏的农村，老人在"完成任务"之后，这种尊重及自我实现需求通常潜在于内心，如果没有适当平台和条件，老人很少产生类似"老有所为"等积极老龄化的想法，从而使老人的精神层面的追求停留在参加文娱体育活动及来自家庭成员等主体的精神慰藉层面，若这两项需求不能满足则容易产生孤独寂寞感。可见，对尊重及自我实现需求的激发有利于老人追求其存在的价值，更积极主动地面对生活。在这一点上，幸福院的自我管理和互助服务机制起到了重要作用。

前文在幸福院的组织管理机制中提到幸福院设有院长、副院长及卫生组长的职务，三位副院长分管厨房（ZXF 老人）、矛盾调解和开关大门（ZGS 老人），以及电力维护、锅炉维护和分担院长行政性事务（YXT 老人），这些管理活动融入老人的生活日常中，使老人每天都能意识到自身的价值，下面是幸福院 ZXF 副院长的案例。

案例 5-2：ZXF 老人是第一批入住幸福院的老人之一，入院之后在其他老人的支持下，被任命为分管厨房的副院长。搬到新幸福院后，由于幸福院里入住老人的数量不断增多，院长觉得 ZXF 副院长每天早起给其他老人蒸米饭很辛苦，就

第五章　互助养老幸福院模式的互助机制

跟她说让 ZWS 老人替她管理一段时间，让她休息些日子。虽然 ZXF 同意让 ZWS 老人替换她，但是，有一天 ZXF 的儿子找到院长说："俺娘自从不管幸福院之后，就不太爱说话，说是腿疼，都不太出房门了，咋办？之前一直管着厨房的时候还挺好，现在不让她管了，一下子就蔫儿了。不然，再让俺娘管事儿吧？"院长后来又让 ZXF 老人"官复原职"，第二天一早，ZXF 老人又精神满满地"上班"了，腿也不疼了，马上就跟换了一个人似的，高兴得很。院长说"以前大家都喊 ZXF 老人 Z 奶奶、老婆儿，后来大家都喊她 Z 院长，她一听见喊她 Z 院长就开心地答应，喊她老婆儿还不愿意呢。"ZXF 老人说："不让俺管事儿，俺就觉得哪里没做好，告诉俺俺就改正，只要还让俺管着这事儿就行。俺愿意干这事儿，只要大家伙儿不说俺做得不好，俺就一直做下去。虽然要早起，但是俺都不觉累，心里干着有劲儿，一想到大家起床还等着吃饭呢，俺就能按点儿起来。"

可见，幸福院的管理工作以及其他老人对其工作的认可对老年人的精神面貌、积极主动的生活态度的影响，以及对老人精神慰藉需求满足的重要意义。此外，由于幸福院与村委会建在一个院子中，在一定意义上，村委会也是幸福院老人老有所为的一个平台；当村委会举办活动或开会时，幸福院里的老人经常会主动帮忙，比如笔者调研期间，村委会正收取"新农合"保费，照相馆有人来村里为老人拍摄 2 寸照片，YXT 老人识字，就来村委会帮忙登记照相村民的名字和付费信息，ZXF 老人也帮村委会收保险费的人烧水，已经退休的村支书也在村委会帮会计点钞验钞，老人在这些"帮忙儿"性质的工作中获得的"被需要感"也是其精神需求满足的一个方面。类似的道理，幸福院中的其他老人也能在日常的相互帮助中意识到自己的存在对他人的价值，幸福院老人互助服务的运行方式为老人意识到自身价值提供了平台。

二 家庭参与：重物质供养品质与精神慰藉

老人入住幸福院之后，生活照料需求的满足主要通过自我照顾以及来自幸福院老人的相互照料；原本应由子代给予老人的生活照料，部分地、暂时性地由幸福院老人承担。因此，在老人生命历程中的互助养老阶段，子代对老人的互助养老参与主要体现在对在日常生活中老人精神慰藉需求的满足、偶尔的日常生活照料以及老人生病时的生活照料上，老人的子女也因此有更多的时间和精力经营自己的生活。在老人精神慰藉需求的满足上，前文也提到，对老人的精神慰藉是满足老人的情感和归属感需求的集中体现。其中，老人与家庭成员的情感维系及家庭给予老人的情感归属是其中一个方面，可见家庭成员在满足老年人精神需求上的重要性与必要性，而且家庭成员在老人养老需求满足中的重要性不以养老方式为转移。不论老人选择住在家中依靠家庭养老，还是在幸福院中互助养老，抑或在民办养老机构中选择机构养老，家庭成员的参与都很重要。本书在该部分将通过家庭参与互助养老的具体案例论述幸福院互助养老对于缓和老人家庭关系的作用，呈现互助养老对家庭参与的影响及家庭参与对互助养老的重要意义。

（一）家庭关系的改善

老人入住幸福院之后，子女对老人的精神慰藉主要通过到幸福院看望老人、请老人到自己家中"改善生活"以及外地子女与老人的电话联系来实现。相对于机构养老而言，幸福院互助养老这一没有"围墙"的在地养老形式更方便在村里居住的子女看望老人，也方便老人自己去子女家"串"。一般而言，若老人与子女之间没有大的矛盾，在本村的子女就时常会到幸福院看望老人，给老人送来米、面、蔬菜等生活必需品；若老人与子女之间有矛盾，通常会影响子女来看望老人的次数。老人住进幸福院这一公共空间之后，子女对老人的养老需求满足，特别是在看望、照料

第五章 互助养老幸福院模式的互助机制

老人以及为老人提供生活必需品上,其过程和次数都较容易暴露在公共视野范围内,若子女看望老人次数少、在照料老人上做得不好或者不给老人生活必需品等,幸福院院长或其他老人都会开玩笑似的给子女们"提醒"和暗示。在公共舆论的影响下,子女在幸福院这一公共场域中,基于在熟人社会中生活的"面子"以及对幸福院内老人子女孝顺程度的比较而会自觉改善自身的行为以使老人的需求得到更好的满足。下面是在幸福院互助养老环境中子女与老人间家庭关系得到缓和、看望老人次数增多的案例。

案例 5 - 3:ZWS 老人,女,现年 90 岁,该老人嫁到 Q 村成为"后妈",当时继子 8 岁。继子和儿媳妇从来没有喊过老人"娘"。幸福院成立时,老人自己主动找村支书说自己的继子和儿媳在家不理她,不跟她说话,更没叫过"娘",在家里住着不开心,因此想住进幸福院。老人住进幸福院之后,没有菜了都是自己走回家拿,她的继子从来没到幸福院给她送过东西。院长注意到之后,就找到老人的继子说:"你给你娘到幸福院送点吃的吧,老人年纪大了,90 岁了,自己回家拿吃的不方便,万一路上出什么事咋办?"老人的继子答应了。过了两天,老人的继子带着孙子就到幸福院来了,当时一群老人正坐在门口晒太阳,大家都说:"来看你娘了啊!"碍于情面,继子在老人们面前也开始叫"娘"了:"娘,俺给你送菜来了。"ZWS 老人高兴坏了,找到院长说:"哎呀,你可是帮了我大忙儿了,俺孩子这是第一次喊我娘啊!"此后,老人的继子时常来幸福院给老人送粮送菜。

在自己的家这一具有私密性的生活空间中,老人与子女之间的关系难以被外人察觉,老人的继子在家中从来不喊娘,到幸福院这一公共场域中碍于情面,开始跟老人说话、开始喊娘,毕竟继子也有自己的孩子,也要给孩子做好榜样。此外,老人住进幸福院之后,婆媳间的关系也得到了改善。老人入住幸福院之前,跟子女住一个院子的老人与儿媳之间多少都有点矛盾;入住幸福院之后,矛盾变少了。谁家儿媳不来幸福院看望老人,院里的老人时常谈论,有时候院里的老人在路上遇见其他老人的儿子和儿媳还会问:"这几天咋啦,没见你去看你娘啊?!"儿媳们也怕村里人背后说她们不孝顺,就经常来幸福院看望老人。有了这个平台之后,子女反倒比平时更孝顺了。家庭关系的改善往往需要一个台阶、平台或者一个时机,幸福院这一公共场域就是这样一个台阶、平台,熟人社会中的社会舆论充当其中的催化剂,当事人对面子的顾及充当助推器,使老人与子女之间的关系得到缓和。FX 县人民法院提供的数据显示,自幸福院在 FX 县推广以来,从 2010 年到 2012 年 5 月底,该法院审理、执行的赡养案件仅有 11 起,比前三年减少 71.4%,并且赡养案件实现了连续三年大幅度减少。

(二) 物质供养品质与精神需求满足

前文对 Q 村生计方式的描述中提到该村年轻人在农闲时候基本都会去外地打工赚钱补贴家用,其间通常不能保证经常看望老人,加之老年人对手机等现代通信工具在使用上的局限,若子女不主动以电话方式联系老人,老人平时难以借助工具联系到子女,外地子女若长时间不来看望老人,老人也时常会因此精神孤寂并为子女在外境况担忧。前文提到有老人的儿子在外面跑车,有时候很长时间不能看望老人,老人并非觉得孩子不孝顺,而是不放心孩子在外奔波,担心孩子出事。在对 ZGS 老人的访谈中,老人说:"俺不会用手机,也没有手机,俺儿子和儿媳妇都有手机。俺儿子农闲时候都去内蒙古打工,很远,几个月才能回来。平时都是他们两口子通电话,儿媳也不跟俺说儿子的情况,俺也不方便打听。孩子到那么远的地方,当老人的都会在心里想孩子,但是想有什么用呢!孩子也不能整天在身边看着我们,谁没自己的事

第五章 互助养老幸福院模式的互助机制

业呢！还好幸福院人多，我们老人之间能相互照应。"从老人的话语中可以听出老人对孩子的关心、对儿媳能跟孩子打电话的"嫉妒"以及老人对通过手机跟孩子交流的渴望。

就此，笔者在调研期间曾观察老人对手机的使用情况，幸福院中有三分之一的老人有手机，子女（一般是女儿）给老人买了手机之后也会教老人使用，老人有时候当时学会了，但是过几天就忘了；这些老人基本都能接电话，但是有好几位老人都不会拨号打电话，而且对手机其他功能的使用都不熟悉，有的老人手机没电了，也不知道怎样充电。此外，有的老人虽然有手机，但是孩子们也只是在有事情的时候才给老人打电话，没事的时候一般也不会跟老人聊天、进行问候。在幸福院中经常会看到有老人拿着手机请教其他人怎么拨打电话的场景，老人之间的互助在一定程度上促成了老人与子女的主动沟通，改变了多数老人被动等待子女来看望、由子女联系老人的状态，使老人在养老资源获取上具有主动性。此外，幸福院老人对手机的使用也对其他老人使用手机起到了带动作用，有的老人也表达了想通过手机与子女及其他亲人通话的意愿："我的孩子们都有手机，我还没有买手机，也打算买个手机用。我还有四个亲姐姐，前几年还经常走动，现在都年纪大了，都不太走动了，很难见到面，要是能打电话就好了。"除对电话使用的带动之外，在助老用品的使用上，如果老人觉得助老用品好用，也会带动其他老人的子女给老人买同样好用或者更好用的助老用品，既使老人感受到子女的孝顺，也有利于老人生活品质的提高。比如，以前老人腿脚不灵便多用双拐或单拐，但是若意外倒在地上，老人便难以起身行走。后来幸福院有老人用助步推车，其他腿脚不灵便老人的子女也跟着给老人买助步推车；若是老人分散在家养老，子女也不容易想起来给老人买助步推车。另外，老人腿脚不方便，有时即使有钱也很难自己到卖助老用品的商店去。

可见，幸福院的公共空间内老人之间在电子通信设备使用上的互助、在先进助老设备使用上的带动可以在一定程度上增进老人与子女的交流,增强子女在供给老人优质养老资源上的主动性,有助于老人精神需求的满足与养老品质的改善。

三 政府与社会参与:自豪感与社会责任感的塑造

穆光宗(2004)曾提出:"对老人的精神赡养问题不仅是家庭范围内的事情,与整个社会都有密切联系,特别是在老龄问题社会化的今天,如果老人只是在家里得到了尊敬,而在社会上得不到关怀,就不能算是精神赡养问题的圆满解决;老人在社会层面的精神赡养质量,也是社会代际关系和谐程度、年轻一代道德水准的一种反映;为社会对老人的精神赡养开辟途径是对现代社会老年人日益高涨的精神需求的关注和满足。"可见,家庭之外的力量在参与老年人精神需求满足上具有重要意义。各级政府在幸福院建立及运行上的扶持与参与在一定意义上可以算作是为社会参与老年人的精神赡养开辟途径、打造平台,而这一平台建好之后,政府及社会力量到幸福院的参观、调研、采访等活动在使老年人的社会交往范围逐渐扩大的同时,还在一定程度上起到了对老人的精神慰藉作用,有利于满足老年人在社会层面获得尊重的精神需求。

幸福院成立之前,Q 村老年人的社会交往范围主要局限在基于亲缘和地缘关系的社交圈内;幸福院成立后,老年人得以接触到各级政府官员、社会各界人士,并在与其交往中真实地感受到政府和社会对老年人的重视和尊重。在幸福院活动室的墙上挂有幸福院老人与各级政府领导、社会人士的合影,笔者调研时,进入活动室后,老人首先介绍的便是墙上挂着的与"外界人士"的合影以及合影中的故事,之后才是活动室的活动项目介绍。ZGS 老人还指着墙上的照片说:"每次外面有人来幸福院,俺都在本子上记下来,没事儿就拿出来看看,真是做梦也没想到,这些领导们还能看得上俺们这些啥也不懂的老人!国家和社会都没抛弃俺们

第五章 互助养老幸福院模式的互助机制

这些啥也不能干了的老人。"自幸福院成立后，省部级以上领导、市县等地方政府及附属机构领导、社会公益机构等都曾来视察、观摩及调研。笔者调研发现，老人并不把院外人士到幸福院的这类活动当作对自己日常生活的打扰，而是当作其日常生活中的不定时事件，将他们当作客人；虽然老人们有时都搞不清楚这些领导来自哪里，但是都觉得这些客人是来看望幸福院老人的，老人不仅能够见到领导们，还能跟领导握手、说话。外界人士对老人的尊重以及社会交往范围的扩大使原本不善言谈的老人产生了主动与外界交流的意愿，从而打破了原来有领导视察时"领导问什么就答什么，多余的话不说"的状态。此外，据县民政局介绍，先后有20个省（自治区）、170多个县（市）组织有关单位和人员共7000多人专程到幸福院观摩学习，另有高校学者、学生等也到幸福院开展调研活动。在省外人员到访幸福院的过程中，老人也会向他们打听省外老人的生活、养老情况，听到省外人员对所属地区农村养老情况的介绍之后，老人都表现出对幸福院生活的珍惜。可见，老人对得到外界人士重视与尊重的满足感与自豪感，以及对外面世界的好奇和对社会融入的渴望。

在外界对幸福院互助养老的参与中，新闻媒体到幸福院的采访对老人而言具有比较特殊的意义，老人时常挂在嘴边的一件事是："俺们都上电视了，上了中央电视台，全国人民都能看见的。"据县民政局截至2014年下半年的不完全统计，新闻媒体到幸福院现场采访情况如下：新华社、中央电视台共采访12次，《人民日报》采访2次，国外媒体采访3次；媒体报道情况如下：新华社报道2次，中央电视台《新闻联播》栏目报道2次，中央电视台《焦点访谈》栏目报道1次，央视其他频道报道12次，《人民日报》报道3次，《农民日报》报道2次，《参考消息》报道1次，《中国社会报》报道5次。新闻媒体的采访及节目录制活动丰富了老人的日常生活，增强了老人对幸福院共同体的归属感和荣誉感，对老人而言，这些新闻媒体的宣传报道也使其认识到了自己对幸福院的价值以及幸福院对全国农村地区其他面临养老困境老人的价值。在调研中，ZXF老人眉飞色舞地描述了中央电视台来录节目的经历，以及院长带领几位老人一起到石家庄参加本地电视台养老栏目录制的经历。当问及老人"还想不想再上电视"时，老人回答："还想上电视啊，上了电视，全国人民都能看到俺们幸福院里的生活。俺们觉得幸福院好，想着那些没有幸福院的地方也能建幸福院，要不然那些地方的人都不知道还可以在幸福院里养老；俺们这附近也有的村子没有幸福院，那些村子的老人就没有俺们幸福。"可见，老人在"上新闻"的过程中意识到了自己存在的价值以及幸福院存在的价值。

可见，外界对幸福院互助养老的参与，不仅能使老人感受到来自外界的重视与尊重，还能在一定程度上激发老人的求知心与好奇心，促进老年人的社会融入。在与外界的接触中，老年人基于对全国农村地区处于类似养老境遇的老年人的身份认同，在养老问题上的情感共鸣以及对老人养老处境的同情，从而意识到幸福院的价值以及自己在"通过新闻媒体将幸福院模式、老人的幸福院生活传递出去"这一使命中的价值，产生希望让更多的人享受到晚年幸福生活的社会责任感。这也在一定程度上有利于老年人尊重与自我实现需求的满足。

四 被压抑的需求："晚年再婚"

前文论述的各主体在参与幸福院互助养老活动的过程中基本可以满足老人的精神需求，但是在老人精神需求中，还有一项是情感归属需求，不仅包括老人对亲情、友情等的需求，还包括对爱情的需求。由于幸福院中的老人绝大多数是单身、丧偶的老人，没有爱情或失去爱情的生活状态并不代表老人心里对爱情没有需求。调研发现，幸福院中有些单身老人并非不需要爱情，而是考虑到子女的养老负担、农村传统社会对再婚的忌讳等，从而压抑自己对爱情的需要。再找个老伴儿对老人而言，虽然在一段时间

第五章　互助养老幸福院模式的互助机制

内可以使老人得到来自老伴儿的生活照料和精神慰藉,但对子女而言,也意味着多了一位需要供养的老人。就"再找个老伴儿"的问题,ZGS老人说:"我也不是不想找老伴儿,但是考虑了一下还是决定不找老伴儿了,现在不年轻了,年轻的时候再找一个还能养活对方,现在年纪大了,自己还需要子女供养呢,再找一个的话,还得养活她,就是给孩子增加负担;咱们农村的老人跟城里退休的老人不一样,咱们没有退休金,年老了不能劳动了之后很难养活两个人;为了给孩子减少负担,咱还是自己照顾自己,给自己吃好点、穿好点就行了。俺们在幸福院相互就伴儿照顾着也挺好。"可见,老人主要是担心给子女增加养老负担而压抑了自己找老伴儿的想法。调研时,笔者听到幸福院几位老人在聊找老伴儿的话题。

院长说:"有一次省城的一个退休老人来参观幸福院,回去之后给我打电话说看上了咱幸福院的LJD老人,问我愿不愿意牵线搭桥,问问LJD愿不愿意跟他在城里生活。我没答应。LJD,你愿不愿意去?"

LJD老人有些不好意思,说:"俺不去,俺在这挺好的,说这个干什么,这个不好。"

院长说:"没事儿,你要愿意去,俺再跟那老头说说也行。搭个伴不挺好?"

LJD老人:"咱们这里不兴这个,年纪这么大了还再找个老伴儿,叫人家笑话。"

其他老人起哄说:"你找(老伴儿)吧,你找了,俺们也都找(笑……)。"

院长说:"现在社会开放了,老人也能再婚,不是旧社会了。但是,俺管着幸福院也挺难的,按理说,你们再找个老伴儿是个人的事,俺不能管,得尊重你们的选择,但是你们要是都找了老伴儿走了,俺这幸福院不就空下来没人住了,

农村互助养老：幸福院的案例与启示

哈哈……再说了，俺可不能给你们开这个先例啊，改嫁这个事，到底是名声不好啊。"

从老人跟院长的对话可以看出，一部分老人从内心里并非不想再找个老伴儿，只是改嫁在农村"名声不好"，老人担心面临熟人社会里的舆论压力，不想挑战农村对于老年再婚的保守观念，从而选择压抑自己对爱情的需求；幸福院的管理者，在老人的婚姻选择上应该给予尊重。幸福院本身是为了满足老年人的生活照料和精神慰藉需求而产生的，若老人能够通过重组家庭的形式满足以上两方面的需求，幸福院不应阻挠。幸福院因应老人的需求而存在，而不应该为了幸福院的继续维持、确保老人对互助养老的需求继续存在而不支持老人再婚。

可见，老年人的晚年生活需求具有差异性与层次性，在幸福院这一公共场域中，老人自身、家庭成员、政府与社会等主体大致可以通过不同形式不同程度地参与满足老人对生活照料和精神慰藉不同层次的差异性需求。其中，老人的生活照料需求大致可以通过老人自身在幸福院的自助与互助得到满足，家庭主要起到补充作用，在老人生病等特殊情况下给予照料。老人有生理及安全需求、情感和归属感需求、尊重和自我实现需求等不同层次需求，这些在幸福院基本可以得到满足。老人参与幸福院管理使其在得到社会尊重的同时产生在幸福院、社会中的归属感，意识到自己存在的价值和意义以及自身在养老问题上的社会责任感，这是互助养老幸福院模式对养老需求满足的最高境界。家庭参与幸福院互助养老主要是通过看望、问候老人，提供生活必需品及生病时的照料来实现，并且在幸福院这一公共空间内，家庭的养老支持在一定程度上得到了强化，其作用机制主要是将家庭的养老活动外显于幸福院这一公共场域内，使老人对子女的养老敬老行为进行评判和比较，基于评判和比较的公共舆论会对子女的养老敬老行为产生影响，更容易激发好的养老行为的带动作用，从而使子女更主动地根据老人的养老需求有针对性地改善养老敬老行为的质量。

第三节　互助养老的机制失灵：冲突与排斥

虽然幸福院运作的主要方式是通过老人之间共同生活、相互帮助满足养老需求，但来自不同家庭的老人在生活方式、生活习惯及价值观上并不完全相同。和因此，在日常生活中难免出现室友间的个人习惯冲突以及个人习惯与公共秩序的冲突，并且这些冲突很容易造成信任危机。此外，在公共生活中，老人在受教育水平、健康水平等基本条件上也有差异，幸福院内老人之间易形成基于身份认同的亚群体，且对少数群体存在社会排斥的现象。老人之间差异性的存在是难以避免的，但是若无视因差异性的存在而产生的矛盾冲突及社会排斥等现象，或不主动进行合理的化解，则老人之间小的矛盾冲突很可能演变为幸福院这一公共场域中的信任危机，威胁良好公共秩序及共同价值体系的形成；老人之间的社会排斥也会使身在幸福院共同体中的老人感到内心孤独，从而造成互助养老机制在老年人群体中的失灵现象。下文将通过呈现幸福院生活中的矛盾、冲突及社会排斥现象，以及老人、幸福院管理者对这些现象的应对方法，以启发集中居住型养老模式的有序运行，这些启示对机构养老同样具有启发意义。

一　个人习惯及其与公共秩序的冲突

从前文对幸福院老人基本特征的分析可以看出，来自不同家庭的老人在经济状况、健康情况、受教育水平、信仰情况等方面都具有差异性，个人生活习惯也有不同，卧室范围内的老年室友之间以及幸福院这一公共场域中的老年人之间难免会产生矛盾。若这些矛盾得不到合理解决，则会影响幸福院的健康运行。

两位老人住在一个卧室是基于互助的考虑，但基于个体原有生活方式及个人习惯的差异,在日常生活中会发生小的摩擦与矛盾,比如:个人卫生习惯与卧室公共空间卫生保持上的矛盾,有的老人爱干净,有的老人在个人卫生上只是"凑合";有的老人有吸烟的习惯,不吸烟的室友一般都受不了卧室里的烟味儿,幸福院也发生过因室友在卧室吸烟而申请调换宿舍的案例;还有作息习惯方面的矛盾,个别老人晚上七八点睡觉,凌晨四点起床,而多数老人是晚上十点在活动室看完电视之后休息,第二天早上六点左右起床,不同的作息习惯使得老人之间容易相互干扰而影响休息质量。在熟人社会中,大部分老人对类似生活上的小摩擦与矛盾都不会在面儿上揪着不放,"相互担待一下也就过去了",但是这种因生活习惯不同而对自身造成的影响压抑心底不利于老人之间的长期相处。同理,老人在自己家里住了大半辈子养成的习惯,并不能因为搬进幸福院就在短时间内改变,只能在协调与沟通的基础上引导老人养成好的生活习惯。

老人吸烟的个人习惯同样也对幸福院公共活动空间与公共秩序产生影响。活动室是幸福院老人的公共活动场所,老人经常在烟雾缭绕的活动室中看电视、打麻将,不吸烟的老人对此非常不满,但老人吸烟的习惯一时间难以改变,使得有些老人虽然很想去活动室看电视、打麻将,但是因为受不了烟味儿,而选择待在自己的房间里。另外,老人在三餐时经常"搭伙"做饭,在做饭时,有的老人喜欢在蒸笼里多留一些缝隙,饭容易蒸熟,省时间,有的老人则习惯放满蒸笼,省电,两种不同习惯的老人也会因此产生矛盾。类似琐碎的生活摩擦如果处理不当有时会引发更大的问题,"毒面条"事件便是由小摩擦逐渐演变而成的公共信任危机。

案例 5-4:有一次分管厨房的副院长 ZXF 发现蒸锅里放了一个空笼,觉得这样浪费电就大声说:"都是六七十岁的人了,还不会做饭,放个空笼在锅里,不放馒头,多费电,要把空笼拿下来。"放空笼的老人 WYD 觉得副院长在公共场合这么说很没面子,就草草应了一句:"知道了。"第二天,院长去县城给大家代买湿面条,ZXF 副院长和 WYQ 老人都托院长给代买,买回来之后,WYD 老人说:"我也想买面条来着,忘了跟院长说了。"院长说:"下次提前跟我说,我给你买回来。"煮面条的时候,副院长发现锅里都是红色的面条,院长说:"不知道怎么回事儿,不用吃了,怎么你们这个煮出来成红面条了呢?"副院长私下里跟院长说:"我猜是 WYD 因为我说她在蒸锅里放空笼的事不高兴,记恨俺,才把俺的面条染红了,但是,俺又不能不说空笼那个事儿。就因为空笼的事,给俺的面条'放毒',你说这个人毒不毒?WYD 这是在破坏幸福院。"因为院长自己买的面条和 WYQ 老人的面条都没有红色,院长也搞不清面条变红的原因,就跟 ZXF 老人说面条的事情不要声张,担心引起幸福院老人的恐慌。但是,老人之间私下里还是会说起这件事。

事后,院长在去县城批发市场时,向商贩打听了湿面条在煮的时候变红的原因,有可能是面粉增白剂过多引起的化学反应,也有可能是湿面条腐败变质了。但是,不管是哪一种原因,在幸福院的公共生活中,出现类似老人之间不信任及公共卫生安全问题,如果不公开说明或解决,即使私下压制住不让事件在老人之间扩散,也很容易引起老人之间的相互猜忌,不利于老人之间的相互信任,也不利于幸福院公共秩序的形成与维护。

二 基于身份认同的社会排斥

幸福院在老人入院门槛中设置了"无传染病、精神病"一条,但是,入院时老人没有传染病,并不代表老人在幸福院居住的过程中不会患上传染病,幸福院在老人的疾病防控方面力量有限,虽然县医院和村卫生室每年会给老人提供免费的基本检查(测血压、心率等），但一般难以检测出老人是否患有传染病。鉴于农村老年人对疾病的认识及健康知识局限，老人对有些不具传染性的疾病也存在害怕被传染的恐慌。此时，如果幸福院方面不能跟老人说明疾病的情况，在幸福院中没有传染病的群体很容易对患病群体产生基于身份认同的社会排斥（见案例5-5）。

案例5-5：幸福院ZQD老人（女，63）因病被送到医院，被确诊为癌症后，家人担心老人心理承受不了，就跟老人说得的是肺炎，治疗一段时间就会好。老人回到幸福院后，她的儿子把真实病情告诉了院长，并达成一致不对外声张，不能让老人知道实情，对外说ZQD老人只是得了肺炎，没有传染性。但是，有一次，ZQD老人的亲妹妹来幸福院探望，只在院子里说了几句话就走了，也不进老人的屋里坐，幸福院的其他老人都看在眼里，觉得她妹妹是怕被传染，所以不跟她亲密接触。院里的老人也害怕被传染，有的老人还专门问院长ZQD老人的病会不会传染。虽然院长说不传染，但是发现老人们在做饭时都不愿意跟ZQD老人共用锅具。幸福院老人入院时都没有传染性疾病，因此幸福院的厨房用具及楼道里烧水的用具都是公用的。为消除大家的心理恐慌，院长给ZQD老人一套单独的电磁炉和锅，但这在无形之中使幸福院其他老人觉得ZQD老人就是传染病患者。ZQD老人也感觉到了其他老人对她的躲避，平时也就不去活动室看电视，没事就在自己的房间里，或者回家串门。

由上述案例我们可以看到幸福院这一公共场域中的老人、院外的村民及老人亲属等对公共卫生知识的了解以及对各类疾病（特别是传染病）的认识之于公共生活的重要性。此外，幸福院管理者对老人之间生活矛盾的处理也会对老人之间的信任以及幸福院的公共秩序产生影响。

第五章　互助养老幸福院模式的互助机制

幸福院中还有因老人之间的受教育水平差异而产生的社会排斥现象，不同受教育水平的老人会不自觉地形成亚群体，人数占少数的亚群体在幸福院老人中常会被有意无意地孤立。

此外，在幸福院中经常会看到三位"五保"老人坐在门口的长椅上聊天、晒太阳，在幸福院老人看来，"五保"老人群体在幸福院中是比普通单身老人更特殊的老人，是幸福院中的弱势群体。前文提及，在幸福院成立前，Q村的"五保"老人都是在家分散供养的，并且监护人一般为其兄弟或侄子，在家庭范围内监护人对"五保"老人的供养行为具有一定的私密性，若监护人对老人不孝养，则老人的养老需求通常难以得到满足。在幸福院中，"五保"老人通常会被其他老人贴上"光棍儿""没人管""可怜得很"等标签，在一定程度上会被其他老人区别看待。"五保"老人群体之间的社会交往较之于院内的非"五保"群体而言要密切一些。虽然幸福院中存在"五保"老人群体与非"五保"老人群体之间的疏离，但是，较之于"五保"老人在家分散供养时的社会融合及社会交往状态而言，幸福院集体居住的环境以及老人之间互助的原则也在无形中拉近了幸福院非"五保"老人与"五保"老人之间的距离，有利于促进"五保"老人的社会交往和社会融入。

三　小结

虽然幸福院中存在个人习惯与公共秩序之间的矛盾、摩擦以及身份认同下的社会排斥现象，但是幸福院中室友之间因个人生活习惯不同而产生的小矛盾与小摩擦通常都会在日常生活的相互迁就中得到化解。然而，对于"毒面条"事件这种因个人生活习惯差异而引起的公共信任问题，若采取"噤声"的策略压制下去，而不从根源上化解，则幸福院老人之间的信任危机将一直存在，类似事件长期累积很容易影响幸福院的公共秩序。虽然幸福院中老人之间小矛盾、小摩擦不断，但是从未因此引起大的纠纷，其

农村互助养老：幸福院的案例与启示

中一个原因便是如幸福院院长所言："老人们都是自愿入住，入院前有协议规定老人在幸福院发生意外由老人自己负责，老人之间自愿相互照顾；若在互助生活中发生意外（除故意伤害外），老人一般也不会怪罪谁，大家都是出于好心，都是乡里乡亲的，老人们也不想把事情闹大，毕竟老人的孩子们还在村里生活，在面儿上还得过得去，闹僵了也不好。这也是幸福院和民办养老机构的一个区别，民办养老院中经常会发生纠纷，其中一些纠纷是服务人员的责任，比如交钱入住后，服务人员没有照顾好老人，但在幸福院中没有这种担忧。近几年，幸福院与老人之间也不签免责协议了。"可见，熟人社会的生存环境在一定程度上对幸福院内可能会产生的矛盾起到了缓和的作用，而矛盾的缓和主要是基于老人之间相互服务的无偿性与相互之间的情感与"面子"考量。此外，在社会融入方面，老人之间在一定程度上会存在因健康状况、身份认同而产生的社会孤立或排斥，但是老人之间的相处一般都是"在面儿上过得去"，但是"在面儿上过得去"的生活并不是老人之间真正意义上的社会融入。对老人、村民及其亲属进行公共卫生知识的普及以及心理疏导，有利于幸福院内老人之间的和谐相处与公共秩序的维护。

综合前文所述，互助养老幸福院模式以满足老年人的生活照料及精神慰藉需求为主要目标，以家庭、个人、国家社会保障及社会捐助的经济支持为基础，以老人之间的互助生活为主要内容，以家庭参与互助养老为内核，并以政府和社会的参与为支撑。该模式通过调动不同主体参与互助养老满足老年人不同层次的养老需求。虽然幸福院老年人的互助生活中存在诸多冲突与排斥现象，但对独居老人而言，幸福院互助养老仍是其生命历程中可选的养老方式。但是，当前阶段的幸福院互助养老仅是老年人在自理阶段的可选养老方式，老人失能后依然要回归家庭或入住护理型养老机构。

第四节　互助养老的限度：失能老人家庭养老的困境

Q村幸福院内老人生小病时，子女可到幸福院陪伴照料老人；生重病（失能）时，则需子女将老人接回家照料，老人病好恢复之后，还可回到幸福院中继续居住。鉴于幸福院互助养老机制的运行要以老人有自理和照应其他老人的能力为基础，并且幸福院中没有付费型的老年护理服务，因此，若老人的失能状态一直延续，自己都顾不上自己时，老人只能选择家庭养老或到护理型养老机构中养老，这也是互助养老幸福院模式在现阶段的局限性。但是，老人因失能而回归家庭之后，在家庭养老功能弱化的社会背景下，老人的需求能否得到满足呢？下文将通过多子女家庭轮流照料失能老人、"五保"老人的监护人照料、纯老家庭的高龄老人照料三个案例呈现幸福院老人回归家庭后的养老生活。

案例 5-6：多子女家庭对幸福院失能老人的轮流照料

被访问人：CJT，83岁，男性，三儿二女，一个女儿在本村。老人骑自行车从幸福院回家时伤了腿，从幸福院搬回家中独居疗养。住房为20世纪80年代建造的平房，三个儿子轮流照顾老人。笔者调研期间跟随幸福院院长到老人家中探望，恰逢老人独自在家，从下文的对话中可以看出老人离开幸福院回归家庭后的生活状态及养老困境。

CJT 老人："去年院长就说不让俺骑自行车，怕路上出危险；结果俺没听，就摔倒了，磕坏了腿，只能让孩子们接回家照顾。三个儿子都在村里，但是孩子们都忙，谁也没空全天照顾俺；俺有高血压，有一次一扭头就晕倒了，双拐倒在地上，俺自己一个人在家，自己起不来，醒来就爬着进屋了，那天还下着雨……"

院长:"俺看你孩子给你买了助步车,咋还用双拐?助步车更安全一点。"

CJT 老人:"在幸福院用助步车好,俺家里有门槛,助步车也不好走。孩子们也给买了坐便椅,但是俺的腿使不上劲儿,蹲在椅子上自己起不来。孩子中午送饭给我倒一碗水,孩子不在就不喝水,减少上厕所的次数。还是幸福院好,楼里有坐便器,不用下雨天去外面上厕所。"

院长:"那也不能不喝水啊!那你吃饭怎么吃?"

CJT 老人:"三个儿子晚上轮流来陪床,儿子早起拍鸡蛋下面条给俺吃,中午和晚上一般都是儿媳妇给送过来,孩子们吃饭的时候才在这;俺添煤球不方便,孩子走的时候都把炉子封上,怕灭了火,但是,屋里一会儿就不暖和了,坐着也冷,比不上幸福院的暖气。"

院长:"要不让孩子每天给你送中午饭,早上晚上在幸福院统一蒸饭吃,让孩子再把你送回幸福院住吧。"

CJT 老人:"俺也愿意去幸福院,但还是不能回去,自己顾不住自己,孩子太忙,要是忘了送午饭,俺吃什么?孩子们都有钱,就是没时间,常年送饭的话,那也难,久病床前无孝子啊。俺还犯愁穿脱棉衣的事,穿着棉衣冬天睡觉不踏实,在家都是孩子帮忙。"

院长:"你家这孩子还算孝顺,都听你话。"

CJT 老人:"孩子有时候也不听话,叫他给俺拿什么,他不给拿,俺就用拐棍敲他;俺闺女劝我说,人老了正是用人的时候,你打俺兄弟,俺兄弟不照顾你了怎么弄?!"

院长:"别再打孩子了,再打就讨厌你了。"

CJT 老人:"打也打不得,骂也骂不得,老了好像还得求着孩子来养老似的。都是闺女回来给洗脚,儿子不给洗;闺女还给买暖和的床单,还是闺女照顾得好。孩子不在家,也没有人来找俺聊天,院长给我拿了个收音机来逗俺开心,家

第五章　互助养老幸福院模式的互助机制

里没有幸福院热闹。"

从该案例可以看出，老人失能回家后的养老生活并未像老人入住幸福院时所期待的那样，即能自理的时候在幸福院互助养老为子女置换更多的时间和精力，等自己失能的时候，子女能够多一点时间和精力照料老人。老人的子女依旧面临生计与赡养老人之间的冲突，虽然Q村多子女家庭居多，但该案例呈现了在生计与赡养责任冲突时多子女家庭在失能老人照料上的不足。在生活照料上，虽然老人的三个儿子都在村里，但迫于生计，老人儿子对老人的照料仅停留在一日三餐及晚间的陪伴等层面，其他时间老人依然处于无人陪伴照料的状态。虽然在一定程度上，幸福院老人带动了先进适老设备的使用，老人的子女也为老人买了助步车，但是，老人回家之后的居住环境并未进行适老改造，老人不能充分利用适老工具出行。老人白天独自在家发生类似摔倒等意外，依然无人可求助，也无法求助，依然可能发生独居老人意外死亡的事件，应用可穿戴设备的必要性由此凸显出来。在精神需求的满足上，老人除一日三餐及晚间可以见到子女外，其他时间基本都是在家独处，偶尔听收音机或看电视，没有其他娱乐活动，平时也没有其他老人来串门聊天。村里的单身独居老人基本都住幸福院，没有住进幸福院的老人基本都还没有"完成任务"，需要下地劳动或者给子女照顾孩子，老人之间相互串门的次数减少，老人的社会交往圈子相对于居住在幸福院而言变小了，老人的内心依然孤寂。此外，随着老人在家庭中地位的降低，老人一般会压抑心中的不满情绪而不敢跟子女发泄，不敢得罪子女，担心子女生气后不好好照顾自己，出现类似"求着"子女养老的现象，这使老人长期压抑情感，不利于心理健康。

案例5-7：纯老家庭对高龄失能老人的照料

GLS，女性，92岁，有一子一女。儿子71岁，儿媳73

岁，都已经不种地了。三位老人住着两间建于20世纪80年代面积不大的平房，儿子和儿媳住大间，老人住小间。老人的女儿70岁，嫁到附近村庄，不经常来照顾老人。老人在幸福院住了三年，后因摔到腿后不能自理，就搬回家住了。儿媳有腿疼的毛病，平时不太出门，没事就在家守着老人。老人回家后，儿子将老人原来睡的土炕改成低矮的木床，方便老人上下床，还在老人的房间放了一张小床，老人不舒服时，儿子晚上会陪床，并且把两间房子中间的墙开了个门，在大屋也能看见老人，给老人端菜送饭也方便。老人的儿子有手机，生病的时候，会打电话叫医生。老人屋里没有电视，她虽然有点耳背，但也不去大屋看电视。冬天老人基本不出门，整天坐在床边的煤球炉边烤手；天气好的时候，老人在门口坐一会儿，天气不好就不出门。村西有个90岁的老人腿脚好，经常来聊天，以前的老亲都不太走动了。

该案例是"轻老"照顾"老老"的案例，即相对年轻的老人照顾年老的老人。就农村而言，相对年轻的老人在60~70岁时已经"完成任务"。在"轻老"照顾"老老"这一阶段中，家庭生计与养老的时间、空间冲突在一定程度上降低，相对于中年人照顾老年人而言，较年轻的老人有更多的时间在日常生活中照顾高龄老人，给高龄失能老人生活上的照料与精神上的慰藉。该案例中的两位老人将高龄母亲的土炕改成矮床，将两个房间的墙打通，针对老年人身体机能弱化做了适老环境改造，以更好地满足老人的生活起居需要以及精神需求。虽然老人之间的共同语言、爱好相对较多，"轻老"也在与高龄老人的相处中得到一定心灵上的慰藉，但是，随着老人年龄的增大，其社会交往范围逐渐内缩，到高龄阶段变为以亲缘关系为主的社会交往圈，并且老人身体机能弱化，如耳背，都在一定程度上限制了老人的社会交往及日常娱乐；若家人不与老人交流，则老人基本处于沉默状态，可见可穿戴设备（如助听器等）在老人晚年生活中的重要性。在一定程度上，"轻老"照顾"老老"的内核与幸福院互助养老的原则有一定的相似性，即年轻一点的老人照料年纪大一些的老人，身体好一些的老人照顾身体较弱的老人，这也从侧面表明了互助养老存在的可行性与意义。

案例5-8：监护人对失能"五保"老人的照料

自幸福院成立以来，有1名"五保"老人因失能而回到自己家中养老，病好后就回到幸福院居住。直到老人在幸福院中不能自己用双拐、自己顾不了自己之后，院长才让其监护人接回家中照顾，但是回家仅一个多月便离世。老人生前在两间土房子里独居，监护人是老人的侄子。老人的侄子负责领取老人分散供养的"五保"救助金，代耕老人的责任田，并负责对老人的照料。笔者在对院长访谈时记录了这位"五保"老人在幸福院及离开幸福院后的生活。

老人在幸福院养老的时候，老人的侄子农闲时候都出去打工，不经常来幸福院照顾老人，只有老人的侄媳妇隔几天来幸福院看老人一次。老人拄着双拐，行动不方便，院长建议老人回家养老，但是侄子考虑到还要外出打工，希望老人能在幸福院多住一段时间。于是院长提议，老人侄子每月从老人的"五保"救助金中拿100元让室友帮忙照顾老人的日常生活。直到老人生活不能自理，需要别人喂饭，自己不能大小便，且不愿意去乡镇敬老院时，侄子才把老人接回家。老人离开幸福院之后，院长曾经去看望老人，发现老人家大门是锁着的，于是院长找到老人的侄子问："你叔大白天锁着门是什么意思，还怕有人偷他家的东西？你开门我看看你叔叔。"开门之后，看到老人躺在门楼里的床上，床边放着马桶，都大半桶了，院长说："你是多少天没给你叔倒马桶了？起码半月了吧？你不照顾你叔，我虽然没权管你白天开着门

农村互助养老：幸福院的案例与启示

还是锁着门，但是，我可以帮你叔重新指定监护人，之后你叔的低保、五保，就不用你领了。"后来老人的侄子白天就不锁门了，村民们其实都知道，锁着门不是怕小偷，而是怕老人的生活情况被大家看见。夏天在门楼里住，不断有蚊虫叮咬，老人的侄子和侄媳妇也只是一日三餐来给老人送饭，可见，"五保"老人失能后面临生活困境。

虽然"五保"老人可以选择乡镇敬老院接受集中供养，但一部分老人仍会选择留在家中由监护人为其养老，同案例 5-6 中多子女家庭对失能老人的照料类似，"五保"老人失能后从幸福院回到家中，也同样面临监护人生计与赡养老人之间的矛盾。相较于能自理时，老人失能后需要家庭成员或监护人付出更多的时间、精力和金钱去照料，这样才能弥补身体机能下降而导致的养老质量下降。就监护人而言，男性"五保"老人与监护人多为叔侄或兄弟关系，与子女关系相比又远了一些，监护人在对老人的赡养上多了一层"交换"的成分，即老人用自己的社会救助金换取监护人对自己晚年生活的照料，"交换"关系下监护人对"五保"老人的赡养多了些"应付"，毕竟不是父母，承担的也不是单纯的"赡养责任"，这种"应付"表现在养老行为上即仅保证满足基本生活所需。然而，老人失能后，很难通过自身的能力满足基本生活所需之外的需求，可见，农村失能老人在生活质量上面临困境。案例 5-8 中老人及其监护人都生活在村庄这一熟人社会中，若这种对赡养"五保"老人的"应付"被同村人发现，监护人也会被贴上"不孝顺"的标签，可见，在对"五保"老人的分散供养上，其与家庭养老都受公共舆论的约束与监督，因此出现了案例 5-8 中的现象，即作为监护人的侄子将老人锁在家中，仅提供饭食以满足老人生存所需，但在被院长发现后，迫于舆论压力，又将大门打开供养老人，以将自己排除在"不孝顺"的行列之外。

可见，就老人的养老需求满足而言，处于不同阶段的老人对

第五章　互助养老幸福院模式的互助机制

养老需求满足的优先顺序也有差异性。在能自理阶段，老人对子女的精神慰藉需求多一点；在半失能阶段，老人对子女提供生活照料的需求逐渐增大；而到失能阶段，老人对生活照料及护理的需求在一定程度上要优先于精神需求的满足。就此而言，"五保"老人在失能阶段选择社会救助体系下对"五保"老人的集中供养而到乡镇敬老院中接受照料或许是更好的选择。在自理/半失能到失能的过渡阶段，若幸福院老人在日常生活中了解身体机能恢复护理知识并加强增能锻炼，则可以延缓身体机能的退化，并维护、改善其身体机能，在提高生活质量的同时还能减轻子女的照护负担。老人失能后回归家庭养老，老人的子女（有条件的家庭会雇用保姆）成为主要的照料主体，但是我国对家庭照护者缺乏支持，而农村老年人的家庭照护者普遍年龄较大、文化层次较低、缺乏失能者护理知识和技能。因此，正如案例中所提及的，失能老人家庭照料者在失能老人照料上以维持老人日常生存所需（提供三餐）为主，很少有家庭会涉及失能老人身体机能的恢复护理。在这个意义上，需要在农村实施对失能老人的家庭支持政策，包括对失能老人家庭照护者的知识、技能、技术支持以及对家庭照护者及老人的心理支持等。此外，长期护理保险制度的建立也可以在一定程度上促进农村护理服务的供给以及失能老人身体机能的恢复护理。

虽然互助养老幸福院模式在失能老人照料上有一定的局限性，老人在互助养老过程中也存在一定的矛盾和冲突，但是该模式在对处于自理、半失能阶段老人的生活照料及精神需要的满足上，相较于机构养老和家庭养老而言，具有一定的优势，在当前及今后农村养老问题的解决上具有存在的必要性与可行性。与机构养老相比，互助养老可以满足老年人在地养老的愿望，让老人在熟悉的生活环境中最大限度地维持原有生活方式；也可在最大限度上帮助老人保持其原有的基于亲缘、地缘的社会网络，并且老人在幸福院中的生活相对于机构养老而言更加自由，可以最大限度

农村互助养老：幸福院的案例与启示

上保持老人与家庭的联系；此外，互助养老比机构养老的养老成本低，更加适合农村老人的经济水平。与家庭养老相比，互助养老依托政府、村集体的资金支持，无形中减轻了家庭成员的养老负担，降低了家庭的养老成本，并且在兼顾家庭的同时，老人之间的共同生活与互助照料弥补了家庭养老在老人生活照料及精神慰藉上的不足，降低了老人独居在家时发生意外死亡的概率。此外，熟人社会中的公共舆论在一定程度上强化了家庭在互助养老中的参与，形成孝养、互助的社会风尚，互助养老不仅帮助家庭解决养老困境，并且公共场域中家庭对老人的孝养行为与老人之间的互助行为也有利于基层社会的教化与稳定。

基于此，互助养老幸福院模式在农村地区具有一定的推广价值。这种模式是为满足独居老人的养老需求而产生的，从这个意义上说，除互助养老幸福院模式之外，其他可以满足老年人养老需求的互助养老形式也可以在我国发展，相关经验也可以借鉴，特别是在受到前文提及的条件性限制而不能推广幸福院模式的地区。下一章将根据笔者在美国联合培养期间就美国互助养老的"村庄"模式（"Village" Model）的调研及思考，在介绍互助养老"村庄"模式运作的基础上，将"村庄"模式与我国的幸福院模式进行比较，并从中总结出可供我国农村地区满足独居老人养老需求的经验，以启发我国多种形式的互助养老模式探索。

第六章 乡村居家互助养老的域外案例及启示

前文提及与 Q 村互助养老幸福院模式相类似的集中居住型互助养老形式的产生及可持续发展具有一定的"条件性",需要村集体具有一定的经济实力以维持日常运行支出。然而,就目前我国农村集体经济的发展情况而言,没有集体经济来源的农村社区不在少数,这类农村社区难以依靠村集体的经济条件建成可供老人集中居住的实体幸福院以满足老人的养老需求并承担幸福院的日常运行支出。因此,不依赖于老人集中居住的居家互助养老可以在不具备建立幸福院条件的农村社区发展以满足老人的生活照料及精神慰藉需求,而美国互助养老"村庄"模式作为居家互助养老的一种形式,在互助养老服务的供给、组织运作机制等方面可为我国居家互助养老模式的探索提供经验借鉴。前文提及笔者在美国联合培养期间曾对"村庄"模式进行了调研,并见证了芝加哥大学附近海德公园"村庄"的筹建、成立及运行过程;下文将在介绍美国互助养老"村庄"模式产生的政策背景及其发展情况的基础上,基于对美国农村地区的 13 个"村庄"调研材料的分析,呈现"村庄"模式的组织运行情况,特别是该模式中互助服务的需求与供给情况,对"村庄"与幸福院两种互助养老模式进行比较,以启发我国农村多种形式的互助养老的发展以及农村养老服务体系的构建。

第一节 "村庄"模式的产生与发展

根据我国第五次人口普查的结果,我国于 1999 年进入老龄社会的行列,而美国早在 20 世纪 40 年代便先于中国半个世纪步入老龄社会;至 2014 年 7 月,美国 65 岁以上人口占总人口(约 3.19 亿人)的 14.5%(U. S. Census Bureau,2010a)。据预测,2056 年世界上 65 岁以上的人口数量将首次超过 18 岁以下人口数量(U. S. Census Bureau,2012),战后的"婴儿潮"一代(生于 1946~1964 年)也都将在这一时期步入 85 岁以上高龄老人行列,可见美国老龄化发展的形势依然严峻。此外,美国老龄署的数据显示,2010 年,美国有 1130 万名老年人处于独居状态,约占老年人总数的 29%,而 75 岁以上老年人的独居率更高,其中女性独居者占 47%(U. S. Census Bureau,2012b)。中国独居老人的比例在 2014 年约占全国老年人口总数的 10%(国家卫生和计划生育委员会,2015),相比之下,虽然中国老年人的独居水平低于美国,但中美两国独居老人在生活照料和精神慰藉等方面需求满足上面临的困境却具有相似性。与中国类似,老年人之间的互助养老也是美国独居老人在家庭及养老保障制度不健全、市场养老服务供给与获取有限,以及自我保障不足的形势下获取生活照料、精神慰藉资源的一种途径。下文将具体分析"村庄"模式产生的背景、过程及发展情况。

一 现实背景

美国在完成工业化、城镇化之后,社会养老获得发展,老人的养老方式以自我养老和社会养老为主。就美国的养老保障制度而言,在社会保险方面,在国家层面有强制性的老年、遗属和残疾保险制度(Old-Age, Survivors, and Disability Insurance, OASDI),政府和企业的养老保险计划以及可自愿选择参加的个人储蓄养老金计划,面向 65 岁以上退休老年人的社会养老医疗照顾(Medicare）计划，65岁及以上的老年人若同时满足一定的低收入条件则可享受医疗救助（Medicaid）计划。以上社会保险以现金福利为主，社会养老医疗照顾计划中的服务通常仅用于应对紧急医疗事件。此外，医疗救助仅为低收入群体提供倾向于机构照料的长期护理服务与支持，居家服务支持极其有限（Davitt, Lehning and Scharlach et al.，2015）。在对老年人生活照料及精神慰藉需求的满足上，1965年美国颁布了面向所有老年人的《老年人法》，并设立了老龄署、州老龄办公室、区域老龄办公室及社区多功能老年人中心；社区多功能老年人中心受州老龄办公室、区域老龄办公室委托为老年人提供以家庭和社区为依托的送餐、交通、信息援助、法律援助、社交活动、健康促进等服务帮助老年人尽可能长久地在家居住，这也是政府购买服务的一种形式；该法所提供的居家养老项目虽然面向所有老年人，但是其服务的获取通常需要排队等待。

此外，虽然美国有由政府出资建立的养老机构，老人入住只需承担约三分之一的费用，但是美国65岁以上人口中有93%的老人倾向于尽可能长久地在自己家中养老（Feldman, Oberlink, Simantov et al.，2004），这与该年龄段人口的实际居住情况相一致，选择养老机构或其他集体居住环境养老的仅占5.6%（U. S. Census Bureau, 2014），而老年人这一养老期望实现的关键则是以完善的社会化居家养老服务为支撑。基于养老保障制度对老年人养老需求满足上的不足，美国政府自上而下地推动了"基于家庭和社区的服务"（Home- and Community-Based Services，HCBS）项目，但是该项目主要以被纳入医疗补助计划或其他保障项目的低收入老年人为服务对象，包括中产阶级在内的其他老年人只能通过私营部门获取居家养老服务，但是私营部门的服务购买费用昂贵，多数中低收入老年人难以负担。在养老的文化传统上，与中国家庭在养老上子代对亲代的"反哺"模式不同，美国子女与家庭之间的关系是费孝通先生所讲的"接力模式"（费孝通，1983），亲代有养育子代的义务，但是在法律上子代没有赡养亲代的责任。老年人在倾向于居住在自己家中养老的同时，也不想依靠其子女照顾晚年生活，除非老年人不能自理（Peace, Holland and Kellaher, 2011）。美国出生率降低、劳动参与度增加、人口流动性增强、居住分散等特点，以及自由独立的传统，使老人对家庭照料的依赖弱于中国传统的家庭养老。

鉴于以上美国社会保障制度、私营部门及家庭在满足老年人（特别是中产阶级老年人）生活照料和精神慰藉需求上的不足，老年人开始探索经济上负担得起的非政府策略以满足其在地养老的需求，老年人之间的互助养老逐渐兴起。基于前面第三章与第四章对我国互助养老幸福院模式产生背景的论述，可以总结出美国"村庄"模式与我国幸福院模式在产生背景上的异同（见表6-1）。由于经济社会发展阶段的差异，两国的社会保障水平有一定的差距。虽然美国社会保障制度不存在城乡差异，但中产阶级老年人在生活照料及精神慰藉需求的满足上处于"高不成、低不就"的两难境地；而中国的社会保障制度呈现城乡二元分割状态，农村的养老保障水平低于城市地区，且城市地区付费型养老服务的供给与发展优于乡村地区。在以上背景下，美国的互助养老"村庄"模式在城市产生，而中国的互助养老幸福院模式在农村产生有其合理性。在一定程度上，美国的中产阶级和中国农村独居老年群体的养老困境具有相似性，二者都难以从国家、市场及家庭方面得到养老需求的满足，因此只能求助于社会层面的支持。基于中美两国老年人居家养老意愿的相似性，拥有地缘关系的老年群体互助便成为可选的方式。

表6-1 美国"村庄"模式与我国幸福院模式的产生背景比较

比较维度	美国"村庄"模式	我国幸福院模式
经济社会发展阶段	工业化、城镇化完成后	工业化、城镇化发展进程中
社会保障制度	难以满足中产阶级（特别是独居老人）在地养老需求	对农村居民的养老保障水平低，且缺乏居家养老服务供给；独居老人社会保障政策缺位

续表

比较维度	美国"村庄"模式	我国幸福院模式
市场服务	有市场养老服务供给，但价格高	农村养老服务供应商缺位；民办养老机构少且费用高
养老传统	自我养老、社会养老为主	家庭养老为主
主要养老需求	生活照料及精神慰藉	生活照料及精神慰藉
养老意愿	居家养老为主	居家养老为主

二 产生与发展状况

在以上政治、经济及社会文化背景下，2001年，波士顿比肯山社区（Beacon Hill Community）的一群中产阶级老年人自下而上地组织成立了非营利性的互助型养老组织"比肯山村庄"，该组织以会员制形式招募老年人成为会员并自愿为其他老年人提供互助养老服务，使人们在老年时能够尽可能长久地在自己的家中或者熟悉的社区里养老。该组织的会员同时充当管理者和志愿者，实现与我国互助养老幸福院模式相类似的自我管理、自我服务，并主要以会员会费支撑组织运行。在互助服务上，该模式主要通过志愿者向在社区居家养老的会员提供非专业性服务（交通、家务、入户陪伴、电话或入户问候服务等）、转介价格优惠的专业性服务（个人护理等），以使老年人尽可能长久地居住在自己家中。此后，"村庄"逐渐扩展到诸州并形成"村庄运动"（Village Movement），其中"国会山村庄"（Capitol Hill Village）、"港湾村庄"（Homeports Village）等都是代表，并在发展中逐渐形成"村庄"模式（"Village" Model）。

2010年，为回应各地成立"村庄"的兴趣，"比肯山村庄"与非营利性社区发展机构 Capital Impact Partners（CIP）联合成立服务于"村庄"的全国性平台——VtV 网络（Village to Village Network），该平台致力于探索"村庄"在老龄政策中的地位和作用，通过举办实体会议、在线交流会议等为全国范围内的"村庄"

提供交流经验和培训平台;"比肯山村庄"还编制了一本"村庄"创建手册,VtV 网络也致力于与有意向创建"村庄"的人分享"村庄"创建手册并为其提供指导。此外,VtV 网络还依托美国大都会人寿保险基金(Metlife Foundation)的资金支持开展互助养老及"村庄"模式方面的研究。该网络还通过与基金会(如 Metlife 基金会)建立合作关系为"村庄"发展提供资助①,在服务于"村庄"发展的同时,提升了"村庄"模式在美国及国际范围内的影响力,目前"村庄"模式已经发展到澳大利亚、荷兰等国。

截至 2015 年上半年,美国已有 170 个"村庄"在 40 多个州为近 3 万名老年人服务,另有 160 个"村庄"正在筹建。2007 年之后,发端于城市社区的"村庄"在农村地区相继出现,但其在城市及郊区的比例远高于农村地区,上述 330 个"村庄"中除 6% 尚无归属地统计之外,其余"村庄"位于城市及郊区的占 72%,位于农村地区的仅占 22%(73 个)。美国有 2/3 的郡县在农村地区②,生活在农村地区的居民占全美总人口的 20%(Mishkovsky, Dalbey and Bertaina, 2010)。鉴于美国城市地区与农村地区在公共服务覆盖、传递及居民获取机会上的差异,农村地区的在地养老形势亦十分严峻。

第二节 组织运行:基于13个"村庄"的分析

虽然美国社会保障制度没有城乡差异之分,但是如前文所述,城市地区与农村地区在公共服务覆盖、传递及居民获取机会上具

---

① 2014 年,VtV 网络运行成熟,CIP 从中撤出,VtV 网络转型为股份有限公司并将其总部迁至密苏里州圣路易斯市,http://vtvnetwork.clubexpress.com/content.aspx?page_id=22&club_id=691012&module_id=130437。

② 美国人口统计局将"城市地区"(Urban)界定为人口数量在 50000 人及以上的城市化区域和人口数量在 2500~50000 人的城市群,农村地区包含城市地区之外所有的人口、住房和土地,http://www.ers.usda.gov/datafiles/Rural_Definitions/StateLevel_Maps/WA.pdf。

第六章　乡村居家互助养老的域外案例及启示

有一定的差异性。此外，地域上的城乡差异所带来的老年人生活方式及养老习惯上的差异也不容忽视，这在一定程度上决定了互助养老"村庄"模式在满足老年人养老需求满足上的差异性。比如，在互助服务的需求方面，鉴于美国农村地区老年人居住分散、生活设施分散的特点，农村地区老年人对交通出行方面的互助需求比城市地区老年人更为强烈等。基于美国互助养老"村庄"模式的城乡差异，本书拟以美国农村地区的"村庄"为例呈现其基本情况与组织运行情况，并从不同维度与我国的互助养老幸福院模式进行比较。根据 VtV 网络提供的数据，截至 2014 年 12 月，美国共有 20 个位于农村地区且运作成熟的"村庄"，其中有 15 个加入了 VtV 网络。笔者在美国访学期间，即 2014 年 12 月 15 日至 2015 年 2 月 15 日，通过电子邮件和电话访问的形式对上述 15 个加入 VtV 网络且位于农村地区的"村庄"进行了数据收集。数据收集的内容主要包括"村庄"所在地的人口及老龄化情况，"村庄"的会员、会费及志愿者情况，"村庄"及志愿者的服务项目，"村庄"的组织与管理，资金来源及政府在其中的角色，面临的问题及未来发展的挑战等；笔者通过电子邮件将问卷发送给"村庄"负责人，负责人通过电子邮件反馈信息；问卷中包含开放性问题和封闭性问题，对于负责人对开放性问题回答不明确的，则辅之以电话访问并从其官方网站获取相关数据，也有部分人口数据来源于美国社区调查及美国国家统计局。最终，有 13 个"村庄"配合完成数据收集。下文将基于 13 个"村庄"的数据，从"村庄"的运行资金与会员招募、互助养老服务的需求与供给、"村庄"的组织与管理等方面分析"村庄"模式的组织运行。

一　样本"村庄"概况

本书所调研的"村庄"分布于美国的 12 个州，各"村庄"的服务范围相对比较灵活，小到社区，大到镇、市、郡，甚至无行政归属的交界区域；中国互助养老幸福院模式则是以行政区划下的建制村为服务单位和建设单位。就此而言,美国的"村庄"是真正基于共同使命而自动组织形成的地缘性互助"共同体"。如表6-2所示,美国农村地区的"村庄"多成立于2007年之后,在此之前,不同的组织化邻里互助养老形式在农村地区早已存在。2006年成立的"Community Connections"则挂靠在非营利性的社区综合服务组织Plumas Rural Services(PRS)之下,以"时间银行"的形式运行,其会员(不限年龄)作为志愿者通过提供服务累积"时间",当提供服务的会员需要帮助时,可用累积的"时间"换取其他志愿者的服务,"时间"还可赠予他人。可见,"村庄"的互助养老服务理念在农村地区早已存在,自发形成的组织通过多种形式致力于在地养老,并且除了上述"村庄"是为覆盖范围内的所有人口提供服务外,其他"村庄"均以老年人为服务对象。

此外,分布于不同州的调研"村庄"所覆盖的区域人口老龄化及独居化的程度都较高。表6-2的数据显示,调研"村庄"覆盖区域内人口的平均中位年龄(46.2岁)要高于2010年美国总人口的平均中位年龄(37.6岁);"村庄"覆盖区域内65岁以上老年人口的比例(16.35%)、85岁以上高龄老人占比(16.38%)均高于美国平均水平。可见,这些"村庄"所在地都已进入老年型人口阶段,并且老龄化程度要高于全国平均水平。[①] 此外,表6-3的数据显示,调研"村庄"中有65岁以上户主独居的家庭占覆盖区域家庭总数的11.37%,高于美国平均水平的10.69%;调研"村庄"中65岁以上户主独居的家庭中女性户主的比例(67.06%)约是男性户主的两倍,该现象与美国整体状况具有一致性。由此可见,与中国互助养老幸福院模式产生的人口老龄化及独居化背景相似,美国的"村庄"模式也是在老龄化及独居化程度较高的人口背景下产生的,并且在农村地区的分布也主要集

---

① 按照国际惯例,年龄中位数在30岁以上为老年型人口。

中在老龄化及独居化程度较高的地区，致力于满足有在地养老意愿的老年人在家中生活的各方面需求。

表6-2 调研"村庄"所在地的人口及老龄化特征（$n=13$）

村庄	成立时间	覆盖范围	覆盖范围总人口数（人）	中位年龄（岁）	65岁以上人口比例（%）	85岁以上人口比例（%）	所在州
ShareCare Leelanau	1993年	1个郡	21708	50.3	23.41	13.87	密歇根
ECHHO	1997年	1个郡	29872	53.9	26.25	10.53	华盛顿
Community Connections	2006年	6个社区	12900	49.0	9.16	15.23	加利福尼亚
Vineyard Village At Home	2007年	1个社区	2114	42.7	16.08	15.59	马萨诸塞
Homeports	2008年	1个郡、1个镇	20130	45.6	21.80	15.13	马里兰
The Athens Village	2009年	1个郡	64757	26.3	10.10	12.94	俄亥俄
Monadnock at Home	2010年	8个镇	29462	43.7	14.83	15.93	新罕布什尔
Folks at Home	2010年	3个郡的边界	82992	41.7	7.49	23.49	田纳西
Nauset Neighbors	2011年	1个郡	35659	55.3	30.83	20.63	马萨诸塞
Ashland at Home	2012年	1个市	20078	42.9	17.60	17.06	俄勒冈
At Home Downeast	2012年	9个镇	12900	47.6	22.28	14.79	缅因
Rhinebeck at Home	2013年	1个镇	7548	50.4	26.21	24.57	纽约
Village in the Village	2014年	1个市	8329	51.2	19.41	7.17	新墨西哥

续表

村庄	成立时间	覆盖范围	覆盖范围总人口数（人）	中位年龄（岁）	65岁以上人口比例（%）	85岁以上人口比例（%）	所在州
调研"村庄"				46.2	16.35	16.38	
美国平均水平				37.6	13.00	13.64	

资料来源：U. S. Census Bureau, 2010 Census of Population。

表6-3 调研"村庄"的家庭特征

	调研"村庄"（$n=13$）覆盖区域	美国
65岁以上户主独居的家庭户数（户）	16319	12476206
男性户主数（人）	5375	3171724
百分比（%）	32.94	28.85
女性户主数（人）	10944	7823965
百分比（%）	67.06	71.15
调研覆盖区域家庭总数（户）	143512	116716292
平均家庭规模（人）	2.23	2.58

资料来源：U. S. Census Bureau, 2010 Census of Population. Updated every 10 years。

二 运行资金与会员招募

"村庄"模式的运行主要涉及运行资金的筹集、会员的招募、会员之间互助服务的需求及供给，以及组织与管理等方面，下文将基于调研"村庄"的案例从运行资金和会员招募方面说明"村庄"模式的运行方式。

在"村庄"的运行资金方面，会员制"村庄"运行的资金主要来源于会员所缴纳的会费（非会员制的"村庄"除外）、社会捐赠、政府（联邦、州及地方政府）拨款（占比很小）；非会员制"村庄"最主要的资金来源是各界人士的捐赠与其他拨款。"村庄"接受捐赠的来源多数是"村庄"自身举办的筹资活动，也有一部分是个人或非营利性组织等的主动捐赠，捐赠类型包括资金、实物或股票、基金等。"自下而上"形成并以"自我治理、自我服务"为理念运行的样本"村庄"都未得到各级政府的资金支持，调研"村庄"中仅 Homeports 获得了政府为其提供办公地点的支持。作为"村庄"主要资金来源的会费，其额度因"村庄"和会员类型而异，"村庄"的会员类型设置主要有六种情况（见表6-4）：个人会员/家庭会员、个人会员与终身会员、个人会员、家庭会员、准会员/正式会员、家庭会员/个人会员/社会会员。其中，准会员与社会会员[①]的会费相对稍低。在12个会员制"村庄"中，实施"个人会员/家庭会员制"的占一半，虽然会员类型设置情况多样，但都是以个人和家庭为单位收取会费的，具体收费类型可归为个人会员年费、家庭会员年费、个人终身会员年费，其平均会费标准分别为335美元、585美元、1550美元。除终身会员外，其他会员均可选择按月缴纳会费。"村庄"面向的群体虽然多为中低收入群体，但多数会员都可承受以上会费；对于个别困难群体（家庭年收入低于美国贫困/低收入水平线3万美元），有3个"村庄"给予不同形式和额度的会费减免。2015年初，会员的平均续费率为94%，会员退会的主要原因为死亡、入住护理机构、搬家。

表6-4 "村庄"的会员类型与会费标准（*n* = 12）

单位：美元

会员类型	"村庄"数目	收费单位	收费类型	会费区间	平均会费
个人会员/家庭会员	6	个人/家庭	个人会员年费	75~500	335
准会员/正式会员	1	个人/家庭	家庭会员年费	95~1300	585

---

① 准会员只参加"村庄"开展的各类社交及其他活动，但不需要志愿者为其提供服务。与其相对的是"正式会员"。在缴纳会费时分为个人/家庭准会员，个人/家庭正式会员；对于选择"候鸟式"养老的老年人，则设置为"社会会员"。

续表

会员类型	"村庄"数目	收费单位	收费类型	会费区间	平均会费
家庭会员/个人会员/社会会员	1	个人/家庭	个人终身会员年费	100~3000	1550
个人会员/终身会员	2	个人			
个人会员	1	个人			
家庭会员	1	家庭			

资料来源：笔者根据调研数据整理所得。

就"村庄"的会员情况而言，至2015年2月，13个调研"村庄"的平均会员数为135人，平均志愿者数为104人；调研"村庄"中志愿者对老年人会员的平均服务比为1∶1.6，个别"村庄"也存在志愿者服务相对不足的情况。虽然有的"村庄"会员数量不少，但实际保持活跃并能够提供志愿服务的会员不多，并且会员中有一部分是"村庄"的委员会成员，这些委员会成员多数服务于"村庄"的管理与活动的组织策划，而很少直接参与对其他会员互助养老服务的供给。

与互助养老幸福院模式不同的是，"村庄"模式对老年会员的身体素质没有要求，不能自理的老人也可加入。调研"村庄"会员的平均年龄为78.6岁，志愿者的平均年龄为69.1岁，且会员平均年龄为80岁以上的"村庄"占一半，会员高龄化的趋势日趋明显。通常而言，会员的平均年龄越大，对志愿服务的需求也会越多。鉴于高龄会员志愿者在提供互助服务上存在诸多限制，而相对年轻的志愿者在提供服务上具有活动能力强、可提供交通服务等优势，这些成为"村庄"招募会员时不得不考虑的方面。根据覆盖区域内的人口老龄化情况、人口结构及老年人对养老服务需求的差异，"村庄"对老年人入会也设置了不同的年龄门槛，加入"村庄"的老年人年龄要在50~65岁。鉴于志愿者队伍年轻化也有利于保持"村庄"活力，为通过邻里互助的"志愿者服务"实现在地养老并保证服务质量，也有的"村庄"（如 Monadnock at Home）在成立之初设置了会员容量的限制，尽量使志愿者与会员的比例保持在2:1的状态，依照可提供服务的志愿者数量及其预期可提供互助服务的活跃程度来确定招募或保有的会员数量；遇到志愿者数量不足的情况时，其他想入会的老年人则需排队等待。但是，调研"村庄"中的绝大多数在实际运行中都不能达到以上比例（包括 Monadnock at Home），反而迫于"村庄"运作中对会费的依赖而不得不打破上述比例限制，通过增加会员的数量以获取"村庄"运行的资金。这种现象使不少"村庄"陷入追求会员数量、会费收入与追求服务质量的两难境地。可见，会员人数、运行资金以及互助服务质量三项内容都会影响"村庄"的健康运行。

三 互助养老服务的需求与供给

为完成帮助老年人尽可能长久地居住在自己家中的使命，了解会员的需求是组织运行的第一步，委员会以调查问卷及访问的形式了解会员的需求，衡量会员志愿者可提供的服务内容及服务量，将志愿者不能提供的服务项目进行汇总，而后在社区内或社区周边遴选（或由会员推荐）质优价廉的外部服务提供商，通过签订协议，以优惠的价格为会员提供服务以弥补志愿者服务的缺口。此外，委员会还在组织运行中密切关注会员的求助内容以提取会员主动反映的需求信息。

在服务供给上，管理者及会员通过"志愿者免费或有补偿地提供服务"与"外部服务提供商优惠地提供服务"相结合的方式满足老年人在地养老的需求。服务供给的主体是会员志愿者、理事会及委员会成员、外部服务提供商。会员志愿者可提供的服务主要包括四类。一是服务区域内的交通服务，志愿者司机在经过犯罪背景及资格审查后接受"村庄"委员会举办的司机服务培训，培训合格后可作为司机搭载会员预约看诊、购物并参加社区活动等，单次免费服务里程通常在 50~80 公里，也有"村庄"会给超出里程范围的司机志愿者一定的交通补贴，个别"村庄"还为司机志愿者提供额外的行车保险。二是入户的生活照料及精神慰藉服务，例如会员生病时的餐食递送、代管宠物、入户问候、喘息服务、每日电话问候等；对于卧床或不便出行的老年人，志愿者会定期入户拜访，满足失能老年人的精神需要及社交需求；会员志愿者也会提供喘息服务，以减轻家庭成员的照护负担。三是家事协助，如轻微的房屋及家具修理，园艺及庭院清扫，计算机、互联网等方面的技术支持等，帮助老年会员做力所不能及的事。四是社交活动，如组织聚会、筹款、老年教育、分享优质的外部服务提供商等。理事会及委员会成员主要提供"村庄"在组织管理、活动策划等方面的志愿服务，其中也有部分成员提供面向会员的互助服务。可见，会员志愿者的服务主要顾及了老年会员在生活照料和精神慰藉两个方面的需求。

对于医疗护理、远距离交通、大规模房屋修理等会员志愿者所不能提供的服务，"村庄"可以借助外部服务提供商达成。会员通过"村庄"提供的信息选择外部服务提供商，并以优惠的价格直接付费。外部服务提供商主要通过三种形式提供服务：以优惠的价格提供服务（有些外部服务提供商与"村庄"签订服务供给合同，但"村庄"也会将一些未签合同的外部服务提供商列入"服务提供名单"，会员可优先选择此类服务提供商），偶尔提供的免费服务（如社区内的居家护理或喘息服务提供商偶尔会面向会员提供免费的服务），原价提供的服务（"村庄"充当转介机构为会员提供获取服务的方式）。外部服务提供商的服务有一定的专业性，如提供专业的入户喘息、医疗护理（注册护理助理入户提供居家养老服务等）、家庭卫生护理及安全评估、专业的家具维修与汽车维修、宜居住宅改建、退休咨询及理财管理等服务。部分超市和商场也加入服务提供商行列，将日常生活品低价销售给"村庄"会员。调研"村庄"的外部服务提供商约有 300 个，基本可以覆盖老年人在地养老的各方面需求，使服务的可获得性增强，而养老成本降低。此外，有的"村庄"也有社会志愿者（如大学生或高中生等）参与，为会员提供"大扫除"、入户陪伴、信息技术支持等志愿服务。此外，有的"村庄"还为老年人提供助老器械、设备的低价租赁服务，老人可以根据需求从"村庄"租赁所需的助老器械、设备，不需要时归还，在实现养老资源循环利用的同时，也可降低养老成本。

四 组织与管理

"村庄"的组织结构设置比较灵活，一般包括理事会（Board of Directors）和/或委员会（Committees）。理事会负责监督"村庄"的组织活动及其运行（也包括对委员会的监督），由会员选举产生，有任期；委员会通常依据"村庄"具体活动的需要设置，一般有会员/志愿者委员会、活动策划委员会、信息服务委员会等。在岗位设置上，多数"村庄"会设置执行理事（Executive Director）、管理和服务协调员，前者负责"村庄"的行政事务，后者负责协调会员和志愿者的具体活动，其他岗位则依实际需要决定是否设置。由于"村庄"运行的资金有限，多数"村庄"在办公场所的选择上相对比较灵活以省成本，只有"Homeports"争取到郡政府为其提供的一间办公室，其他"村庄"则选择在教堂内办公或低价租用办公地点；也有"村庄"选择"虚拟办公室"，借助互联网、软件技术等手段，通过电话、电子邮件等协调组织运行及互助活动（如Monadnock at Home）。"虚拟办公室"运行成本低，方式灵活，尤其适合兼职工作人员办公，但此方式对工作人员的信息技术能力有一定的要求。

"村庄"的雇员情况则因岗位设置而异。鉴于"村庄"是非营利性的志愿者组织，主要依靠会费维持运行与管理，"村庄"的雇员聘用会优先考虑会员中有能力的老人，多数会员雇员以志愿者的形式全职或兼职无偿承担"村庄"的管理及协调工作，既能满足老年人自治以及社会参与的需求，又能降低组织运行的人力成本。也有的"村庄"雇用全职雇员，一般有0~3人，主要担任执行理事和服务协调员职务。在雇用全职或兼职雇员时，优先考虑具有社会工作或社区工作经验的老年会员。鉴于"村庄"事务的管理需要以一定程度的计算机应用技术及财务管理等方面的经验为支撑，因此也有个别"村庄"会雇用相对年轻但具备以上能力的雇员。

第三节 "村庄"模式与幸福院模式的比较分析

基于前文的论述，可以发现"村庄"与幸福院两种互助养老模式在诸多方面存在差异，明确两种模式之间的差异及背后的原因，对于相互之间经验的借鉴具有重要意义。下文将对两种模式在老人的居住方式、性质和运行资金、养老服务的需求与供给以及组织与管理等方面的差异进行分析，凸显中国式互助幸福院的特点。

在一定程度上，"村庄"模式与幸福院模式两种互助养老模式的使命都可归结为帮助老年人实现在地养老。相较于幸福院模式，"村庄"模式下的在地养老致力于帮助老年人实现在家养老愿望，使中产阶级和低收入者中的老年人"尽可能长久地在自己家中居住"，这一使命决定了该模式面向的对象除了具有居家养老意愿的中低收入者外，也不排斥因失能而在家居住的老人，不仅局限于独居老人。该模式主要通过互助服务尽量帮助老人延长在家居住养老的时间，延后老人入住护理型养老机构的时间节点，属于分散居住的居家型互助养老形式。幸福院模式下的在地养老则致力于优先将独居老人安排在社区内的集中居住场所中满足养老需求。该模式不以老年人的收入状况为转移，但是将失能老人排除在外，通过互助服务尽量帮助老人延后入住护理型养老机构或完全依赖

第六章 乡村居家互助养老的域外案例及启示

家庭成员照料的时间节点，属于集中居住型互助养老形式。

"在家居住"与"集中居住"是两种模式在形式上的区别之一。"村庄"模式的在家居住式互助养老与幸福院模式的集中居住型互助养老两种形式的选择背后有多方面的原因。在美国财产私有制的体制下，老年人难以低成本地达成在固定场所集中居住的意愿，老年人的居家养老意愿也不利于集中居住想法的实现；美国老年人的独立自由、尊重个人隐私的文化传统，也是幸福院模式"两两搭伴儿"的集中居住形式行不通的原因。美国的《老年人法》中有老年人居家养老适老环境改造的相关条例，地方老年人办公室有专门的工作人员定期上门检查老年人居家养老的安全情况并评估适老环境改造的需求，多数老人在家中进行了适老环境改造；美国老年家庭的智能助老设备（如紧急呼叫设备、跌倒感应设备、电动轮椅等）的应用程度高，老年人对网络、电话等现代通信手段的掌握较为熟练；公共生活环境中无障碍通道等适老设计比较人性化，也有利于老人居家养老的实现。这些也是美国老年人独居率更高、"村庄"模式不仅仅针对独居老人的原因之一。此外，美国在社区层面相对完善的居家养老服务供给体系可以作为"村庄"模式的支撑与补充，与互助养老共同满足老年人的居家养老需求。因此，美国意义上的"独居"与中国意义上的"独居"是有差异性的，美国具有相对成熟的"独居"以及居家养老的支持性条件，因而美国在现实条件下可以通过居家养老基础上的互助养老来满足老年人的养老需求。

相比之下，虽然中国农村的老年人也希望自己能够更长久地居住在家中，并且依靠子女或配偶养老，但是老人自己独居家中难以防范威胁生命的意外事件发生；并且我国农村居家养老服务体系尚未建成，老人在家养老难以得到除家庭成员之外的外界支持，多数农村老人家中及村庄的公共空间都尚未进行适老环境改造，且助老科技应用水平低，这使独居老人难以通过在家养老满足养老需求。基于我国农村的集体资产及集体经济相关制度，幸

农村互助养老：幸福院的案例与启示

福院得以整合村集体的闲置资源用于发展养老事业，比如整合村集体闲置村部或校舍为老人提供集中居住场所等，这在资产私有制的美国则很难达成，而在集中居住的环境中，老年室友之间甚至整个幸福院老人之间可以通过互助照料满足集中居住的养老需求。可见，鉴于当前我国农村多数地区尚不具备实现老年人居家养老的条件，独居老人的居家养老愿望难以实现。集中居住型的互助养老幸福院模式是在老人能自理的阶段通过内涵更广的"在地养老"替代"居家养老"，帮助老年人满足养老需求。从一定意义上讲，这种"在地养老"意义上的互助养老幸福院模式是老人在居家养老意愿实现过程中的折中选择；虽不能实现"在家"养老，但是能够实现在"家"所在社区的"在地养老"。

两种互助养老模式在性质和参与主体方面也有差异。虽然两种模式都是自下而上产生的，但"村庄"在之后的运行中一直保持独立的非营利性组织的性质；幸福院虽然是村集体领导下的自治性老年人民间互助组织，但是地方政府在资金、物资及管理上的干预使幸福院享有"有限"的自治权。在性质上，"村庄"属于正式注册的符合美国税法第501（c）条第3款的非营利性组织，是基于公共利益的大众服务型组织，该类组织享受国家、州的多项税收优惠，并且可以接受抵税捐赠，享受较低邮费，可以接受资助。此外，"村庄"与所在社区或地区政府也不存在直接的管理或监督关系，"村庄"完全自主、独立运行；政府在"村庄"模式的运行中不进行直接干预，不给予资金支持，"村庄"在运行管理上依然具有完整的自治性与独立性；但是，在政策上，"村庄"作为国家认可的非营利性组织在一定程度上享有国家对其接受社会捐赠的合法保障。与中国不同的是，美国的公益慈善文化氛围更加浓厚，"村庄"模式能够在会员会费和社会捐赠的资金支持下维持运行。

相比较之下，幸福院在自下而上成立后的推广中演变为自上而下的模式，政府的行政指导增强，民间互助组织的"自治性"

第六章 乡村居家互助养老的域外案例及启示

受到限制。除村集体的经济支持外，幸福院还受村委会的领导和监督，而且地方政府配套运行资金成为"惯例"。这一"惯例"的形成，也是由中国特殊的社会经济条件所决定的，鉴于中国公益慈善的发展程度远不及美国，在农村地区很难产生完全依靠自筹资金维持运行的养老形式，特别是依托于固定养老场所的养老形式。即使产生了完全依靠自筹资金运行的民间互助养老形式，其运行资金的筹集及组织运行也很难具有可持续性。因此，在农村，基于固定养老场所的养老形式的产生与运行只能依赖村集体资产支撑或政府的资金支持。对于集体经济不发达的农村社区，政府资金及物资支持的重要性便会凸显出来。虽然在运行中享受用电用水方面的价格优惠，但成立后运行的幸福院尚未在相关部门注册，不能通过银行开设对公账户接受社会捐赠。由于社会捐赠少，幸福院模式的运行多依赖于村集体和政府的资金支持，相较于"村庄"模式，幸福院模式中政府的参与是中国式"互助养老"的一个重要特征。此外，在幸福院模式中，对家庭养老传统的继承与家庭参与互助养老也是"中国式"互助养老区别于美国"村庄"模式的一个方面。与中国不同，美国子女没有赡养父母的强制性责任与义务，"村庄"模式的运行中多是老年人之间的互助，家庭成员很少直接参与其中。

在生活照料及精神慰藉资源（包括养老服务）的供给上，虽然两种模式都主要通过老年人之间互助服务的形式来实现，但两种模式在资源供给主体和具体内容上也有较大的差异。"村庄"模式互助服务的主要主体是老年人会员，市场则作为补充主体参与相对专业性的养老服务供给及生活类养老资源的供给；"村庄"模式除了依靠老年人之间的互助满足在家养老的日常生活照料及精神慰藉需求外，对于较为专业的服务，还通过市场参与的途径，与专业服务机构签订合同，以低价为老年会员提供上门服务，或与日常生活消费品的零售商达成低价售卖商品给老年会员的协议以降低老年人的养老成本。在互助的服务内容上，鉴于两种互助

225

农村互助养老：幸福院的案例与启示

养老模式场所的差异，"村庄"模式的服务内容多集中于入户服务上，并且围绕在家养老提供包括适老环境改造、处理家务杂事等在内的多项服务；基于美国老年人居住分散的特点，老人之间在出行方面的互助服务需求较大，居住的分散性和人口的流动性也使该模式重视对老年人社交、筹款活动的组织，以维系老年人的社会交往并丰富其精神文化生活。可见，在"村庄"的平台上，老年人、市场是互助服务的直接供给主体，家庭与政府基本不参与其中。

相比较而言，幸福院模式中的互助服务则主要通过老年人在幸福院这一集中居住场所中的互助生活来实现，市场基本不参与幸福院模式的养老服务供给。但是，在幸福院这一平台上，家庭、政府与社会也在一定程度上参与生活照料及精神慰藉资源的供给，这也是幸福院模式与"村庄"模式的区别之一。政府的重视及社会媒体的关注在一定程度上促进了老年人精神需求的满足，政府也通过在集中居住的环境中集约利用养老资源实现了养老成本的降低。由于幸福院模式的集中居住形式，老人之间的互助服务主要体现在幸福院空间内的生活陪伴及日常生活照料上，而不涉及"入户服务"和对老人"家"的适老环境改造；并且基于传统农村社区的聚居性、熟人社会以及幸福院公共场所的特性，老人一直生活在熟悉的社会环境中，因而幸福院一般也不为老人举办社交活动。

在两种模式的组织管理及监管上，"村庄"的管理形式相对灵活，主要依托网络等现代通信手段调配老年会员的需求与服务的供给，办公地点不局限于实体办公室；管理任务主要由分管不同事务的委员会承担，理事会主要起对"村庄"运行的监督作用；"村庄"模式虽然也以自我管理、自我服务为原则，但其管理者与服务提供者通常可以分离，并且可以雇用全职或兼职的管理人员（不限制为老年人）。相比较之下，当前我国农村老年人在网络及其他现代通信手段的应用上与美国仍有一定的差距，幸福院的管理主要依托于管理者与老人之间面对面的交流；幸福院的管理人员都是在院中居住的老人，管理人员同时也是互助服务的提供者，原则上不为院内自我管理、自我服务的老人提供薪金；在监管上，与"村庄"模式的理事会内部监管不同，幸福院模式在经历自上而下的推广之后，鉴于政府在资金及物资上的支持，对幸福院起监管作用的是镇政府，然而镇政府工作人员多从财务上进行监管，对幸福院的具体运行却不了解，难以避免幸福院实际运行中存在的"寻租"等问题。

在模式运行中存在的问题上，虽然前文提及"村庄"的主要经济支撑是会员会费及社会捐助，但是在运行过程中，多数"村庄"仍然存在运行资金短缺的问题，而这一问题的解决则主要依靠会员的招募及筹款活动。因此，在部分村庄中，会员招募及运行资金短缺两个问题常会伴生存在。招募具备司机能力的会员志愿者及具备一定办公技能的雇员对"村庄"这一"老龄"组织而言，也是关系互助服务质量及互助可持续性的一个问题。此外，"村庄"自治和自我支持虽然有利于更好地、有针对性地满足会员多样化以及特殊的养老服务需求，但是缺乏组织隶属关系、与正式养老网络脱节也是其可持续发展的隐忧。比较之下，幸福院虽然其日常运行经费由村集体承担，但对于集体经济条件一般的村庄而言，想要改善老年人在幸福院的生活条件，还需要外部资金的支持。前文提及，老人的入住是影响幸福院可持续发展的一个方面，如何改变老年人及其家庭成员的养儿防老观念以确保老人入住是幸福院运行中遇到的问题，也是发展中面临的挑战。

基于"村庄"模式与幸福院模式的比较，可以看出，"中国式"互助养老幸福院模式的特点主要体现在政府的指导及对家庭养老传统的继承与家庭的参与上。虽然幸福院最初是自下而上产生的民间自治性互助组织，但是在自上而下的推广过程中，政府在资金、物资和政策上的支持使幸福院在运行管理中仅享有"有限的"自治权；基层政府负责监督幸福院的财务管理。这些特点也不可避免地使幸福院在实际运行管理中出现"寻租"等现象（见表6-5）。

表6-5 "村庄"与幸福院模式运行的主要差异

比较项	"村庄"模式	幸福院模式
性质	正式注册的非营利性组织	村委会领导下的草根自治组织（政府指导）
使命	让老年人尽可能长久地在自己家中养老（入户支持）	满足独居老人的生活照料、精神慰藉需要，弥补家庭养老不足的同时，实现在地养老
面向对象	50岁以上中低收入老人（包括失能老人）	60岁或70岁以上能自理的老年人
居住形式	在家居住	集中居住
运行资金	会员会费；社会捐赠、筹款	村集体；政府配套资金；社会捐助
养老供需对接形式	由管理者调配养老服务需求和供给	老人之间面对面的供需对接
养老需求满足形式	会员互助服务与外部供应商（市场）优惠服务转介	老人之间互助服务；家庭、政府及社会参与
组织管理与监督	虚拟办公，委员会管理、理事会监督，可雇员	实体办公，村委会、当地民政部门监督，原则上无雇员
存在的问题	运行资金；年轻老年人会员招募	性质定位；运行资金与政策支持
面临的挑战	运行资金与会员招募的可持续性	资金与可持续政策支持，传统养老观念的转变，养老需求的满足

第四节 美国农村互助养老的经验与启示

在宏观层面上，中美两国在养老文化、传统及经济社会发展条件等方面都有差异；在微观层面上，前文对美国有组织的互助养老"村庄"模式与我国农村的互助养老幸福院模式的比较，也呈现了两种模式在具体运行上的差异。宏观背景的差异及具体运行上的差异，决定了"村庄"模式的经验借鉴对于中国而言具有一定的限制性。但是，鉴于中美两国在人口老龄化、家庭规模小型化、老年人互助自养及在地养老的趋势等方面都存在相似性，美国农村互助养老的"村庄"模式在解决我国农村养老问题上仍具有一定的借鉴意义；虽然西方国家在养老方面的文化等对中国而言不具有可借鉴性，但是"村庄"模式在运行管理及互助服务的供给等方面都有可借鉴的经验。

虽然农村互助幸福院也是以集体居住形式运行的，但其与机构养老概念下的养老院之间又有所差别，对多数农村老年人而言，"养儿防老""住养老院是子女不孝"的传统观念一时间难以改变，在家庭养老功能弱化的背景下，在自己家中养老依然是最理想的状态。美国"村庄"模式即基于"使老年人尽可能长久在其家中养老"的使命，通过整合社区及周边各类正式及非正式资源，以及老人之间的互助养老与居家养老服务体系，满足老年人居家养老需求。从老人养老的场所差异来看，幸福院模式的互助养老可以被称为"在地型互助养老"，而美国"村庄"模式可以被称为"居家型互助养老"。从一定意义上讲，"居家型互助养老"更能帮助老年人实现尽可能长久地在自己家中居住的愿望，本书第一章绪论的第二节"互助养老研究的兴起与发展"对国内农村互助养老的传统与实践进行了综述，呈现了我国农村地区现存的互助养老形式。比如，陕西榆林米脂从本村留守人员中评选爱心敬老服务员组成邻里互助养老服务小组；湖北恩施、陕西凤翔与华县（2015年撤县设区）依托老年人协会组织精英老人与困难老人结对帮扶，划片开展群体性互助养老；浙江舟山依托老年人协会开展低龄老人与高龄老人、健康老人与病残老人的结对互助活动。可见，我国农村地区已经开始探索以老年人居家为基础的互助养老实践以满足老年人在家养老及在地养老的期望。以上"居家型互助养老"的实践，以及集体经济难以支撑基于固定养老场所的幸福院模式发展的农村社区，都可以借鉴"村庄"模式的"居家型

农村互助养老：幸福院的案例与启示

互助养老"形式。

在对"村庄"模式具体运行的经验借鉴上，可以重点关注以下几个方面。在互助养老服务供给及会员需求的满足上，"村庄"探索多层次、多参与主体的服务提供网络，参与互助养老的老年人提供非专业性养老服务以满足会员的基本需求，而对于专业性的养老服务需求，"村庄"为会员提供转介服务和经过"村庄"审查的、价格优惠的外部服务商名单（Scharlach, Lehning and Graham, 2012），名单按照消费者评价的高低排列，会员作为消费者可自由选择并直接付费给青睐的服务提供商。"村庄"充当"集体议价组织"，使得老年人在个人层面实现"集体议价后优惠的个人采购"，而市场在养老服务资源供给上的介入则有利于降低老年人的养老成本，提升养老服务质量。以上养老需求及供给的对接是"村庄"通过"办公室"来达成的，"办公室"是统筹调配养老资源的平台和调度中心，潜在地形成对会员需求的有组织的回应（Litwin and Shiovitz-Ezra, 2011），这种组织化的互助在有针对性地满足老年人养老需求的同时，还可以提升老年人的互助责任感、对社区的归属感，以及实现社会融合和社会资本的聚拢。在运行管理及监督上，"村庄"模式通过内设理事会对"村庄"的运行管理进行监管也具有一定的可借鉴性，可以避免类似幸福院模式由镇政府、县民政部门等进行监管的劣势，互助养老组织内设监督机构较外部监督机构而言可以更加了解实际运行情况。在适老环境改造上，鉴于美国居家型互助养老的"村庄"模式是依托相对完善的居家养老条件达成的，重视老年人居住的家中的适老环境改造、老年人所生活的社区的适老环境改造以及农村居家养老服务体系的完善，通过改变更多的物质和社会环境以提高老年人在自己家中和社区中养老的能力（Boufford, 2014）是我国农村发展居家型互助养老可借鉴的经验。

除以上可借鉴的经验以外，美国农村互助养老"村庄"模式的发展还对未来我国农村互助养老及农村养老服务体系构建有如

第六章 乡村居家互助养老的域外案例及启示

下启示。我国自古以来便存在基于亲缘、血缘以及地缘的互助传统,可借助农村社区建设及农村互助养老幸福院模式推广的契机,推动互助型居家养老及社区居家养老服务系统建设;在农村社区建设中,将老年宜居住宅建设纳入日程,同时在软件建设上重视对社区养老资源的整合与利用。在既有互助幸福院的基础上,或借助互助幸福院的兴建,幸福院的负责人员可向村民介绍"互助型居家养老"的理念,可借鉴会员志愿者的服务提供方式,也可选择类似幸福院的一对一"搭伴儿"互助的方式,满足老年人的基本需求。鉴于选择"互助型居家养老"的老年人不可能通过互助满足一切养老需求(如相对专业的护理需求),因此依托农村社区整合养老资源并建立居家养老服务体系是必然要求,在居家养老服务体系的构建中应重视电话、紧急呼叫器等科技手段的应用。社区管委会或村委会可借助农村社区建设及国家关于完善农村居家养老服务体系的相关政策,为居家养老的老年人提供质优价廉的生活及养老护理服务(也可由政府或第三方提供),充分利用本地资源使老年人尽可能得到较好的照料,能独立且有尊严地生活,在熟悉的环境中延迟必须选择机构养老的生命阶段的来临。此外,"村庄"模式在国家层面的 VtV 网络作为"村庄"的全国性保护伞组织,服务于"村庄"成立、运行、经验交流、资源筹集以及话语权的增强等方面,这一经验也值得幸福院模式借鉴。虽然当前我国农村专业性的养老护理服务在短期之内难以完善,但是随着对老年人长期护理保险制度的探索,居家养老服务体系中的护理体系也需要在健康老龄化的框架下得到重视。[①]

除上述运行管理和养老服务供给两方面的经验外,"村庄"模式在实现可持续发展上也有可借鉴的经验,即解决了运行资金的可持续性与会员招募的可持续性问题;我国农村互助养老幸福院

[①] 本部分内容与笔者已发表的论文观点一致,可参见张彩华、熊春文《美国农村社区互助养老"村庄"模式的发展及启示》,《探索》2015 年第 6 期。

模式的可持续发展同样需要有充足的资金保障与老人的持续入住，除此之外，政策支持、养老服务供给、幸福院领导力等也对幸福院模式的可持续发展有重要意义。第七章将通过分析幸福院模式在我国的推广及运行情况对该模式的可持续性进行探讨。

第七章　互助养老幸福院模式的可持续发展探讨

鉴于互助养老幸福院模式具有一定的推广意义，在 Q 村幸福院发展的第三年（2010 年），FX 县民政局开始在周边村庄进行自上而下的典型试点；第四年（2011 年），省民政厅根据试点发展的情况及国家的政策导向，决定在全省范围内推广；自第六年（2013 年）起，国家层面从中央专项彩票公益金中拨款扶持幸福院模式在全国范围内的推广。幸福院模式经历了从自下而上的兴起逐渐转变为从村到县、省、全国范围内自上而下的推广的过程，在此过程中，幸福院的运行管理也由村庄层面自发性的自组织阶段过渡到推广性的民办公助阶段。一种好的模式在推广后适应当地实际并持续发展对于该模式的推广至关重要，否则便是对资源的浪费。幸福院模式先试点后推广、以点带面、点面结合的自上而下的模式推广是较常用的推广方式之一，如何在该模式自上而下推广后，根据当地实际进行自下而上的调适是该模式可持续发展的关键一环。若忽略自我调适这一环节，只是一味照搬 Q 村幸福院模式的发展则不可避免地会产生不适应性，从而影响该模式在当地的可持续发展。前文提及"全国社区老年福利服务星光计划"从 2001 年开始推广到 2015 年新闻披露多数"星光老年之家"荒废，共 15 年时间；在地方政府及民政部自上而下的推动及中央专项彩票公益金在 2013～2015 年对幸福院建设的资金支持下，幸福院模式在全国范围内迅速发展。在一定程度上，这两种养老模式的推广既有相似性也有差异性，如何避免幸福院在发展中面临与"星光老年之家"相类似的不可持续问题值得探讨。

"星光老年之家"与幸福院模式有一定的相似性，也有很多不同点。比如，就全国层面的推广而言，二者同属民政部牵头推广的老年福利服务项目，项目期都为三年，虽然"星光老年之家"项目最初不是自下而上发起的，但其全国推广过程与幸福院的全国推广过程类似，二者在省级层面都使用了"典型引路、以点带面"的推广策略；在建设运行资金上，二者都由专项彩票公益金出资（幸福院由中央专项彩票公益金扶持，"星光老年之家"由民政部本级彩票公益金扶持），地方各级政府配套资金，村集体自筹一部分资金，但对于项目期结束后的运行资金，政府对两种模式都没有相关政策文件及财政方面的支持等。虽然"星光老年之家"项目在全国 10 万个社区居委会和农村乡镇中新建或改扩建了一批城市社区老年福利服务设施、活动场所和农村乡镇敬老院，以供老年人娱乐、健身和学习，但最终归于失败，多数"星光老年之家"老年活动室仅剩的棋牌室的功能抑或被"撂荒"，居家养老服务等也没有落实，有些"星光老年之家"的场所在后期被改造为老年活动站、老年餐桌、社区老年人服务站等，这从侧面说明老人的娱乐、健身及学习需求在当时或当前并不是最迫切需要满足的需求。该模式失败的原因是多方面的，后期运行资金不足、经营管理及设施维护问题等都是影响其可持续性的因素。基于"全国社区老年福利服务星光计划"的经验教训以及第六章"村庄"模式的经验启示，下文将在介绍幸福院模式推广过程及路径的基础上，呈现幸福院在运行中根据当地实际自我调适的非预期政策后果，进而探讨幸福院模式可持续发展的条件。

第一节 政策支持下的模式推广与发展

幸福院模式经历了从村庄层面的自组织阶段到自上而下的推广阶段再到自下而上的自我调适或自适应阶段，在这一过程中，

第七章　互助养老幸福院模式的可持续发展探讨

政府主导的自上而下的推广采取了"典型引路、以点带面"的策略，这一策略表现为从村庄层面到省级层面再到全国层面的推广与发展，以及推广中采取以奖代补的形式。下文将介绍幸福院模式的县级试点与省级推广、国家层面的推广与发展过程，以及推广过程中农村养老资源的重组与配置情况。

在幸福院模式的县级试点与省级推广方面，2010年3月，Q村幸福院模式被FX县当作样板在周边的7个村进行试点，并于当年年底投入运行。院内设140张床位，共入住108名老人，由村集体出资整改闲置小学校舍并负责日常运行支出，由民政部门负责配备床、电视机、电磁炉、空调、洗衣机、厨具、文体用品等。试点村庄的运行基本与幸福院模式在自组织阶段的运行类似。此后，该县试点互助幸福院的新闻开始在媒体上频繁出现，引起社会的关注。2011年2月，省民政厅到幸福院考察，此后民政部领导前往FX县调研指出，"互助养老是群众需要的、村级组织能够兴办的、政府也有条件支持的养老方式，因地制宜，因陋就简，村级主办，政府扶持，该模式与当前的经济社会发展水平相适应，有普及的示范性；希望省、市、县三级政府与民政部携手推广普及幸福院模式"。省民政厅继而制定了《关于大力推进农村社会养老"幸福工程"的意见》，决定在全省推广幸福院模式，解决留守老人、独居老人的养老难题，争取到"十二五"末实现全省农村以幸福院为主的各类养老服务机构全覆盖的目标。

在省级层面决定推广之后，FX县人民政府自2012年起相继印发《关于加快推进农村互助幸福院建设的指导意见》《FX县互助幸福院建设标准的通知》《关于农村互助幸福院验收有关规定的通知》《进一步加强农村互助幸福院建设宣传报道和信息反馈工作的通知》等文件，"幸福院"成为FX县的"头号民生工程"，FX县将幸福院建设发展情况列入地方干部年度政绩考核指标体系，实行一票否决制。在政府的政策引导下，幸福院模式从县级试点走向省级推广。在省级层面的推广中，政府采取"以奖代补"的方

农村互助养老：幸福院的案例与启示

式扶持幸福院模式的发展，获得奖补的幸福院分为三种类型：新建型、集体房产改扩建型、集体租赁房屋改扩建型。这一划分主要是根据村庄的经济情况，有集体企业或其他集体经济收入的村庄可以新建，有空置"两委"办公室、小学、闲置厂房等集体资产的村庄可进行改建，如果上述两个条件都不具备，就租赁民房（随着劳动力外流，部分村庄闲置民房较多）。新建型幸福院的建筑总面积在 400 平方米以上，宿舍面积达 260 平方米，设施配备齐全，经验收达到标准的，每院奖补 10 万元；集体房产改扩建型幸福院，经验收达到标准的，每院奖补 5 万元；集体租赁房屋改扩建型幸福院，经验收合格后，每院奖补 0.5 万元。其中，新建型、集体房产改扩建型幸福院，开工后拨付奖补资金的 40% 作为启动资金，在规定时间内建成并入住的，拨付剩余奖补资金；不能按时完成建设任务的，每推迟一个月，就扣除奖补资金 20%；达不到拟建标准且验收未通过的，按规定扣发奖补资金。奖补资金用于房屋建设、修缮和生活设施配备。此外，财政部门对幸福院水、电、取暖等公共费用进行补贴，对每位入院老人每年补贴 350 元；年底还对幸福院进行星级评定，有 1~5 级，每级 10 家，共 50 家，授予星牌并给予一定奖补。对于入住率较高的幸福院而言，来自政府的财政拨款及奖补的资金基本能维持其日常运行。

就 FX 县的幸福院建设进度而言，在前文提及的 7 家试点幸福院的基础上，依据县民政局提供的数据：2010 年 4 月底，全县已建成投入使用的幸福院 16 家，床位 283 张，另有 99 家幸福院正在建设；6 月底，全县共建成幸福院 149 家，其中投入使用 95 家，入住老人 1326 人，正在建设 63 家，预计总床位数 3579 张，另有 15 个村处于规划建设过程中；7 月底，全县建成 178 家幸福院；截至 10 月底，建成 192 家幸福院，床位数 3400 张；至 2012 年 7 月，全县共建幸福院 240 家（25 个村联建），其中新建型 21 家，集体房产改扩建型 53 家，集体租赁房屋改扩建型 166 家，覆盖全县

265个行政村，占地面积312.6亩，建筑面积54825平方米，各类房屋2453间，床位数5328张，入住老人4692人。至2015年，FX县投入幸福院建设的配套资金在5000万元以上。其中，"一事一议"500万元，上级专项资金及县、乡两级财政补贴2600万元，部门帮扶100万元，社会捐赠300万元，义务工100万元，村集体自筹1400万元，县财政每年列入财政预算300万元，按每年每名住院老人500元的标准给予补贴，用于幸福院设施设备的更新维护和运行管理。除政府的财政支持外，一些企业、社会组织等也参与了幸福院建设的物资支持。比如，2011年，河北省《老人世界》杂志社给幸福院捐赠图书，TCL集团"扶贫惠民"工程为部分农村幸福院捐赠冰箱、彩电、空调、洗衣机等电器；河北省考试院培训中心捐赠床、电视、餐桌等；也有爱心人士通过民政局向FX县25家幸福院捐赠25台洗衣机，价值1.5万元。

2012年3月，全国社会养老服务体系建设工作会议在河北邯郸举行，互助养老幸福院模式引起全国范围内的关注。此外，中央电视台《新闻联播》《新闻直播间》《夕阳红》《新春走基层》《朝闻天下》《焦点访谈》等栏目都曾报道FX县互助养老幸福院模式，提高了该模式的关注度，之后幸福院模式开始在全国层面推广与发展。2013年，财政部和民政部联合印发《中央专项彩票公益金支持农村幸福院项目管理办法》（财综〔2013〕56号），2013~2015年连续三年安排中央专项彩票公益金30亿元（每年10亿元）支持建设农村幸福院，该专项资金为每个申报的农村幸福院项目提供3万元补助，即每年建设33333个幸福院，用于农村幸福院设施修缮和设备用品配备等工作。在中央拨款的同时，地方各级财政负责配套资金或物资（FX县财政每年配套300万元扶持幸福院并配套一定物资），村集体则负责日常运营支出。但是，该办法所指的农村幸福院是由村民委员会进行管理，为农村老年人提供就餐、文化娱乐等服务的公益性活动场所，包括农村老年人日间照料中心、托老所、老年灶、老年人活动中心等，与Q村类

农村互助养老：幸福院的案例与启示

似的集中居住型互助养老幸福院模式只是其中的一部分。按照这一界定，到 2013 年底，各地共建成农村幸福院 79521 个（占全国村庄总数的 13.5%，全国村庄数 589000 个），床位有 70.02 万张。目前，虽然尚无实际入住率方面的统计，但是从笔者在河北省的调研情况来看，闲置的幸福院不在少数，下一节将会提及闲置幸福院的情况。

就全国的数据而言，目前尚无关于幸福院数目的统计。但是，从图 7-1 可见，截至 2015 年，全国范围内已有 21 个省级行政区开始推广幸福院模式，并且在 2012~2015 年，在政府自上而下推行幸福院模式的形势下，推行幸福院的省级行政区数目增长较快。河北省、陕西省等省份还将幸福院建设纳入新民居规划中。除自上而下的幸福院模式推广外，也有极少数在 Q 村幸福院的带动下投资建立幸福院的案例，Q 村周边一村庄中有一位经商的中年人曾主动到 Q 村幸福院中学习经验，以建立幸福院回报家乡。虽然类似由个人资助建立幸福院的案例仅占极少数，但是这也启发农村整合"新乡贤"等有为个人发展农村养老事业。

图 7-1 推广幸福院的省级行政区数目及年度增长情况

资料来源：笔者依据民政部网站的数据整理而成。

第二节 推广型幸福院的自我调适与非预期政策后果

前文介绍了在国家行政强制力推动下，互助养老幸福院模式在全国范围内的快速发展情况。在幸福院模式的推广过程中，有的村庄根据本村的具体实际对幸福院的建立和运行进行了调适，使幸福院在运行中充分利用村庄现有条件最大限度地满足本村老年人的养老需求，而不是照搬Q村幸福院的模式。但是，有的地区在自上而下的幸福院模式推广中基于政府对覆盖率的要求以及中央专项彩票公益金支持下三年内建设10万个幸福院的目标，为了完成上级政府下达的建设农村幸福院的任务，在建立幸福院之后不开门运行或疏于经营，使得幸福院的利用率不高，造成对养老资源的浪费。此外，在幸福院模式自上而下推广的过程中相关主体还存在对"互助养老"的内涵理解不到位等非预期政策后果。笔者在调研期间曾对Q村周边村庄及周边乡镇幸福院进行了走访，下文将总结幸福院在运行中根据本村实际的自我调适以及幸福院模式推广中产生的非预期政策后果，以启发思考互助养老幸福院模式可持续发展所需的条件。

一 幸福院运行管理的自我调适

在幸福院模式推广过程中，鉴于不同地区与不同村庄的经济发展程度、老龄化情况等存在一定的差异，若完全复制Q村互助养老幸福院模式不一定能满足不同村庄老年人口的养老需求，因而充分利用现有养老资源并基于本村实际对幸福院运行进行自我调适，有利于更好地满足本村老年人的养老需求，下文将通过Q村周边村庄的3个幸福院案例总结不同形式的自我调适。

案例7-1：QZ县"托老所"形式的X村幸福院

QZ县与FX县相邻，X村幸福院所在的村庄集体经济条件较好，村集体依托集体土地种植苗木，出售后给村民分红并抽出一部分资金给村集体，村民经济条件相对较好。2011年，参照Q村幸福院模式，由村集体出资将村内闲置的小学校舍改造为幸福院，并由村集体负责幸福院的日常运行开支。两位老人住一间卧室以相互照应。但是，与Q村幸福院不同的是，该村幸福院以"托老所"的形式运行，向老年人收取低水平的餐费，村集体出资配备厨师为老人提供餐食。该村老人入住幸福院须每月缴纳生活费100元，自入院申请被批准之日，一次性缴付全年生活费1200元；入住不足一年者，退还剩余月数的生活费；并且村集体会给老人每人每月补贴生活费200元，由托老所统一管理，用于一日三餐。此外，与Q村老人入院门槛"年满60周岁的单身老人"不同的是，该村老人的入院门槛为年满70周岁、日常生活基本能够自理的村民，本人自行申请并征得子女同意后可入院。五保户、低保户等社会救助对象可免费入住。

案例7-2：QZ县可接纳双女户与纯老户的Y幸福院

Y村依托葡萄种植产业增加村集体收入，属于集体经济条件较好的村庄。2012年该村将村内闲置小学校舍进行改造建成幸福院，两位老人住一间卧室相互照应，可容纳50多位老人生活居住，目前已有35位老人入住。与Q村幸福院类似，Y村幸福院的日常运行花费由村集体承担。不同之处在于，幸福院优先接纳70周岁以上的单身老人、双女户老人、纯老家庭老人、五保老人、低保老人以及村干部等为村里做出突出贡献的老人，而不仅限于单身老人。另外，老人自己负责餐食，各自吃各自的。

案例7-3：失能后仍可留院养老的FX县Z幸福院

Z幸福院为二层楼式，由村集体和县民政部门投资47万元改扩建闲置小学校舍而成，60周岁以上的单身老人即可入

第七章 互助养老幸福院模式的可持续发展探讨

住,现入住老人32人,已住满,年龄为65~86周岁。该村60周岁以上的单身老人约有70人,还有许多老人"排队"等待入住幸福院。与Q村幸福院不同的是,Z幸福院允许老人失能后继续在院居住,由子女轮流在幸福院陪护照料,若老人身体恢复后,可继续住。由于周边没有护理型养老院,若老人病情持续恶化,则由子女接回家中护理。据院长介绍,该幸福院最初的政策也不允许老人失能后继续住,但是老人失能后都不愿意离开幸福院,为了满足老人的心愿,则让老人继续在院养老,并让其家人到幸福院进行照料。

通过以上3个案例可见,在国家自上而下的模式推广中,部分幸福院根据当地实际与自身条件对其运行进行了调适以更好地满足老年人的养老需求,因而也与Q村幸福院的运行具有一定的差异性(见表7-2)。在Q村幸福院建立之初,考虑到Q村没有集体经济来源,小学校舍的规模也有限,不能接纳村里所有老人,因而只能先解决独居老人养老问题这一关键短板。案例7-2中的村庄依托较好的集体经济条件,除接纳单身老人入住之外,还接纳其他类型的老人,如双女户家庭老人、社会救助对象中的老人以及对村集体做出突出贡献的老人;案例7-1则在依托集体经济并收取低廉餐费的基础上,面向村内所有老人。但是,与Q村幸福院不同的是,案例7-1和案例7-2中的幸福院接收老人的年龄门槛都在70周岁以上。案例7-3中的幸福院与Q村幸福院最为相似,面向对象为60周岁以上的老人,但是在案例7-3中若入住老人失能,幸福院仍然允许其在院居住,只是将子女的护理地点从家庭转移到幸福院这一公共场域中。据案例7-3的幸福院院长介绍,子女在幸福院中照料失能老人比在家照顾得要好一些,因为在公共场域中,其他老人都能看见其子女的孝养行为。在公众面前,子女一般都尽心尽力照顾老人,以免被贴上"不孝顺"的标签。可见,不同村庄可根据自身的经济条件、老龄人口的养老需求等对幸福院模式的运行进行调整,而不是完全照搬 Q 村幸福院的运行模式。

表 7-1　推广型幸福院与 Q 村幸福院的运行比较

案例	运行资金来源	入院年龄门槛	入院老人性质	老人是否付费	失能后能否继续在院养老	管理者
案例 7-1	村集体经济为主	70 周岁以上	村内所有老人	100 元/月餐费	不能	退休村支书
案例 7-2	村集体经济为主	70 周岁以上	单身老人、双女户老人、纯老家庭老人、社会救助对象、村干部	否	不能	在任村支书
案例 7-3	民政资金+村集体经济	60 周岁以上	单身老人	否	能	退休村支书
Q 村幸福院	民政资金为主+村集体经济	60 周岁以上	单身老人	否	不能	退休村支书

二　幸福院运行管理中的非预期政策后果

由前文幸福院模式在推广运行中的自我调适可以看出,虽然幸福院模式是在国家强制力作用下自上而下推广的,但幸福院管理权在村委会和幸福院管理者手上,因而国家强制力和村级的自主管理之间存在一定的"张力",这种"张力"的存在使得幸福院模式在推广中会产生一定的非预期政策后果,即幸福院模式的推广运行及其所起的作用并不完全符合模式推广时政府对幸福院运行结果的预期,使得幸福院的可持续性运行及养老保障效果受到影响。下文将通过笔者调研所得的案例来说明幸福院模式推广运行中的非预期政策后果及其影响。

案例 7-4:"套空饷"的 C 村幸福院

C 村幸福院于 2011 年在 FX 县民政局和村集体的资金支

第七章 互助养老幸福院模式的可持续发展探讨

持下建立,该村是县内的人口大村,村内常住居民约有4000人,单身老人100多人,村集体经济条件较好。县民政部门在推广幸福院模式时的思路是以点带面、点面结合,因此在县内扶持了几个典型,C村幸福院也是其中之一。但是,在配备好幸福院的生活设施之后,该村幸福院并没有开门运行。因为幸福院的管理者是该村的村支书,若有上级领导来幸福院检查,则该村领导会临时找村里的老人来幸福院假装住在院里。前文提及,该县民政部门每年给每位老人按照人头补贴幸福院的日常运行经费,C村幸福院虽然假装开门,但依然领取政府给幸福院的日常运行补贴以及取暖补贴。当地主管部门知晓该幸福院不开门运行的情况,因此省市及更高级别的领导视察时,也不会被安排视察该幸福院。

案例7-5:自主管理受牵制的H村幸福院及被误解的"互助"

H村幸福院也是FX县打造的典型幸福院之一,但是,院内设施及老人的居住条件与Q村幸福院相比还有一定差距。该幸福院依托县民政局资金及村集体经济改造闲置小学校舍建成,年满60周岁的单身老人即可入住。每个房间住四个人,中间有隔断,两个人住一个隔断间。H村幸福院的院长是村主任,实际管理者常务副院长是村里的退休工人,72岁,也是院内唯一的男性老人。幸福院的资产由村主任掌管,幸福院日常事务则由常务副院长负责。换句话说,常务副院长仅有管理权而没有资源调配权。厨房虽然有四个插座,但是只有两台电磁炉,20位老人不搭伙做饭,只能"起五更"提前把自己的锅拿去排队,轮流做饭,轮到谁,谁就守着电磁炉做饭。早上老人煮米粥的较多,有的老人等到8点多才能吃上饭。县民政局给幸福院配套的电磁炉等生活电器由村主任管理,县里配套的其他6台电磁炉被村干部瓜分。县民政局按人头补贴的运行资金也由村主任管理,作为幸福院实际管理者

243

的常务副院长没有资金使用权。

H村幸福院现入住20位老人,年龄在72~92岁,全部为女性老年人;在建立幸福院时以"老人互助"为原则,不配备服务人员。因此,该幸福院老人在冬季也自己轮流烧锅炉,不论年龄大小、身体好坏,92岁的高龄老人与腿脚不便的老人都一视同仁需要从凌晨5点到晚上10点烧锅炉。锅炉房内的煤炭堆在锅炉旁边,手边的煤炭烧完后,老人需要自己把远处的煤炭铲到锅炉中,对老人而言并非轻松的事,而且该幸福院的煤炭为半煤半炭,不耐烧,老人需要时常去添煤炭。唯一的男性常务副院长不参与烧锅炉。老人烧锅炉具有一定的危险性。

案例7-4反映了幸福院模式在自上而下的推广中存在一定程度的"重建轻管"现象,加之地方政府对幸福院发展管理的"纵容"与"保护",使部分幸福院存在"套空饷"的现象。村干部对此的解释是村里兴办养老事业是耗钱的事儿,没有利润并且麻烦,老人也觉得住进幸福院显得子女不孝顺,因此干脆让幸福院"不开门"。可见,在推广过程中,村领导对村民养儿防老思想的改造并不充分。出现这种现象的原因之一是"政府自上而下推广"与"幸福院自治性互助组织的性质"之间的矛盾,政府虽然在资金、物资、政策上扶助幸福院的成立,但是按照自治性互助组织的性质,当地政府在幸福院建立之后主要起监督和指导作用(比如县政府的政策引导与监督、镇政府的财务监督),原则上不直接干预幸福院的发展与管理。幸福院建好之后若不运行,当地政府一般也不会追回原有投入,而且在幸福院模式推广过程中,当地政府也不愿意上报类似"套空饷"或运行不佳的幸福院案例以免影响政绩,因而造成养老资源的浪费,从而使村中老人难以从中获益。

按照Q村幸福院的管理模式,虽然幸福院属于村集体资产,但是村委会在幸福院运行管理中也主要起监督指导作用，幸福院自身具有资源调配权和日常管理权，能够保持其自治性互助组织的性质。然而推广后幸福院在实际运行中其领导者多为村委会人员且幸福院的资源多被村委会或村干部控制，幸福院在运行管理中的实际领导者（通常是村委会人员）与实际管理者分离，资源调配权和管理权就会呈现分离状态，负责日常管理且容易发现幸福院管理中存在的问题的管理者没有调配资源的权力。若管理者不将幸福院管理中发现的问题及老人的需求反映给村委会领导者，资源就得不到调配，老人的养老需求便难以得到满足。更有甚者，部分幸福院的物资、政府的补贴被村委会人员占为己有，案例7-5则是这种现象的体现。此外，在幸福院的实际管理中存在对"互助"理解不到位的现象，从而出现案例7-5中院中老人一律平等烧锅炉的现象，而不是年龄较轻、身体较好的老人帮扶年纪较大、身体较弱的老人；高龄老人因身体机能下降，在烧锅炉过程中较容易产生意外，这明显与幸福院建立时防止老人独居时发生意外死亡事件的初衷相背离。案例7-5中的幸福院管理者在对"互助"的误解下，虽然是幸福院中唯一的男性，但他不愿意在没有报酬的情况下承担起烧锅炉的责任，甚至将自己作为"管理者"而独立出"烧锅炉"的行列，体现了推广型幸福院在管理上的刻板，并反映出幸福院成员的共同体意识不强，管理者的思想觉悟不高、责任意识不强等问题。鉴于案例7-5幸福院老人年龄结构高龄化及性别结构女性化等特殊性，对民政部门按人头补贴的运行经费进行灵活运用的必要性凸显，可以考虑给幸福院中身体健康的老人一定的报酬并委托其承担烧锅炉的责任。

此外，笔者在调研中还发现部分租赁型幸福院由租赁来的村干部的闲置房产改造而成，或者在闲置宅基地上新建而成，在实际运行中出现部分村干部将幸福院挪作他用或当作自己的财产进行转卖的现象，从而造成国家养老资源的浪费与流失。虽然目前对全国范围内幸福院的整体运行情况尚无较全面的统计调查结果，但就 FX 县幸福院的推广运行情况而言，在国家自上而下的模式推广后挂牌成立的幸福院有 200 多家，但是实际运行良好的幸福院并不多，重建轻管现象严重，主要体现在两个方面：一是政府部门与村委会重视建设，轻视管理；二是幸福院管理者在幸福院日常运行中轻管理。可见，在全国范围内全面推广之后，幸福院面临诸多适应当地实际及管理问题，要实现可持续发展，必须使发展嵌入当地实际的社会环境中，并顺应社会基础的变化做出相应的调适；在此基础上，还应主动改造社会环境积极创造幸福院发展的支持系统，从而使幸福院的发展具有可持续性。

三 小结：推广型幸福院的经验与教训

在对政府自上而下推广的发展情况较好的幸福院，以及发展中存在问题的推广型幸福院案例的分析基础上，本书将推广型幸福院的成功经验与教训总结如下，为下一章节对幸福院模式的可持续性探讨奠定基础。

基于上文对发展较好的幸福院案例的分析，其经验可归纳为以下几点。在硬件支持方面，发展较好的幸福院多以良好的村集体经济条件为基础和支撑，并且村内有闲置资源可用于兴建互助养老设施，以上两项是幸福院成立及良好运行的基础保障。在运行管理中，发展较好的幸福院并非对 Q 村幸福院模式的简单照搬，而是依据本村老人的经济水平、村民的整体经济条件、老人的年龄结构与健康水平及其对养老资源的需求确定适合本村实际的管理策略，确定是否对老人收取一定的费用、老人入院的年龄门槛以及养老资源供给的侧重点；基于本村实际以及对村内特殊老年群体（比如纯老户、双女户、社会救助对象）的养老需求的衡量调整入院老人的身份门槛，并对老人进行充分的动员，调动其入住幸福院的主动性。此外，发展较好的幸福院凸显出管理的人性化且兼顾家庭的柔性管理，在平衡老人与子女对养老方式选择意愿的基础上，尊重院内失能老人对养老方式的选择意愿，部分幸福院允许失能老人继续在幸福院居住并由其子女进行照料便是其体现。前文提及的类机构养老的刚性管理也是幸福院可持续发展所必需的条件。发展较好的幸福院一般都得到村领导的支持与重视，并且有负责任的幸福院管理人员进行管理，政府也重视与支持，这也是影响幸福院可持续发展的重要方面。推广型幸福院的良好运行需要多种条件的支持，由以上案例分析所得的经验仅是其中的一部分。幸福院可充分发挥自治的优势，在村领导的支持下，因村制宜，重视老人养老需求及村庄养老资源供给之间的平衡，以及老人与其他村民养老观念的转变及对养老方式的选择、共同体意识的强化等，这些都是有利于幸福院发展的经验。

上文对推广型幸福院运行中产生的非预期政策后果的分析内含着幸福院良好运行需要吸取的教训。首先，在幸福院的推广建立阶段，政府依靠自上而下的行政力量进行推广，在幸福院的硬件建设上具有很强的模式复制性，政府在其中的作用明显。到推广型幸福院建成后的具体运行阶段，除典型幸福院外，地方政府的作用由较强的直接干预变为以指导监督为主，在模式的"复制性"和模式运行的"自主性"之间存在的"张力"，成为多种非预期性政策后果产生的诱因，政府和幸福院在发展中要注意把握干预性和自主性的度。此外，政府对幸福院"典型引路、以点带面"的发展策略在一定程度上默认了对"典型"的重视，也在一定程度上为"非典型"幸福院重建轻管现象的产生提供了土壤。在"典型引路、以点带面"策略的实际操作中，应吸取当前出现重建轻管这一非预期政策后果的教训，"发展一个，巩固一个"不失为可选策略之一。然而，出现重建轻管现象之后，政府基于幸福院"自治"的性质，很难直接干预追责，而推广型幸福院运行不良的主要原因之一是村委会不支持、不重视，幸福院管理者管理不善。因此，增强村委会及幸福院管理者对幸福院发展的责任心与积极性便成为改变重建轻管现象的一个方面。此外，发挥老人的内生性领导力作用，对于幸福院的良性运行也具有启发意义。

在幸福院的具体运行管理方面，对于幸福院管理者而言，避免幸福院的管理权与资源调配权的分离是应该吸取的另一个教训，幸福院资产应归属村集体，管理权与资源调配权应归属幸福院的实际管理者，幸福院运行的直接监督权应归属于村委会与地方民政部门，而地方民政部门是否应该有对幸福院的追责权仍值得探讨。

吸取以上经验教训有利于推广型幸福院的可持续发展，但以上总结出的经验教训仅是笔者据调研的观察分析所得，只是影响幸福院模式可持续发展的部分因素。鉴于幸福院模式的可持续发展需要建立在多种支持性要素之上，下文将以支持系统构建的视角，从养老观念的转变与养老需求的满足、政策支持与资金保障、老年人内生性领导力的培育等方面对幸福院模式的可持续性进行探讨。

第三节 互助养老幸福院模式的可持续性探讨：支持系统的构建

由前文论述可见，互助养老幸福院模式顺应当前我国农村养老的现实需要而产生，其存在具有一定的价值，随着社会结构的发展变迁，该模式的内容和形式也会产生一定变化，但互助的传统不会消失。鉴于在当前及未来一段时期内，我国的人口老龄化及农村空巢化趋势难以在短时间内扭转，互助养老仍有其存在的意义与空间。幸福院模式要实现可持续发展必须嵌入现有社会结构中，并且在发展中不断进行调适以更好地适应社会结构的变化。与此同时，幸福院模式在发展运行中还需要主动参与并引导支持系统的构建，在政治领域、经济领域及社会文化领域内构建有利于幸福院模式发展的支持系统。从一定程度上看，这与传统家庭养老得以存续的条件和逻辑具有相似性。

互助养老幸福院模式赖以存在的现有社会基础在第三章及第四章中已有论述，工业化、城镇化进程中传统家庭养老功能弱化，

第七章 互助养老幸福院模式的可持续发展探讨

难以应对独居老年群体的养老困境,以国家养老保障体系、农村养老机构与农村居家养老为主要内容的农村社会养老亦无法满足独居老年群体不同层次的养老需求,农村社会的邻里互助传统以及可用于养老的农村社会现有闲置资源等构成了幸福院模式发展的现有社会基础。幸福院模式在上述社会背景下产生,其发展也嵌入上述社会结构。然而,鉴于我国不同地区经济社会发展水平的差异,幸福院赖以发展的现有社会基础也具有内在的差异性。这就要求幸福院模式在推广及发展运行中要基于当地具体环境及现有条件的差异,对幸福院的组织、运行管理进行自我调适以适应当地现有的社会结构,比如依据当地老年人的养老需求差异、当地的集体经济条件差异等,对幸福院模式的运行管理进行调适,进而使该模式嵌入现有社会结构中并得到发展。但是,现有的社会基础以及幸福院模式根据现有社会结构所做的调适,在一定程度上仅能保证幸福院模式融入当地社会/社区并维持运行;要使幸福院模式获得良性的可持续运行与发展,还需要幸福院模式在发展运行中主动参与并引导支持系统的构建,在政治领域、经济领域及社会文化领域内构建有利于幸福院模式发展的社会结构。比如,在社会文化方面,幸福院模式在发展过程中会不可避免地遭遇转变农村居民传统养老观念的困难,此时幸福院需要主动引导村民转变养老观念等。下文将从社会文化领域、经济领域及政治领域探讨幸福院在运行管理中应从哪些方面入手主动构建支持系统,以使幸福院在统筹利用各类资源的同时满足老人不同层次的需求并获得良性的可持续发展。

一 养老观念的转变与养老需求的满足

在工业化、城镇化快速发展背景下,农村独居老人群体将不同程度地持续存在,独居老人的养老需求满足问题也将持续成为农村养老问题的一个重要方面,互助养老可作为独居老人养老历程中的阶段性选择。然而,在传统孝道文化的支撑下,当前农村

农村互助养老：幸福院的案例与启示

家庭养老观念仍占主导地位，农村养老的社会化程度低，互助养老观念不易被接受；而互助养老观念的接受程度决定着老人入住互助养老幸福院的意愿，有老人入住，才有幸福院模式的可持续发展问题。因此，在政府自上而下推广互助养老幸福院模式之后，主动引导农村居民转变养老观念是幸福院模式实现可持续发展的一个重要决定因素。在引导农村居民养老观念转变时存在由谁引导与怎样引导的问题，这两个问题都可从社区与社会两个层面入手进行探究。

借鉴 Q 村的经验，在社区层面可以由村干部（或其家属）、有意入住或已经入住幸福院的老人对其子女或其他尚未入院的老人进行劝说引导，因为老人群体的身份认同、共同的养老需求及相似的价值观念有利于老人养老观念的转变；在老人养老观念转变的条件下，决定老人能否顺利入住幸福院的关键一环则是老人子女的态度，"让父母住养老院就是子女不孝顺"的观念及对社区内类似舆论的担忧是影响子女养老敬老观念的核心方面，但幸福院模式仍以家庭养老为依托，子女仍然要在老人入住幸福院期间参与养老资源供给而不影响"子女养老敬老"，由老人从此方面劝说子女转变养老观念是相对有效的方式。独居老人及家庭不是独立存在的，幸福院作为农村社区的一部分也不是独立存在的，而是坐落在社区中并受社区舆论的监督和引导，因此，社区成员养老观念的转变有利于幸福院内老人的社会融入并使其子女免受"让父母住养老院就是子女不孝顺"舆论的约束。可见，社区成员养老观念的转变同样会在社区范围内制约幸福院模式的可持续发展，而社区养老观念的转变需要在幸福院模式的发展过程中逐渐形成。社会层面养老观念的转变可以为互助养老幸福院模式的发展提供有利的社会环境与支持性舆论空间，主要通过幸福院在各地的实践及新闻媒体等媒介的传播来实现，核心是在社会范围内形成"互助养老并不是对家庭养老的取代，而是在老人生命历程中的一个阶段内对家庭养老功能弱化的补充"的观念。

第七章 互助养老幸福院模式的可持续发展探讨

老人入住幸福院后,决定幸福院模式发展可持续性的另一个重要因素则是老人养老需求的满足。在老人养老需求的满足上,只有老人在幸福院中通过互助养老获得的养老需求满足程度高于独居家中养老,互助养老才能对老人养老方式的选择产生吸引力,而好的互助养老效果才能持续吸引参与主体对养老资源的供给。在幸福院模式下,想要更好地满足老人不同层次的需求,需要以幸福院为平台建立起一种资源整合机制,动员涉及老人养老需求满足的不同主体并整合可利用的资源,并根据老人的差异化需求为老人供给养老资源。家庭、幸福院主要作用于老人生存与安全需求、情感与归属感需求、尊重与自我实现需求的满足,并在此过程中使家庭的养老功能在幸福院这一公共场域中得到强化;在老人"完成任务"之后,幸福院通过老人之间的互助、政府与社会的参与为老人满足其自我实现需求提供了机会,这一层次需求的满足仅依靠家庭养老是难以实现的;家庭、村集体与政府的资金及物资支持主要作用于老人生存与安全需求的满足,社会媒体及其他社会组织、慈善个人的参与则主要作用于老人的情感与归属感需求以及尊重需求的满足。在不同主体参与幸福院互助养老的过程中,子女得以继续传承家庭养老的传统,并且在村集体及政府的参与下,其养老负担得到阶段性减轻;村集体得以通过幸福院这一互助养老形式防止独居老人孤独死亡等极端事件的发生,在一定程度上提高了农村社区的和谐度;政府得以通过较低的成本解决独居老人这一群体的养老困境,社会力量也得以在互助养老中践行其社会责任;不同主体都能在互助养老中实现其对养老问题解决的期待,而老人的养老需求也能够在一定程度上得到优于传统家庭养老的满足,这种共赢的局面会促进老人、家庭、村集体、政府与社会等主体持续选择通过互助养老幸福院模式解决部分老年人的养老难题。

即使互助养老幸福院模式是一种在解决独居老人的养老困境上可以实现共赢的方式,若幸福院内部管理不善、重建轻管,也会使幸福院模式的可持续性受到影响。因此，幸福院模式的可持续发展需要良好的幸福院管理作为支撑，而幸福院的管理中最重要的两个方面即为管理者与管理策略。就幸福院的管理者而言，管理者的威望、管理能力、责任心和共同体意识至关重要，选择有威望并了解幸福院老人的长处与短处的老人作为幸福院管理者，有利于降低幸福院运行管理中的阻力。有责任心和共同体意识的管理者更能从幸福院老人的角度考虑问题，并着眼于幸福院共同体的发展而进行管理。比如妥善解决幸福院内的矛盾与冲突，通过公共卫生知识的传播、良好生活习惯的养成及有序公共秩序的维护等构建幸福院老人之间的信任，培养老人的共同体意识。而幸福院管理的核心在于内部管理上的分权、外部管理上的独立性与自主性，前者主要是指依据幸福院内老人的优缺点安排不同的管理职位，后者主要是指处理好幸福院与村委会、当地民政部门之间的关系，保持幸福院管理的独立性与自治性。只有这样，幸福院才能自主管理资源，并使管理者具有资源调配的权力，从而更好地基于自身发展的需要或老年人需求的满足实现健康有序的幸福院管理，进而保证老年人养老需求的满足与幸福院的可持续运行。

二 政策支持与资金保障

在幸福院模式推广过程中，国家层面通过中央专项彩票公益金在2013~2015年三年内对新建、改扩建或租赁改建幸福院提供了资金支持，但对于建成后的日常运行经费则没有给予持续性的保障。因此，与Q村幸福院在自组织阶段的运行一样，全国多数幸福院的日常运行经费主要来源于村集体经济，部分地区政府对幸福院有按人头划拨350~500元的运行经费补贴。对于集体经济条件较好的地区而言，政府补贴一般可以维持幸福院的日常运行；但对于集体经济相对薄弱的农村社区而言，特别是北方冬季需要取暖的农村地区，当地政府补贴的经费一般只能够维持取暖支出，

第七章 互助养老幸福院模式的可持续发展探讨

这些农村社区在维持幸福院日常运行上面临一定的困难。但是，幸福院模式具有一定的延展性，集体经济条件好的地区可以兴办硬件设施相对较好的幸福院；集体经济相对薄弱的农村社区若能维持Q村幸福院在自组织阶段的养老水平，也可以勉强支撑运行。但低水平的养老在一定程度上会削弱幸福院模式对老年人的吸引力，从而影响幸福院的可持续性发展。可见，运行经费的不足是制约幸福院可持续运行的重要因素。除村集体经济这一经济来源外，幸福院也接受社会捐助，但是，目前幸福院的社会捐助多以物资为主，而且捐助的物资主要为书籍、家用电器、桌椅等，多数物资都难以切合幸福院最为迫切的需要。对此，幸福院可与捐助方沟通需求后要求其按需捐助，维持幸福院日常运行所需，以减轻村集体维持幸福院日常运行的经济负担。有些单位或个人有捐赠现金的想法，但目前幸福院作为村委会领导下的民间自治组织，不具有独立的法人资格，无法直接接受现金捐赠。

在此，需要讨论一下幸福院的性质，财政部和民政部联合印发的《中央专项彩票公益金支持农村幸福院项目管理办法》中对农村幸福院的定义是：由村民委员会进行管理，为农村老年人提供就餐、文化娱乐等照料服务的公益性活动场所。中央专项彩票公益金资助的幸福院是公益性活动场所，但这种场所主要包括农村老年人日间照料中心、托老所、老年灶、老年人活动中心等，这与Q村的集中居住型、带有一定养老机构性质的互助养老幸福院又有所区别。但是，2013年6月，民政部令第48号《养老机构设立许可办法》第30条规定，"城乡社区日间照料和互助型养老场所等不适用本办法"，幸福院属于社区养老设施，虽然有一定的养老机构性质，但并不属于养老机构。幸福院是公共服务设施，不是具有法人资格的养老机构。在幸福院的性质判定上，目前学界多将其判定为民间自治组织；但是，十八届三中全会要求对行业协会商会类、科技类、公益慈善类、城乡社区服务类社会组织实行直接登记，按照国务院和民政部2016年的立法计划，民政部公布了《社会服务机构登记管理条例》(《民办非企业单位登记管理暂行条例》修订草案征求意见稿),其中第2条对社会服务机构的定义是:自然人、法人或者其他组织为了提供社会服务,主要利用非国有资产设立的非营利性法人;城乡社区服务类社会服务机构应当向所在地县级人民政府民政部门申请登记。本书认为,未来农村幸福院可以通过在民政部门登记为社会服务机构,成为非营利性组织来解决接受社会捐赠的问题。此外,第7条规定:国家鼓励兴办社会服务机构,通过政府补助、购买服务、土地划拨、人才培养等方式,支持社会服务机构发展。因此,幸福院在运行的过程中具有接受政府补助的合法性。鉴于养老服务也在基本公共服务的范畴内,政府应在幸福院的运行中承担政策支持及部分财政支持责任;幸福院还可以通过承接政府购买服务的方式为社区老年人提供养老服务,而幸福院承接政府购买服务的可能性将在后文进行论证说明。由此,互助养老幸福院的运行也可得到法律保障。

三 老年人内生性领导力的培育与调动

从前文对 Q 村幸福院的萌芽、动员及实践的论述可以看出,互助养老想法的实践及该村幸福院的成立在很大程度上得益于该村当时的村支书(现在的幸福院实际管理者)的带动与领导,在当时该村面临的养老形势下,村支书带头实践互助养老既具有偶然性,又具有必然性。但是,幸福院模式要想获得可持续发展不能仅仅依靠 Q 村村支书这一克里斯玛式人物,案例 7-5 也论证了幸福院领导者及管理者对幸福院良性发展的重要意义。可见,在幸福院模式的后续发展中,如何培育当地老年人成为后继管理者,从而使老年人积极主动地为解决老年群体养老问题贡献一份力量,成为值得探讨的问题。幸福院管理中内生性领导力的培育是其中的主要方面。

在调研期间,笔者曾就幸福院领导者或管理者的培训及选择问题，围绕"是否担心找不到合适的幸福院领导人""后续的幸福院管理者该如何挑选、培养"两个问题对幸福院的现任管理者进行了访谈。Q村幸福院的管理者认为，幸福院的领导者和管理者较好的选择是住在幸福院中的老人，居住在幸福院中的退休村干部、其他在村里有威望的老年人都可以成为幸福院的管理者，而且不建议让尚未步入老年群体的村委会成员负责幸福院的实际管理。此外，Q村幸福院的管理者表示，并不担心幸福院的管理者后继无人，可以从居住在幸福院并承担管理职务的老年人中挑选幸福院的后继管理者，这类有管理职务的老年人在参与幸福院管理、与院内老年人的共同生活中对幸福院的内部管理与外部关系的处理都有所接触，在获得院内老人的认可的基础上，可以承担幸福院管理者的职务；为有潜在管理才能的老年人传授幸福院管理经验并提供技能交流与培训的平台也有利于老年人内生性领导力的培育。

老年人内生性领导力的调动主要是指调动老年人参与幸福院管理与担任幸福院领导者的主动性、积极性，院内老人共同体意识的增强及其对人生价值实现的定位是其中的重要方面。可以从社会领域对老有所为及社会养老进行倡导并给予政策、实践支持，对担任幸福院管理职务的老人给予物质及精神奖励，在老人的幸福院生活中强化其对"大家庭"的集体归属感与共同体意识，以调动幸福院老人的主动性与积极性。

第四节　小结

前文的论述呈现了国家行政力对幸福院模式推广的利弊，自上而下的模式推广在短时间内使一部分农村社区有了互助养老设施，在幸福院模式推广过程中，有些幸福院还根据当地具体实际对自身的运行管理进行了自我调适，在一定程度上有利于幸福院模式的可持续发展；但是，互助养老设施在当地能否良性运营取决于多方面因素，因此有很多幸福院在运行过程中出现了诸多非预期性政策后果，比如前文提到的"套空饷"现象等。可见，幸福院模式要实现可持续发展不仅需要根据当地实际自我调适以嵌入当地社会结构，还需要在运行中主动打造维持幸福院健康发展的支持系统。这种支持系统的打造主要通过社会文化领域内社区及社会养老观念的转变、院内老人养老需求的满足、幸福院本身的管理，以及经济及政治领域内的运行经费支持与政府政策保障来实现，以上支持系统各方面的任何一项出现问题，都会影响幸福院模式发展的可持续性。可见，幸福院模式的可持续发展是有条件的，这决定了并不是所有推广后的幸福院都能实现可持续发展。就我国目前及未来一段时期内的社会发展情况而言，若我国的社会结构不发生大的变化，独居老人群体仍将存在，独居老人的养老需求满足仍然是农村养老问题中的关键短板。鉴于互助养老在满足独居老人需求上的优势，互助养老仍然有其存在的必要性。就互助养老幸福院模式而言，需要构建有利于幸福院可持续发展的支持系统，以使该模式在实现可持续发展的同时更好地满足老年人的需求。这种支持系统的构建主要从养老观念的转变与养老需求的满足、老年人内生性领导力的培育与调动，以及加强政策支持与资金保障等方面入手。

第八章　研究结论与政策启示

第一节　研究结论

本书在阐述村庄互助养老幸福院模式产生的历史背景与现实情境、政策与实践空间的基础上，论述了幸福院模式的产生、组织管理机制以及互助机制，并在对幸福院模式推广情况进行描述的基础上，探讨了该模式可持续发展的条件，最后通过对美国农村互助养老"村庄"模式发展及运行情况的分析，总结了我国发展村庄互助养老可借鉴的经验。以上内容的论述以养老模式产生的支持系统及模式发展中支持系统的构建为主线，呈现了家庭养老功能弱化背景下的社会结构特征及互助养老产生的社会结构基础，表明任何一种养老方式及其实现的具体形式都会伴随社会结构的变迁而产生变化；一种养老方式需要嵌入变迁的社会结构中，并且根植在一定的支持系统中才能持续发展下去，这种支持系统可以看作养老方式生存的土壤；一种养老方式在兴起与初步发展阶段，其支持系统通常比较薄弱，若不能从经济、政治、社会文化等社会结构的各领域给予政策支持或引导，新兴的养老方式很容易在发展过程中夭折。因此，在养老方式的发展中，要注意从不同领域主动构建有利于养老方式发展的支持系统。其中，在政治领域，互助养老幸福院模式作为一种新型养老模式在自下而上产生之后，在政府的指导下演变为自上而下推广的农村互助养老模式，政府的政策支持成为幸福院模式赖以存在与可持续发展的支持系统的一部分。下文将在总结本书研究结论的基础上，对有利于农村互助养老发展及农村养老问题解决的政策进行归纳以助力于农村养老保障的未来发展。

一　家庭养老：社会文化传统的基因与互助养老的基础

从本书第二章的论述中可知，传统家庭养老的支持系统正在发生变迁，家庭的养老功能也因此有弱化的趋势；在家庭养老支持系统变迁的同时，互助养老幸福院模式的支持系统也在同步形成，但是在中国传统文化及养老传统的影响下，家庭养老作为一种养老方式以及中国社会文化传统的基因并不会随着家庭养老支持性社会结构的变迁而消失。家庭养老的存在与新的养老方式的形成也并不矛盾，并且从本书第五章的论述中可以看出，即使老人选择互助养老幸福院模式，家庭的参与也必不可少，家庭的参与是老人在幸福院中感觉"幸福"的重要方面，也是互助养老幸福院模式赖以持续发展的支持系统建设中的重要一环。从本书对家庭在老人养老历程中的参与与作用，以及家庭参与互助养老的论述可以看出，任何离开家庭或家庭成员参与的养老方式都难以很好地满足老人的养老需求，特别是精神慰藉需求。在此意义上，家庭养老作为中国社会文化传统的基因得到传承具有必要性和必然性。

孝道作为支撑家庭养老的基础，对家庭养老的传承有重要意义。在孟德斯鸠以前，绝大多数西方学者对中国的封建专制及礼教秩序都持批判的态度，孟德斯鸠也对中国的封建专制总体上持否定态度，但其对礼教秩序及孝道的看法是一种新的认识：中国礼教的以家族和家庭关系为核心，以孝道为基础，人们因孝道而尊敬一切可视同父亲的群体或个人，如老年人、师长、官吏、皇帝等，同时这些群体和个人也以爱还报（孟德斯鸠，1961）。这种因孝而敬的秩序在一定意义上形塑了礼教，而礼教构成了国家的"普遍精神"，治国也是以治家为基础，这一"普遍精神"通过全面贯穿中国人的日常生活,特别是家庭生活中老人的养老过程,最终实现中国封建君主专制统治的根本目标。虽然封建君主专制已经瓦解,但是礼教这种贯穿在中国人日常生活中的"普遍精神"却一直传承下来了。而中国孝道的实现主要体现在亲子关系中以及基于亲子关系的反馈式家庭养老中,费孝通认为亲子关系在整个社会结构中是极为基本的,强调子女对父母赡养义务的"反馈模式"是中国亲子关系的特点,这种亲子关系的具体内容是在历史进程中不断变动和发展的,它的变动和发展必然会影响个体的生活,同时对社会的各个方面也有莫大的影响。一个社会经济共同体要想长期维持下去,成员之间的来往取予从总体和长远来看,必须均衡互惠,社会的隐忧在于不均衡,在解决幼年和老年不能自养的问题上,仍要贯彻均衡互惠的原则。基于"反馈模式"的家庭养老是均衡社会成员世代间来往取予的中国传统养老模式,这种模式有其历史上的经济基础。随着经济基础的改变,养儿防老的传统也要发生改变。在当前的反馈式家庭养老中,子女对老人的赡养正从简单的物质反馈逐步进入精神反馈的阶段,老人不仅需要物质帮助,还需要来自子女的照顾等精神上的慰藉(费孝通,1983)。在当前中国社会发展阶段,随着家庭养老功能的弱化,老人在获取来自子女的生活照料和精神慰藉上面临困难。那么,这种反馈式亲子关系的具体内容产生变化而带来的养老需求满足困境应该如何解决呢?

梁漱溟先生在《中国文化要义》中将中国传统社会称为伦理本位的社会,每个人一生下来就有了与之相关的人,包括父母、兄弟、朋友等,而种种关系就构成了伦理。"由是乃使居此社会中者,每个人对于其四面八方的伦理关系,各负有相当的义务;同时,其四面八方与他有伦理关系之人,亦对他有义务。全社会之人,不期而辗转相互连锁起来,无形中成为一种组织。"(梁漱溟,1987)就中国人在这种组织当中的生活而言,家庭生活都是中国人第一重的社会生活,亲戚、邻里、朋友等关系嵌入中国人的第

农村互助养老：幸福院的案例与启示

二重社会生活，这与费孝通先生在对中国传统社会结构的理解中的"差序格局"理论异曲同工。费孝通先生的"差序格局"理论以及梁漱溟先生对中国社会伦理本位的理解，都在一定程度上解释了为什么家庭养老功能弱化之后，基于地缘、亲缘、邻里互助的老年人互助养老幸福院模式会自发产生并成为家庭养老的补充。在养老问题上，处于社会关系第一圈波纹中的家庭，抑或被中国人看作"第一重的社会生活"的家庭生活在难以满足老年人的养老需求时，老年人首先倾向于求助社会关系第二圈波纹中的主体，抑或中国人"第二重的社会生活"中的亲戚、邻里、朋友等主体。由此看来，在家庭养老功能弱化的社会结构条件下，基于地缘、亲缘、邻里互助的互助养老模式的产生有其必然性与合理性，这也是互助养老幸福院模式可以作为家庭养老的补充，并且可在社会发展中延续的重要理论支撑。在一定意义上，这是由我国社会结构与文化传统的独特性所决定的。因此，不论是集中居住型互助养老幸福院模式，还是居家型互助养老模式，在家庭难以满足老年人养老需求时，都有其存在的必然性与合理性。

由此可见，家庭养老作为我国社会文化传统的基因，是中国文明的一个重要支撑，在中国社会的发展中具有持久存在的特性。只是，随着我国独特的社会结构条件的变迁，家庭养老的具体内容和形式会产生变化，在家庭养老功能弱化的社会结构条件下，由处于社会关系及社会生活第二圈层的亲戚、邻里、朋友等主体补充家庭养老功能的不足，亦是我国特殊的社会结构及社会关系结构下的自然选择，因而这种模式在社会结构的变迁及社会发展中也具有持久存在的特性。只不过，这种基于第二圈层主体的互助养老的持久存在在具体形式上有组织化的互助养老与非组织化的亲属邻里互助养老、集中居住型互助养老与居家型互助养老之分，但在我国不论何种形式的互助养老都离不开家庭养老这一基础。

二 农村互助养老：家庭养老的社会化及当代调适

在本书第二章及第三章对农村互助养老幸福院模式产生的背景（支持系统）的论述中，家庭养老功能的弱化，特别是家庭在独居老人养老上的功能弱化，是幸福院模式产生的直接诱因。在养儿防老观念及家庭养老传统依然占主导地位的农村地区，基于地缘、亲缘、邻里互助的养老模式在一定意义上是家庭养老社会化的一种形式，该模式的产生也是家庭养老适应当代社会结构发展变迁的一种调适。从第四章、第五章对互助养老幸福院模式的产生、组织管理机制及互助机制的论述中可以看出，家庭的参与贯穿幸福院互助养老过程始终，在这一过程中，家庭通过互助养老这一平台，将传统家庭养老中的部分功能，主要是生活照料和精神慰藉功能，赋予农村社区中的其他老人、各级政府与社会，并将原本主要由家庭承担的经济供养功能赋予村集体、政府以及社会，从而实现家庭养老在幸福院这一互助养老平台上的社会化。

家庭养老社会化是顺应社会结构的变迁而产生的现象，并且建立在一定的支持系统之上；当经济、政治及社会文化发展变迁至一定水平时，家庭养老社会化的现象也会随之出现；西方福利国家在工业化及现代化的发展进程中，养老形式逐渐由家庭养老向社会养老转变，以社会养老和自我养老为主，这也是家庭养老社会化的过程。马克·赫特尔认为："以前，子女有义务赡养他们年老的父母；自从19世纪核心家庭、私有化和独立的新观念出现以后，这种义务就丧失了其重要性；结果使政府日益忙于为老年人提供财政资助和保健的便利条件。不幸的是，政府的力量是有限的，尚不能满足退休老人的要求。此外，政府建立的福利计划无法证明自己有能力与前工业时期老年人从由他们的子女和亲戚所构成的亲属网络中获得的义务感、满足感相抗衡。"（赫特尔，1988）可见，在社会结构变迁以及家庭养老功能弱化的过程中，虽然西方国家的政府企图通过发展社会养老、完善养老保障制度

农村互助养老：幸福院的案例与启示

满足老年人的养老需求，但是在为老年人提供精神慰藉上难有作为，而且在西方社会养老的实践中，社会养老给老人带来的满足及幸福感难以与家庭、邻里、亲属在养老需求满足上的效果相提并论。由西方国家家庭养老及社会养老的发展经验可知，任何一种脱离家庭的社会养老形式在满足老年人养老需求上都难以令人满意；相比之下，以家庭养老为基础，在家庭的参与下，实现家庭养老功能部分分担的家庭养老社会化在老年人养老需求满足及幸福感获得上具有一定的优势，我国农村的互助养老幸福院模式则是这样一种家庭养老社会化的形式。

在中国农村当前的经济社会发展阶段，家庭承担主要的养老责任，政府、市场与社会均为补充，并且作为补充的这三方主体在我国绝大多数农村地区老年人的生活照料及精神慰藉需求满足方面的参与极少，并且主要由政府通过现金支持的方式为选择家庭养老或"五保"集中供养的老人提供经济支持。在社区层面培育形成的互助养老幸福院模式则为三个补充性主体参与养老资源的供给提供了平台和机会，从而在家庭参与养老的过程中实现了三方主体对家庭养老功能的部分分担，进而实现社会参与家庭养老，这是家庭养老的社会化过程。在一定程度上，互助养老幸福院模式是在家庭、村庄共同体、社会、政府等不同主体参与下对养老功能进行社会化再分工的结果。在家庭养老实现社会化的过程中，在幸福院这一公共场域内，家庭承担养老责任的过程被暴露在公共视野中，使原本家庭场域中"个体化""私密化"的养老活动成为具有更强的"公共性""社会性"的养老活动，使家庭养老在社会舆论的监督中实现并且得到强化。社会舆论主要指向子女在养老中的不足，并希望子女能够在养老行为上有所改进，熟人社会中的个体对"面子"的维护则在一定程度上促使子女提升家庭养老资源供给的数量和质量，以"孝顺"示人；虽然对部分不孝顺的子女而言，他们在互助养老幸福院模式中的"孝顺"行为可能是迫于舆论压力的暂时性行为，但是子女对互助养老幸福院模式仍然是接受的,其原因主要有两个方面:一方面,家庭养老的社会化有利于子女养老负担的减轻;另一方面,虽然子女在养老过程中面临社会舆论的压力,但是在幸福院这一公共场域中可以彰显"孝道",维护其在村庄共同体中生活的自尊心。基于以上考虑,子女通常会选择接受互助养老幸福院模式这一家庭养老社会化形式。家庭养老社会化的形式具有多样性,互助养老幸福院模式仅是其中的一种,虽然目前该模式主要针对农村独居老人,但随着家庭养老社会化程度的提高以及居家养老服务供给的社会化发展,农村老年人享受社会养老服务的程度也将会提高。鉴于家庭养老是我国社会文化传统的基因,程度再高的社会养老服务,只有各方主体在家庭的参与下共同致力于满足老年人养老需求,才是抓住了老年人获得"幸福感"的根本。

可见,我国农村互助养老幸福院模式是适应当前新的社会结构变化的产物,其产生与发展具有必要性和合理性。幸福院模式在发展中充分继承了作为中国传统文化基因的家庭养老的传统和资源,各方主体可以通过幸福院这一平台创造性地运用村庄这一熟人社会中的社会舆论资源与家庭养老传统,强化家庭对老人的资源供给功能与缓和家庭关系功能,调动并综合利用村庄的其他养老资源满足老年人的养老需求,可见该模式具有持久存在的可能性。

三 农村养老方式综合体系:生命历程视角的养老方式选择

本书在第二章对传统家庭养老模式变迁的论述,以及在第四章、第五章、第七章三章中对互助养老幸福院模式的兴起与发展的探讨,特别是在第五章对幸福院在失能老人照料上的限度的论述表明:不论社会结构如何变迁,老人在养老过程的不同阶段都可以组合不同的养老方式来满足养老需求,家庭养老虽然是当下农村的主流养老方式,但并不是唯一可选择的养老方式;多种养

农村互助养老：幸福院的案例与启示

老方式在同一空间内的存在（养老方式综合体系的存在）使得老人可以根据自身不同的养老需求对不同养老方式的组合进行选择，从而实现老有所养，这也体现了养老方式综合体系的存在对于实现在地养老甚至居家养老的重要性。前文提及，在家庭养老功能弱化的形势下，互助养老幸福院模式在一定程度上是家庭养老社会化的一种形式，而互助养老幸福院模式对老年人养老需求的满足是以家庭养老及家庭成员参与互助养老为基础的，而且选择幸福院进行互助养老的老人在失能后最终仍然需要回归家庭养老。可见，在幸福院进行互助养老是农村老年人在自理阶段的一种养老方式选择，在这一选择中，家庭贯穿这一阶段的始终，并且在这一阶段结束之后，家庭养老仍然是老年人最主要的养老选择。

本书所研究的互助养老幸福院模式主要是对能自理的独居老人的养老需求，特别是生活照料和精神慰藉需求的回应，而老人失能后需要回归家庭由家庭成员承担养老的责任，或选择护理型养老机构承担老年人的生活照料及康复护理工作。这启发我们："在老人生命历程的不同阶段都能有可选择的养老方式"非常重要及必要，而不是老人在面临养老困境时除家庭养老和自我养老之外别无选择；进行选择的前提是，在同一空间中存在多种养老方式，老人可以根据自身的需求组合不同的养老方式，并整合不同养老方式所能提供的养老资源以满足不同的养老需求。老年人的生命历程可以划分为自理阶段、半失能阶段、完全失能阶段，与配偶或子女共同居住阶段、丧偶独居或单身独居阶段，子女可以承担养老责任的阶段、子女难以承担养老责任的阶段等。鉴于不同养老方式有各自的优缺点，处于不同阶段的老年人很难通过单一的养老方式同时满足生活照料、精神慰藉及经济供养的需求。随着经济社会的发展与社会分工的细化，养老形式日益多元，而在地养老、居家养老越来越倾向于依赖不同养老方式的组合在功能上的相互补充来实现，老年人通过不同资源供给主体在养老功能上的社会化再分工来弥补家庭养老的不足，整合来自不同主体的养老资源以满足养老需求。

根据养老地点的差异,我国当前的基本养老方式可分为居家养老、机构养老以及互助养老幸福院模式的社区养老等;按照养老资源供给主体不同,我国的基本养老方式又可以分为家庭养老、自我养老、社会养老等。随着经济社会的发展,具有多种基本养老方式特征的养老形式/模式逐渐增多,互助养老幸福院模式便是其中的一种,该模式同时具有机构养老、社区养老及家庭养老的特征,也将在社会养老、自我养老上做出贡献。在这一意义上,互助养老幸福院模式可以被看作狭义上的养老方式综合体系。基于多种基本养老方式的组合,互助养老幸福院模式可以整合不同养老方式的优点及不同主体的养老资源。但是,在幸福院养老仅仅是能自理老人可选择的一种阶段性的养老方式。在老年人生命历程的不同阶段,则需要广义上的养老方式综合体系存在,在最大限度上涵盖以上所提及的养老方式供老年人选择以满足不同的养老需求。

具体而言,养老方式综合体系可提供的选择主要体现在:家庭成员可承担照料责任的老年人可选择传统的家庭养老;处于"空巢"状态但不愿入住养老院的老年人可以借鉴美国"村庄"模式选择互助型居家养老,或由政府、市场供给养老服务的居家养老,但是居家养老方式的运行需要依托完善的社区居家养老服务体系、老年人适老环境的系统化改造等社会条件的支持,目前这种形式的居家养老在我国农村地区尚难实现;精神孤独、愿意集中居住搭伴养老的老年人可选择幸福院养老,实现搭伴儿互助;"五保"老人或失去生活自理能力但有经济能力的老年人可选择入住敬老院或养老院等机构养老;失去生活自理能力而又不愿选择机构养老的老年人,若子女不能承担照料义务,则可选择低价购买社区居家养老服务体系提供的入户护理服务,这需要依托完善的长期护理保险制度及居家养老服务体系来实现,当前我国农村地区尚不具备实现条件。但是,不论老人选择哪种养老方式,家庭的参与都不能缺位。

可以说，养老方式综合体系是农村养老的支持系统的样态表现。上述对养老方式综合体系的诠释也体现了养老方式与国家养老保障制度、农村养老保障体系的衔接与整合，互助养老幸福院模式作为养老方式综合体系的一部分也需要与国家正式支持下的养老保障制度以及农村养老保障体系进行衔接与整合，才能更好地嵌入当前的社会结构中，并且需要从社会结构各个领域切入引导形成养老方式综合体系存在与发展的支持系统。

下文将主要从社会结构的政治领域切入，基于本书对家庭养老、互助养老幸福院模式及美国农村互助养老"村庄"模式的探讨，尝试指出农村互助养老及农村养老政策未来发展方向。

第二节 政策启示

前文提及，农村地区互助养老幸福院模式的产生建立在一定的社会结构之上，要获得可持续发展，不仅需要嵌入当地的社会结构中，还需要积极主动地引导建立支持系统；本章探讨了互助养老幸福院模式在发展中如何从社会文化领域、经济与政治领域积极主动地构建有利于该模式可持续发展的支持系统。与互助养老幸福院模式的发展及可持续运行需要一定的支持系统的观点类似（前文第七章论述了互助养老幸福院模式的支持系统的构建），我国农村老年人在地养老的实现主要依赖于农村养老方式综合体系的良性运行，而这种良性运行需要一定社会结构的支持，并且在使养老方式综合体系嵌入社会结构的过程中要积极主动地引导支持系统的构建；这与"积极老龄化"的观点不谋而合，"积极老龄化"是一个提高老人的生活质量，促进老人在健康、参与、保障三方面尽可能获得最佳机会的过程（《联合国第二届世界老龄大会政治宣言》）。对老人而言，"积极"主要通过心态积极和行动积极来体现；而对政府来说，"积极"主要通过提供政策保障、资金支持以及社会参与机会上的积极来体现。政府的农村养老保障政策是农村养老支持系统的重要方面，积极主动地引导政府的农村养老保障政策对农村养老方式综合体系的良性运行具有重要影响。前文对 Q 村互助养老案例的分析指出了我国农村养老保障政策的几个发展方向，以此为方向的农村养老保障政策的完善将有利于农村养老问题的解决。

一　需求导向的农村养老保障制度转型：现金型走向服务型

西方国家现代社会保障制度的内容体系经历了从社会保险制度到社会救助制度，再到发展和完善社会福利制度以及社会福利服务体系的过程，从保障民众的基本生存需要，逐渐走向促进和实现民众的幸福（郑功成，2011）。养老服务作为社会福利服务的核心内容，也是社会保障内容体系中养老保障体系的重要组成部分，其发展也遵循类似的轨迹。由前文第四章对我国互助养老幸福院模式产生的政策及实践空间的论述可以看出，当前我国的农村养老保障制度多以现金保障为主，比如通过养老保障方面的社会保险、社会救助及社会福利制度为老年人的日常生活提供较低水平的经济支持。但是，在当前农村的经济社会发展条件下，老年人的生存所需基本得到满足，互助养老幸福院模式的产生主要是因应老年人生活照料和精神慰藉需求的满足；然而，在当前我国农村家庭养老功能弱化的背景下，以乡镇敬老院、民办养老院为主的机构养老服务与以日间照料为主要形式的社区居家养老服务在老年人生活照料及精神慰藉需求的满足上具有较大的局限性（可参见前文第四章的具体阐述）。基于我国的养老保障制度及农村社会养老服务体系的上述现状，社会救助制度及社会福利制度都需要逐渐向服务型救助、服务型社会福利方向转变，并将社会救助服务和社会福利服务整合为农村社会养老服务体系的一部分，从而为农村老年人提供除家庭养老资源供给之外的养老需求满足

农村互助养老：幸福院的案例与启示

新选择。

2011年，国务院办公厅印发《社会养老服务体系建设规划（2011—2015年）》，提出建立以居家为基础、社区为依托、机构为支撑的社会养老服务体系，着眼于老年人的实际需求，优先保障孤老优抚对象及低收入的高龄、独居、失能等困难老年人的服务需求，兼顾全体老年人改善和提高养老服务条件的要求。虽然该规划提出社会养老服务体系以居家养老为基础，但是大多数农村地区的居家养老服务仍处于空白状态；虽然提出以社区为依托，但是社区内建立的互助养老设施、日间照料中心、老年人活动中心等处于闲置状态的不在少数；虽然提出以机构为支撑，但是农村老人并不热衷在镇上或城区机构养老，而热衷于在地养老。鉴于城乡差异的存在，中国农村养老更适合基于在地养老的农村社会养老服务体系；根据发达国家在应对老龄化过程中的"去机构化"经验，以及互助养老幸福院模式在满足老年人需求上的经验，我国基于在地养老的农村社会养老服务体系以居家养老服务体系、类机构养老的社区养老服务体系为主。

在此需要明确"在地养老"与"居家养老"两个概念，在地养老应该包括居家养老，居家养老是为居住在家的老年人提供以解决日常生活困难为主要内容的社会化服务，服务内容主要包括生活照料、医疗服务以及精神关爱服务。美国疾病控制与预防中心将"在地养老"定义为无论年龄、收入和能力，老人都能在自宅或社区中安全、独立、舒适地生活（Huttman，1982）。可见，在地养老的场所包括"自宅"和"社区"，而互助养老幸福院模式在村庄建立集体居住场所则是在"社区"中实现在地养老的一种形式，也是类机构养老的社区养老服务体系的一部分，农村社区日间照料中心也具有相似性质。在地养老和居家养老都属于"在社区养老"的形式。基于此，本书所提的基于在地养老的农村社会养老服务体系主要是为选择居家养老的老人和在社区养老设施集中居住养老的老人提供"硬件"和"软件"上的政策支持与服务保障，政府购买服务是重要方式。

"硬件"的政策支持及服务保障主要涉及对老年人的原生住宅或社区集中养老场所以低偿或无偿的形式提供适老改造、社区环境的无障碍改造等支持或服务；"软件"的政策支持及服务保障主要包括入户的生活照料服务、入户或在社区的医疗保健及康复护理服务、精神关爱及精神疏导服务等。政府可以以购买服务的形式委托第三方组织提供服务，在"硬件"服务提供上可以委托专业性组织提供服务。然而，只改造硬件设施仅能满足老人居家养老生活的一个方面，在家庭养老功能弱化的情况下，老人的晚年生活很可能陷入"三餐养老"的困境，即子女仅在三餐时间照顾老人，其他时间老人因无人陪伴而面临需求无法满足的困境。在此情况下，有必要在适老环境改造中融入"智慧养老"元素，通过现代科技产品的应用，降低老人独处的风险或使其需求得到及时回应，比如应用感应器等可感知摔倒等情况，并将消息自动传递给老人子女或社区内负责提供养老服务的个人或组织。"软件"方面的服务供给应最大限度地利用社区资源来实现，不论是居家养老的老人，还是居住在社区养老设施中的老人，服务的需求与供给通常都需要一个养老服务平台或中间机构（组织）来对接，并根据差异性需求供给服务。就目前农村地区的养老设施格局而言，幸福院、老年协会、村委会都可以作为这一中间机构，但是幸福院与老年协会这种自我管理、自我服务的老年人组织相对于村委会而言更有优势，相近年龄段的老年人更能真切地了解老年人的养老需求，更好地促进老有所为的实现。那么，应该由哪些主体来提供入户的居家养老服务呢？就农村现状而言，有入户居家养老服务需要的老人多半是失能半失能老人，而社区类养老机构如幸福院等集中养老场所中的老人多数为能自理的老人。根据前文幸福院老人的日常生活安排，幸福院中可自理的老人在闲暇时间可以分担一部分为居家养老的失能半失能老人提供入户照料服务的责任，由幸福院负责需求与供给的对接，也可调动村内留守妇女、其他在家散居的能自理的老人承担部分服务，由政府以补贴服务券或现金券的形式保障入户服务的实现。村民之间相互熟悉，在提供生活照料服务的同时也可满足老人的精神慰藉需求。

因此，当前及未来一段时间内的农村社会养老服务体系的发展应以基于在地养老的农村社会养老服务体系为重点，促进养老保障方面的社会福利服务供给；重视养老方面的社会救助制度与社会福利制度的衔接以及在社区层面的整合；以政府购买服务的形式，优先发展基于入户服务的、主要保障特殊困难群体和失能半失能老人养老需求的居家养老服务，重视居家养老硬件设施的改造及"智慧养老"产品的应用，这是居家养老实现的基础，而不能仅依托养老服务的供给；倡导发展面向独居老人中的可自理老人（也可涵盖轻度失能的老人）的、基于社区公共养老服务设施的互助型在地养老，扶持幸福院、日间照料中心、老年协会等组织充当养老服务供需对接的平台，统筹利用社区资源满足老人在地养老的服务需求。此外，需要注意的是，农村社会养老服务体系的建设与实践要以家庭养老为基础，发展基于在地养老的农村社会养老服务体系实际上是对家庭养老的社会化支持。因此，在发展农村社会养老服务体系的同时，还应重视对家庭养老的传承与强化。

二 机构养老的专业化与类机构养老的社区化

我国农村社会养老服务体系除了前文提及的基于在地养老的农村社会养老服务体系（以居家养老服务体系、类机构养老的社区养老服务体系为主）外，还包括农村机构养老服务体系。前文论述了当前我国农村地区的乡镇敬老院及主要分布在乡镇或城郊的民办养老机构在满足老年人养老需求上的局限，这种局限主要受老年人养儿防老观念、居家养老以及维持原有生活方式的意愿、经济条件，以及机构养老本身投资回报周期长、利润低等特点的影响。根据发达国家在应对老龄化过程中的"去机构化"经验，

第八章　研究结论与政策启示

以及互助养老幸福院模式在满足老年人需求上的经验，机构养老发展需要进行再定位，农村机构养老在未来发展的政策导向上应侧重于发展专业化的医护型养老机构与养护型养老机构，主要面向失能半失能老人、家庭经济条件较好的老年人群体。由于西方国家在养老上"去机构化"的实现是以完善的居家养老服务为基础和支撑的，而我国农村地区尚未建立起完善的居家养老服务体系，因此需要鼓励在社区中发展集中居住型养老机构或者类似养老机构的集中居住型互助养老设施（比如社区小型养老院、互助幸福院等），作为机构养老"服务下移"的过渡措施，以尽量满足老年人在地养老的意愿。

应对社会救助体系下的乡镇敬老院进行改造，主要面向农村特殊困难群体中的老年人，特别是失能半失能老年人群体，改善乡镇敬老院的医疗护理及康复条件。农村特殊困难群体中有分散供养意愿且能自理的老年人或监护人可照料失能需照料的老年人，可以选择分散供养，鼓励前者选择社区类似养老机构的集中居住型互助养老设施或者社区养老院，以政府购买社会救助服务形式满足老年人的养老需求，从而实现乡镇敬老院社会救助职能的专业化，而且通过类似养老机构的集中居住型互助养老设施或社区养老院使原本由乡镇敬老院提供的社会救助"服务下移"，以满足特殊困难群体中老年人的在地养老愿望。对农村特殊困难群体的政策保障需要与社区互助养老设施或机构养老设施相关政策进行衔接，使特困老年人在生命历程的不同阶段有多样化的养老方式选择，并且可以保证养老需求满足的质量。乡镇地区的民办养老机构、民办公助性质的养老机构以医护型、养护型为发展方向，重点满足失能半失能老年人的养老需求，能自理老人主要通过家庭养老、居家养老服务以及类机构养老的社区互助型养老设施等途径满足自身养老需求。

从另一方面讲，机构养老趋向医护型、养护型的政策发展导向也是因应家庭、幸福院等类机构养老的互助养老设施在失能老人照料及康复护理上的功能不足而形成的。从前文第六章的论述可知，互助养老幸福院模式的主要局限是无法承担对失能老人的照料职责。在农村地区，老人在失能阶段主要依赖家庭成员的照料。此外，与自理阶段家庭成员所提供的生活照料不同，老人失能后的照料还有对康复及护理的需求，而家庭成员在失能老人的照料及康复护理上通常是非专业的，并且没有足够的时间、精力，在当前家庭养老功能弱化的形势下，对失能半失能老人的照料质量和效果通常难以保障。但是，专业化的机构养老服务通常需要较高的花费，对老年人及家庭的经济情况和支付能力有一定的要求，引导政府重视对失能半失能老人的养老服务福利政策的制定，将有利于减轻失能半失能老人选择机构养老的经济压力。

另外，互助养老幸福院模式这种类机构养老形式在组织管理及运行方面的经验，启发养老机构在日常运行管理中要重视家庭和社会的参与，特别是家庭成员在老年人精神慰藉上的参与，同时还应重视老年人自我管理能力的发挥。

三 "医养结合"式居家养老与健康老龄化

虽然前文建议对机构养老进行再定位并且认为机构养老的主要对象应是失能半失能老人以及家庭经济条件较好的老年人群体，但是，当前我国农村地区的失能半失能老人照料主要依靠家庭，未来很长一段时间内这种现象会依然存在。当前阶段，农村地区家庭成员对失能半失能老人的照料以满足生活照料需求为主，对老人的康复及护理涉及很少并且缺乏专业性，也很少关注老人的心理健康与社会融入问题，从而导致老人失能后的家庭养老生活质量、生命质量下降。在当下社会中，带病生存是老年人的常态，如何提高失能半失能老人家庭养老的生活质量和生命质量是农村养老需要解决的难点问题。在"积极老龄化"的政策框架中，有三个基本支柱——保障、健康、参与，其中"保障"是促进健康与参与实现的条件，在通过国家政策和项目保障老人在社会、经济、人身安全上的需要和权利的同时,政府还要在老人失能后,支持家庭和社区通过不同形式的养老资源对老人进行照料并保障老人有尊严地生活。

据国家人口统计数据,到2050年,我国失能人口会超过5000万人,失能老人的养老问题严峻。目前,我国已经开始探索长期护理保险制度,人社部印发《关于开展长期护理保险制度试点的指导意见》(人社厅发〔2016〕80号)(以下简称《指导意见》),首批试点包括上海、广州、青岛、承德、长春等城市。试点期间,该制度主要覆盖城镇职工基本医保的参保人群,目前仅有部分农村地区被纳入长期护理保险制度的试点,提供医疗机构护理、养老机构护理、居家护理及医护人员社区巡护四种类型的服务保障,并对失能老人享受照料和护理服务给予不同比例的报销,这在一定程度上会减轻家庭对失能老人照料的负担。随着城乡医疗保险的统筹和长期护理保险制度的推广,农村地区也将逐渐覆盖长期护理保险。但是,有了长期护理保险并不意味着能完全解决失能老人的养老问题,长期护理保险根据老人的失能程度有不同时长、不同形式的养老服务供给"门槛",一般长年卧床、生活不能自理者可以申请在医院或护理型养老机构中接受照护服务,其他类型失能老人仍然以居家照护为主。

就目前我国农村地区的医疗卫生及机构养老状况而言,"医养结合"式居家养老是解决农村失能老人养老问题最普遍的方式,而并非"医院+养老院""医疗机构+养老机构"式的"医养结合"。此处所指的"医养结合"不能简单理解为"医疗、治疗"与"养老"的结合,失能老人"医养结合"式居家养老中"医"的重点是健康管理,特别是以长期照护、临终关怀为主的慢性病管理,而不是以治病为重点的医疗,自然也不追求治愈率。"医养结合"式居家养老是农村地区解决失能老人养老困境的主要方式,也可应用于城市地区。"医养结合"式居家养老的主体应该包括具备简单护理常识及技能的家庭成员、社区卫生服务中心的医护人

农村互助养老：幸福院的案例与启示

员、居家养老服务者，该养老形式依托家庭与社区的医护、照料资源达成。社区卫生服务中心医护人员定期根据老人的失能状况进行护理知识及技能、康复知识及技能培训，鉴于农村家庭的条件限制，失能老人在家中仅能获得简单的护理及康复服务，需要借助专业理疗设备的老人则需要社区卫生服务中心的参与。"医养结合"式居家养老在一定程度上也是前文提及的家庭养老社会化趋势的一个体现。

但是，在当前家庭养老功能弱化的背景下，失能老人的家庭照料难免会遇到第六章案例中所提到的问题：无配偶的失能老人的家庭养老责任一般由子女（主要是儿子、儿媳）来承担，但子女通常会因忙于生计而对失能老人疏于照料，进而变成"三餐养老"，更谈不上帮助老人进行生理机能的恢复了。这一问题可以通过居家养老服务体系的上门服务、长期护理保险制度来辅助解决。在居家养老服务体系的上门服务方面，鉴于幸福院中的单身老人多数是能自理的老人，其中年轻一点的老年人可以通过居家养老服务供给平台无偿或低偿承担部分失能老人"医养结合"式家庭养老服务的供给，或者为失能老人的家庭成员提供"喘息服务"。

另外，既然失能老人养老是农村养老问题中的难点，那么延缓老年人失能阶段的到来，缩短失能的周期，也是缓解人口老龄化、失能化问题的重要方面。20世纪八九十年代，世界卫生组织提出"健康老龄化"概念，其理念是生理健康、心理健康和社会交往，致力于提高老年人的生命质量、缩短带病周期。从生命健康方面来说，健康老龄化贯穿在个人生命历程的各个阶段，对老年人个体而言，健康老龄化与日常生活中健康观念的转变、健康生活习惯的养成等密切相关，不仅要在最大限度上延迟老年人失能阶段的到来，还要在失能阶段通过护理和康复服务改善其健康状况。对整个社会的老年人群体而言，健康老龄化是个公共问题，需要国家与社会在健康教育、健康观念等方面进行政策引导，健全慢性病防治系统、公共卫生和医疗保健系统。此外，国家政策还应重视环境的治理与保护，比如部分慢性病的产生与生存环境密切相关，自然环境条件的改善也有利于健康老龄化的实现。在心理健康与社会交往方面，应重视老年人心理需要的满足、心理疾病的疏导及老年人的社会融入。从前文对幸福院内老年人养老需求满足的论述中可知，老年人的精神需求包括情感与归属感需求、尊重与自我实现需求等方面，家庭参与熟人社会下的养老不难满足老人的情感与归属感需求，但老人尊重与自我实现需求的满足需要个人、家庭、社会、政府等不同主体共同参与，为老人提供发挥其价值的平台，使老年人仍然能有机会为家庭、其他老人、社会和国家做出贡献。可见，社会参与是促进老年人实现心理健康、满足精神需求的重要途径。

四 老年社会参与与积极老龄化：再寻生活的意义

从前文对 Q 村互助养老幸福院模式中老年人的自我管理、互助服务的论述，以及老年人在与外界主体的社会交往中满足尊重与自我实现需求并产生养老社会责任感的论述中可见，社会参与对已经满足基本生存需要的老人的个人发展与社会发展具有重大意义。就"积极老龄化"的三个支柱健康、参与、保障而言，健康是基础，参与是关键，保障是促进健康与参与实现的条件，即老人身心健康才能更好地参与社会活动，在参与社会活动中重新获得自我认同，实现人生价值并找到"生活的意义"。下文将重点说明社会参与对实现积极老龄化的重要意义以及国家政策在促进农村老年人社会参与满足养老需求上的发展方向。

对老人而言，其社会参与过程及其在社会参与中的社会互动过程是个体实现自我认同、树立自我形象并成就自我价值的唯一路径（福建省老年学学会，2007）。若政府、市场、社会所提供的政策支持和项目保障能够根据老年人个体的基本权利、禀赋、养老需要等支持老年人参与经济、政治、社会文化及精神活动，则老年人在进入老年阶段之后仍然可以通过收入性和非收入性的活

农村互助养老：幸福院的案例与启示

动继续为社会做出贡献（世界卫生组织，2003）。可见，个体在进入晚年阶段之后通过社会参与实现继续社会化而实现老有所为，对个体和社会而言都有积极意义。但是，农村地区老年人在"完成任务"之后，尤其是失去农业劳动能力之后，继续参与社会活动的机会相对变少，与城市地区的老年人相比，农村地区老年人在进入老年期之后，随着身体机能的下降，在农村地区难以继续从事种地、打工等体力劳动。若家庭中已经不需要老人承担抚育孙代的任务，则老人在农村社区内通常难以找到继续社会化的途径。因此，多数老人觉得生活没有"奔头儿"，处于"熬日子""混吃等死"的状态，生活态度消极，不利于老人的身心健康。可见，创造老人继续参与社会活动的机会并激发老人积极主动参与意愿，对老年人寻找生活的意义和价值具有重要性。

目前农村地区关于老年人社会价值的"老人无用论"依然盛行，认为老年人年老体衰后不能从事农业生产，难以分担家庭负担，难以为家庭和社会创造价值，将老人看作家庭和社会的负担，使老人的社会地位越来越边缘化。这种社会环境容易消磨和压制老人在社会参与上的积极性，而老人在社会参与上做到"心态积极"和"行动积极"，恰恰需要一定的社会氛围与政策环境作为支撑。政府和社会可以通过政策或项目引导老人积极参与社会活动并为其提供平台，比如 2003 年全国老龄委倡导并组织城市离退休老年知识分子以各种形式向西部地区或经济欠发达地区开展智力援助"银龄行动"，通过为老人提供继续参与社会活动的平台，使老人通过奉献社会来追求自我价值的实现，这一行动在农村地区以"银龄互助"的形式为农村老年人提供了互助平台。互助养老幸福院模式亦是农村老人参与社会活动的重要途径。就农村地区当前的实际而言，老人不能继续从事种地、打工等体力劳动，不需要承担抚育孙代的任务之后，基于兴趣爱好的文体娱乐活动、基于基层民主自治的村庄治理活动以及帮助解决村庄社会问题等有益于村庄和谐的轻体力型社会活动都可以成为老年人继续实现社会化的优等选择。

随着社会的进步、科技的发展以及社会保障水平的提升,在"积极老龄化"政策框架下,老年人与其他年龄段的社会成员平等地享有权利,国家、社区和家庭在老年人健康条件允许的情况下,应保障其继续工作、参与社会活动、享受社会保障、分享经济社会发展成果的权利,以发掘其潜在能力,实现潜在价值,而不仅仅是保障老年人的基本生存需求。基于此,国家应该在完善老年人社会参与方面的法律、法规与政策体系的基础上,搭建老人参与社会活动的平台,在倡导老有所学、老有所为以及敬老风尚等方面给予具体的政策及实践支持,帮助老人在社会参与中寻求存在的价值,积极面对生活。

参考文献

本刊编辑部，1997，《农村家庭养老能走多远?》，《人口研究》第6期。

白玉琴，2012，《土地信托——农村养老方式的新探索》，《深圳大学学报》（人文社会科学版）第3期。

卞国凤，2010，《近代以来中国乡村社会民间互助变迁研究》，博士学位论文，南开大学。

卞国凤、刘娜，2010，《乡村互助传统及其变化与乡村社会福利建设》，《未来与发展》第6期。

常建华，2006，《乡约·保甲·族正与清代乡村治理——以凌燽〈西江视臬纪事〉为中心》，《华中师范大学学报》（人文社会科学版）第1期。

陈建兰，2009，《经济较发达地区农村空巢老人养老问题实证研究——以苏州农村为例》，《中国农村观察》第4期。

陈竞，2007，《日本公共性社区互助网络的解析——以神奈川县川崎市Y地区的NPO活动为例》，《广西民族大学学报》（哲学社会科学版）第1期。

陈竞，2008，《邻里互助网络与当代日本社会的养老关怀》，《中南民族大学学报》（人文社会科学版）第3期。

陈静、江海霞，2013，《"互助"与"自助"：老年社会工作视角下"互助养老"模式探析》，《北京青年政治学院学报》第4期。

陈蕴茜，1997，《论民国时期城市家庭制度的变迁》，《近代史研究》第2期。

参考文献

戴卫东，2007，《中国农村社会养老保险制度研究述评》，《中国农村观察》第1期。

邓大松、董明媛，2013，《"新农保"中农民缴费能力评估与影响因素分析——基于湖北省试点地区的调研数据》，《西北大学学报》（哲学社会科学版）第4期。

丁建定，2013，《居家养老服务：认识误区、理性原则及完善对策》，《中国人民大学学报》第2期。

丁建定，2013，《试论英国济贫法制度的功能》，《学海》第1期。

范成杰，2009，《代际失调论：对江汉平原农村家庭养老问题的一种解释》，博士学位论文，华中科技大学。

方洁，2012，《浅析家庭养老在我国养老保障体制中的功能变迁及新定位》，《企业导报》第5期。

费孝通，1983，《家庭结构变动中的老年赡养问题——再论中国家庭结构的变动》，《北京大学学报》（哲学社会科学版）第3期。

费孝通，2013，《江村经济》（修订本），上海人民出版社。

福建省老年学学会，2007，《积极老龄化研究》，华龄出版社。

甘满堂，2016，《乡村老年协会可承接社区居家养老服务》，《福建日报》12月17日。

甘满堂、娄晓晓、刘早秀，2014，《互助养老理念的实践模式与推进机制》，《重庆工商大学学报》（社会科学版）第4期。

干咏昕，2013，《中国民间互助养老的福利传统回溯及其现代意义》，《今日中国论坛》第7期。

高和荣，2003，《文化变迁下的中国老年人口赡养问题研究》，《学术论坛》第1期。

高和荣、张爱敏，2014，《中国传统民间互助养老形式及其时代价值——基于闽南地区的调查》，《山东社会科学》第4期。

郭丹阳，2013，《中国农村互助养老模式可行性研究》，博士学位论文，福建师范大学。

郭文娟，2013，《中国农村养老模式研究综述——基于 CSSCI 期刊（2000～2013）的研究》，《山西农业大学学报》（社会科学版）第 11 期。

郭文娟、麻学锋，2010，《民族地区农村养老机制与经济增长的互动机理分析》，《人口与发展》第 2 期。

国务院办公厅，2011，《社会养老服务体系建设规划（2011—2015 年）》。

国家卫生和计划生育委员会，2015，《中国家庭发展报告（2015 年）》。

韩振秋，2013，《浅析农村养老新模式——"互助养老"的特点》，《理论导刊》第 11 期。

河北省民政厅，2010，《河北省 2006 至 2010 年农村五保供养事业发展报告》，http://mzzt.mca.gov.cn/article/wbgygzhy/fzbg/201011/20101100117326.shtml。

河北省民政厅，2015，《2015 年河北省第一季度社会救济标准表》，http://www.hebmz.gov.cn。

何梦雅、钟建华，2012，《当代中国农民养老模式的选择》，《山西财经大学学报》第 4 期。

赫特尔，马克，1988，《变动中的家庭——跨文化的透视》，宋践、李茹译，浙江人民出版社。

贺丽丽，2007，《关于贫困地区农村家庭养老问题的思考——以甘肃省庆阳市镇原县张老庄村为例》，《西北人口》第 6 期。

侯立平，2011，《美国"自然形成退休社区"养老模式探析》，《人口学刊》第 2 期。

黄润龙，2005，《我国空巢老人家庭状态》，《人口与经济》第 2 期。

蒋蔷，2007，《中国农村养老保险制度现行模式的制约因素与发展思路》，《中国乡镇企业》第 4 期。

蒋天文、丁嫒，2013，《实体经济支撑下的养老模式研究》，《财政研究》第 4 期。

金华宝，2014，《社区互助养老：解决我国城乡养老问题的理性选择》，《东岳论丛》第 11 期。

康顺岐、张波，2013，《农村养老的域外实践及其对我国的制度启示》，《求索》第 5 期。

克拉潘，1974，《现代英国经济史》（上卷），姚曾廙译，商务印书馆。

黎文宇，2014，《法国退休女性选择互助养老》，《中国新闻周刊》第 10 期。

李香允，2013，《农村养老保障形势分析与对策研究》，《江西社会科学》第 3 期。

李友梅等，2008，《中国社会生活的变迁》，中国大百科全书出版社。

李卓谦，2017，《叶敬忠：孝道只有真实才有效》，《民主与法制时报》1 月 22 日。

梁漱溟，1987，《中国文化要义》，新蕾出版社。

刘成高、文国权，2010，《集体土地流转与我国农村养老保险制度的改革探索》，《东南大学学报》第 S1 期。

刘书鹤、刘广新，2005，《农村老年保障体系的理论与实践》，中国社会科学出版社。

刘养卉、龚大鑫，2011，《甘肃省农村养老保障典型模式调查研究》，《开发研究》第 5 期。

刘亿，2007，《城市化背景下农村家庭养老问题》，《合作经济与科技》第 3 期。

刘玉梅，2011，《现代化进程中农村养老观念转型问题研究——以邵阳县养老改革试点为个案》，《山西财经大学学报》第 S3 期。

卢艳、张永理，2015，《社会支持网络视角下的农村互助养老研究》，《宁夏党校学报》第 3 期。

罗淳，2013，《少子老龄化态势下的居家养老困境及其社区化解之道》,《人口与发展》第 2 期。

麻学锋、郭文娟、马红鸽,2011,《基于利益视角的"新农保"政策过程分析》,《人口与经济》第 1 期。

孟德斯鸠,1961,《论法的精神》(上册),张雁深译,商务印书馆。

民政部,2012,《民政部关于鼓励和引导民间资本进入养老服务领域的实施意见》。

民政部,2013,《中央财政设专项彩票公益金支持农村幸福院》,http://www.mca.gov.cn/article/zwgk/mzyw/201305/20130500461664.shtml。

穆光宗,1999,《家庭养老面临的挑战以及社会对策问题》,《中州学刊》第 1 期。

穆光宗,2000,《中国传统养老方式的变革和展望》,《中国人民大学学报》第 5 期。

穆光宗,2004,《中国老龄政策反思》,《中国老龄科学研究中心2004 年度优秀论文集》。

穆怀中、陈曦,2015,《人口老龄化背景下农村家庭子女养老向社会养老转变路径及过程研究》,《人口与发展》第 1 期。

钱穆,2001,《略论中国社会学》,《现代中国学术论衡》,生活·读书·新知三联书店。

乔琦、蔡永洁,2014,《非血缘关系的多代居——德国新型社会互助养老模式案例及启示》,《建筑学报》第 2 期。

渠敬东,2016,《中国传统社会的双轨治理体系——封建与郡县之辨》,《社会》第 2 期。

石人炳、宋涛,2013,《应对农村老年照料危机——从"家庭支持"到"支持家庭"》,《湖北大学学报》(哲学社会科学版)第 4 期。

世界卫生组织,2003,《积极老龄化政策框架》,中国老龄协会译,华龄出版社。

苏保忠、张正河、林万龙,2008,《中国古代养老制度及其对农村养老的启示》,《当代经济》第 21 期。

苏凤捷,1984,《试论中国古代社会的特点及其成因》,《中国史研究》第 1 期。

孙丽燕,2004,《20 世纪末中国家庭结构及其社会功能的变迁》,《西北人口》第 5 期。

唐晓英、周溥嘏,2010,《社区养老:解决我国农村养老问题的崭新模式》,《学术交流》第 4 期。

田素庆,2013,《阿昌族"上奘"宗教实践与现代养老模式构建》,《云南民族大学学报》第 3 期。

童星、张海波,2005,《社区保障:现阶段农村社会保障的主体》,《淮阴师范学院学报》(哲学社会科学版)第 2 期。

汪润泉,2016,《"社会养老"是否淡化了"子女责任"观念?——来自中国农村居民的经验证据》,《人口与经济》第 5 期。

汪沅,2008,《中国农村养老保障制度改革研究》,博士学位论文,东北师范大学。

王涤、周少雄,2003,《中国孝道文化的时代演进及其老年学意义》,《市场与人口分析》第 1 期。

王红、曾富生,2012,《传统农村家庭养老运行的基础与变迁分析》,《学术交流》第 10 期。

王璐、刘博,2012,《农村"邻里互助"养老模式的思考与建议》,《当代教育理论与实践》第 7 期。

王敏,2007,《论农村人身保险市场的开拓》,《保险研究》第 3 期。

王铭铭,1997,《小地方与大社会——中国社会的社区观察》,《社会学研究》第 1 期。

王强,2013,《河北省农村互助养老模式研究——以 FX 县为例》,博士学位论文,河北经贸大学。

王胜今、沈诗杰,2011,《发达国家典型养老保险模式改革及其启示》,《吉林大学社会科学学报》第 3 期。

王世斌、申群喜、余凤，2009，《农村养老中的代际关系分析——基于广东省 25 个村的调查》，《社会主义研究》第 3 期。

王述智、张仕平，2001，《关于当前中国农村养老问题及其研究的思考》，《人口学刊》第 1 期。

王勇，2009，《论汉代下层民众的互助活动》，《中国社会经济史研究》第 1 期。

王玉龙，2012，《德国的互助式养老》，《社区》第 23 期。

王增文，2015，《农村老年人口对养老服务供给主体的社会认同度研究——基于宗族网络与农村养老服务政策的比较》，《中国行政管理》第 10 期。

王振、刘林，2014，《"礼俗社会"视角下的农村老年协会作用研究——基于陕西省农村老年协会的调查》，《中国农业大学学报》（社会科学版）第 4 期。

杨宝，2011，《政府购买公共服务模式的比较及解释：一项制度转型研究》，《中国行政管理》第 3 期。

杨开道，1930，《农村问题》，世界书局。

杨立新，2002，《大清民律草案·民国民律草案》，吉林人民出版社。

杨清哲，2013，《解决农村养老问题的文化视角——以孝文化破解农村养老困境》，《科学社会主义》第 1 期。

姚远，2000，《血亲价值论：对中国家庭养老机制的理论探讨》，《中国人口科学》第 6 期。

姚远，2001，《中国家庭养老研究述评》，《人口与经济》第 1 期。

于红梅，2012，《内蒙古通辽市农村养老面临的困境与应对措施》，《中央民族大学学报》第 1 期。

俞贺楠、王敏、李振，2011，《我国社区居家养老模式的出路研究》，《河南社会科学》第 1 期。

袁同成，2009，《"义庄"：创建现代农村家族邻里互助养老模式的重要参鉴——基于社会资本的视角》，《理论导刊》第 4 期。

张彩华、熊春文，2015，《美国农村社区互助养老"村庄"模式的发展及启示》，《探索》第 6 期。

张大勇、李茜、于占杰，2005，《农民养老保险制度实现途径仍需探索》，《中国农业大学学报》第 1 期。

张昆玲、宋杉岐、唐国增，2010，《关于河北省实施农村最低生活保障制度的思考》，《经济与管理》第 9 期。

张立、张文学、杨建林，2012，《中国农村多支柱的养老模式研究》，《西北人口》第 4 期。

张文范，2004，《顺应老龄社会的时代要求建构孝道文化新理论》，《人口研究》第 1 期。

张文娟、李树茁，2004，《劳动力外流对农村家庭养老的影响分析》，《中国软科学》第 8 期。

张艳，2012，《我国农村老年保障制度变迁研究》，博士学位论文，西北农林科技大学。

张云英、黄金华、王禹，2010，《论孝文化缺失对农村家庭养老的影响》，《安徽农业大学学报》（社会科学版）第 1 期。

张正军、刘玮，2012，《社会转型期农村养老：家庭方式需要支持》，《西北大学学报》（哲学社会科学版）第 3 期。

张志雄、孙建娥，2015，《多元化养老格局下的互助养老》，《老龄科学研究》第 5 期。

赵金才、黄君，2016，《需要与互惠：农村互助养老的实践与经验——以粤赣结合部 H 村为例》，《农林经济管理学报》第 2 期。

赵志强，2012，《河北农村互助养老模式分析》，《合作经济与科技》第 10 期。

赵志强、王凤芝，2013，《文化社会学视角下的农村互助养老模式》，《农业经济》第 10 期。

赵志强、杨青，2013，《制度嵌入性视角下的农村互助养老模式》，《农村经济》第 1 期。

郑功成主编，2011，《中国社会保障改革与发展报告（救助与福利卷)》，人民出版社。

郑全红，2008，《论民国时期家庭关系的变化》，《中州学刊》第6期。

赵孝刚，2014，《创新农村居家养老新模式 老人生活质量大步提高》，http://ah.anhuinews.com/qmt/system/2014/07/09/006482950.shtml。

中国行业研究网，2013，《网络互助养老新模式调查解析》，http://www.chinairn.com/news/20131120/135257381.html。

中国彩票网，2014，《民政部、财政部部署2014年度中彩金支持农村幸福院项目工作》，http://www.china-lottery.net/news/112713.html。

钟建华，2011，《论传统文化与当代农村养老》，《山西财经大学学报》第S3期。

钟涨宝、李飞，2012，《动员效力与经济理性：农户参与新农保的行为逻辑研究——基于武汉市新洲区双柳街的调查》，《社会学研究》第3期。

中共中央，1980，《中共中央关于控制我国人口增长问题致全体共产党员、共青团员的公开信》。

周祝平，2008，《中国农村空心化及其挑战》，《人口经济》第3期。

周作斌，2014，《时间银行在社区互助养老中的应用研究》，博士学位论文，暨南大学。

Barker, J. C. 2002. "Neighbors, Friends and Other Nonkin Caregivers of Community-living Dependent Elders." *Journal of Gerontology: Social Sciences* 57B (3): 158–167.

Barnes, M. 1997. *Care, Communities and Citizens*. Longman, Harlow.

Behagg, C. 1990. *Politics and Production in the Early Nineteenth Century*. London: Routledge.

Beito, D. T. 1997. "'This Enormous Army': The Mutual Aid Tradition of American Fraternal Societies before the Twentieth Century. " *Social Philosophy & Policy* 14 (2): 20 – 38.

Beito, D. T. 1993. "Mutual Aid, State Welfare, and Organized Charity: Fraternal Societies and the 'Deserving' and 'Undeserving' Poor. " *Journal of Policy History* 5: 420 – 421.

Berger, P. and Neuhaus, J. 1977. *To Empower People: Mediating Structures Project*. Washington, DC: Am. Enterprise Inst.

Blood, I. and Pannell, J. 2012. *Building Mutual Support & Social Capital in Retirement Communities*. Housing Learning & Improvement Network.

Boufford, J. I. 2014. "Age – friendly NYC. " Keynote address presented at the annual conference of the New Jersey Foundation for Aging. Monroe, NJ.

Brenton, M. 2008. "The Cohousing Approach to 'Lifetime Neighborhoods. " *Housing LIN, Factsheet* No. 29.

Brody, E. 1981. "Women in the Middle and Family Help to Older People. " *Gerontologist* 21 (5): 471 – 480.

Brown, R. D. 1973. "The Emergence of Voluntary Associations in Massachusetts, 1760 – 1830. " *Journal of Voluntary Action* 2: 69 – 70.

Bronfenbrenner, U. and Morris, P. A. 2007. "The Bioecological Model of Human Development. " *Handbook of Child Psychology* 1: 14.

Burns, D. and Taylor, M. 1998. *Mutual Aid and Self-Help: Coping Strategies for Excluded Communities*. Policy Press.

Cahn, E. and Rowe, J. 1998. *Time Dollars: The New Currency that Enables Americans to Turn Their Hidden Resource Time into Personal Security and Community Renewal*. 2nd ed. Family Resource Coalition of America Chicago (first published 1992).

Cantor, M. 1983. "Strain among Caregivers: A Study of Experience in the United States." *Gerontologist* 23 (6): 597 – 604.

Caplan, G., Killilea, M. and Abrahams, R. B. 1977. "Support Systems and Mutual Help: Multidisciplinary Explorations." *Contemporary Sociology* 6 (6): 1322 – 1322.

Choi, N. G. and DiNitto, D. M. 2013. "The Digital Divide among Low-income Homebound Older Adults: Internet Use Patterns, eHealth Literacy, and Attitudes toward Computer/Internet Use." *Journal of the Medical Internet Research* 15: 93.

Cocq, G. 1990. "European and North American Self-help Movements: Some Contrasts." In A. H. Katz, & E. I. Bender (Eds.), *Helping One Another: Self-help Groups in a Changing World*. Oakland, CA: Third Party Publishing Company.

Dalley, G. 2005. *The Counsel and Care National Falls Survey: Progress in Implementing Standard 6 of the National Service Framework for Older People*. Counsel and Care.

Davitt, J. K, Lehning, A. J, Scharlach, A., et al. 2015. "Sociopolitical and Cultural Contexts of Community-Based Models in Aging." *The Village Initiative* 25 (1).

Department of Hedlth. 1998. *Living in Britain : Results from the 1998 General Household Survey*. London : The Stationery Office.

Doty, D. H. and Glick, W. H. 1994. "Typologies as a Unique Form of Theory Huilding: Toward Improved Understanding and Modeling." *Academy of Management Review* 19 (2): 230 – 249.

Drazanin, Y. C. 2000. *Victorian London's Midddle-Class Housewige*. London: Grennwood Press.

Durrett, C. 2009. *The Senior Cohousing Handbook: A Community Approach to Independent Living*. New Society Publishers.

Elder Spirt Community. 2005. Mission Statement, Values and Conceptual Model. May. Retrieved from http://www.elderspirit.net/pages/

vision. html.

Esping-Andersen, G. 1990. *The Three Worlds of Welfare Capitalism: The Three Worlds of Welfare Capitalism.* Polity Press.

Feldman, P. H., Oberlink, M. R., Simantov, E. and Gursen, M. D. 2004. *A Tale of Two Older Americas: Community Opportunities and Challenges.* New York: Center for Home Care Policy and Research.

Fields, J. and Casper, J. M. 2000. "America's Families and Living Arrangements." Retrieved July 2016, from http://www.census.gov/prod/2001pubs/p520-537.pdf.

Foote, N. and Cottrell, L. 1965. *Identity and Interpersonal Competence.* University of Chicago Press.

Glass, A. P. 2009. "Aging in a Community of Mutual Support: The Emergence of an Elder Intentional Cohousing Community in the United States." *Journal of Housing for the Elderly* 23 (4): 283-303.

Glass, A. P. and Skinner, J. 2013. "Retirement Communities: We Know What They Are...or Do We?" *Journal of Housing for the Elderly* 27 (1-2): 61-88.

Glass, A. P., Plaats, R. S. 2013. "A Conceptual Model for Aging Better Together Intentionally." *Journal of Aging Studies* 27 (4): 428-442.

Graham, C. L., Scharlach, A. E. and Wolf, J. P. 2014. "The Impact of the 'Village' Model on Health, Well-being, Service Access, and Social Engagement of Older Adults." *Health Education & Behavior* 41 (1 suppl): 91s-97s.

Greenfield, E. A. 2011. "Using Ecological Frameworks to Advance a Field of Research, Practice, and Policy on Aging-in-Place Initiatives." *Gerontologist* 52 (1): 1-12.

Greenfield, E. A., Scharlach, A. E. and Davitt, J. K. 2016. "Organizational Characteristics and Volunteering in Age-Friendly Supportive

Service Initiatives. " *Nonprofit & Voluntary Sector Quarterly* 45 (5): 931-948.

Greenfield, E. A., Scharlach, A. E., Lehning, A. J., et al. 2013. "A Tale of Two Community Initiatives for Promoting Aging in Place: Similarities and Differences in the National Implementation of NORC Programs and Villages. " *Gerontologist* 53 (6): 928-938.

Greenfield, E. A., Oberlink, M., Scharlach, A. E., Neal, M. and Stafford, P. 2015. "Community Aging Initiatives: Conceptual Issues and Key Questions for an Emerging Paradigm. " *The Gerontologist* 55: 191-198.

Hatzidimitriadou, Eleni. 2002. "Political Ideology, Helping Mechanisms and Empowerment of Mental Health Self-help/Mutual Aid Groups. " *Journal of Community & Applied Social Psychology* 12 (4): 271-285.

Herzog, B., Wilson, G. and Rideout, N. 2010. "Aging Independently: A Chapel Hill Perspective. " *North Carolina Medical Journal* 71: 173-176.

Hochschild, A. 1973. *The Unexpected Community.* Englewood Cliffs. NJ: Prentice-Hall.

Homans, G. C. 1958. "Social Behavior as Exchange. " *American Journal of Sociology* 63 (6): 597-606.

Hooyman, N. R. and Kiyak, H. A. 2011. *Social Gerontology.* Pearson Education (first published 2005).

Humphreys, K. and Rappaport, J. 1994. "Researching Self-help/Mutual Aid Groups and Organizations: Many Roads, One Journey. " *Applied & Preventive Psychology* 3 (4): 217-231.

Huttman, Elizabeth. 1982. "Multi-Level Care Facilities for the Elderly in Denmark and Holland. " *Housing&Society* 9 (1): 20-30.

Joseph Rowntree Foundation. 2013. "Senior Cohousing Communities -

An Alternative Approach for the UK?" Programme Paper a Better Life.

Judith, G. and Robert, H. (2015). "Emerging Models of Age-Friendly Communities: A Framework for Understanding Inclusion." Public Policy & Aging Report. 25. 10. 1093/ppar/pru056.

Katz, A. H. 1981. "Self-Help and Mutual Aid: An Emerging Social Movement?" *Annual Review of Sociology* 7 (3): 129 – 155.

Katz, A. and Bender, E. 1976. *The Strength in Us: Self-Help Groups in the Modern World.* NY: Franklin-Watts.

Kropotkin, P. 1955. *Mutual Aid: A Factor in Evolution.* Boston: Extending Horizons Books.

Lawton, M. P. and Nahemow, L. 1973. "Ecology and the Aging Process." *C Sdorfer:* 619 – 674.

Lawton, M. P., Weisman, G. D., Sloane, P. and Calkins, M. 1997. "Assessing Environments for Older People with Chronic Illness." *Journal of Mental Health and Aging* 3: 83 – 100.

Leat, D. 1982. *Report of a Pilot Study of Informal Neighborly Care of the Elderly.* London: Policy Studies Institute.

Lehning, A. J., Scharlach, A. E., Davitt, J. K. 2015. "Variations on the Village Model: An Emerging Typology of a Consumer-Driven Community-Based Initiative for Older Adults." *Journal of Applied Gerontology the Official Journal of the Southern Gerontological Society* 36 (2): 234 – 246.

Lehning, A., Davitt, J., Levine, L. and Scharlach, A. 2013. "Promising Practices to Promote Sustainability and Engage a Diverse Membership Village to Village Network." Annual Meeting.

Levy, L. 1976. "Self-help Groups: Types and Psychological Processes." *J. Appl. Behav. Sci.* 12: 310 – 313.

Lieberman, M. A. and Nancy, G. 1979. "Evaluating the Effects of

Change Groups on the Elderly." *International Journal of Group Psychotherapy* 29 (3): 283 - 304.

Linton, M. 1994. "The LETS System Design Manual." *Landsman Community Services Paper* 1: 3.

Litwin, H. and Shiovitz-Ezra, S. 2011. "Social Network Type and Subjective Well-being in a National Sample of Older Americans." *The Gerontologist* 51: 379 - 388.

Lee, C. D. and Ayon, C., 2006. "The Power of Groups for Older Adults: A Comparative Study of European American and Latino Senior Mutual Aid Groups." *Social Work with Groups* 28 (2): 23 - 39.

Martin, G. 1998. "Mutual Aid and Civil Society: Friendly Societies in Nineteenth-century Bristol." *Urban History* 25: 302 - 322.

Maslow, A. 1954. *Motivation and Personality.* New York: Harper.

McDonald, P. 1995. *Families in Australia: A Socio-demographic Perspective.* Melbourne Australian Institute of Family Studies.

Mishkovsky, N., Dalbey, M. and Bertaina, S. 2010. *Putting Smart Growth to Work in Rural Communities.* Washington, D. C.: International City/County Management Association.

Munn-Giddings, C. and McVicar, A. 2007. "Self-help Groups as Mutual Support: What Do Carers Value?" *Health & Social Care in the Community* 15 (1): 26 - 34.

Ohmer, M. L. 2008. "The Relationship between Citizen Participation and Organizational Processes and Outcomes and the Benefits of Citizen Participation in Neighborhood Organizations." *Journal of Social Services Research* 34: 41 - 60.

Peace, S., Holland, C. and Kellaher, L. 2011. "'Option Recognition' in Later Life: Variations in Ageing in Place." *Ageing & Society* 31: 734 - 757.

Pesznecker, B. L. and Zahlis, E. 1986. "Establishing Mutual-Help

参考文献

Groups for Family-Member Care Givers: A New Role for Community Health Nurses." *Public Health Nursing* 3 (1): 29 – 37.

Pilisuk, M. and Parks, S. H. 1980. "Structural Dimensions of Social Support Groups." *The Journal of Psychology* 106 (2): 157 – 177.

Poor, S., Baldwin, C. and Willet, J. 2012. "The Village Movement Empowers Older Adults to Stay Connected to Home and Community." *Generations* 36 (1): 112 – 117.

Robert Wood Johnson Foundation. 2011. Health Affairs Official Website. Retrieved from http://healthaffairs.org/healthpolicybriefs/brief_pdfs/healthpolicybrief_46.pdf. May 12.

Sagarin, E. 1969. *Odd Man In: Societies of Deviants in America.* NY: Quadrangle.

Satariano, W. A., Scharlach A. E. and Lindeman, D. 2014. "Aging, Place, and Technology: Toward Improving Access and Wellness in Older Populations." *Journal of Aging & Health* 26 (8): 73 – 89.

Scharlach, A. E., Lehning, A. J. and Graham, C. L. 2012. "The Village Model: A Consumer-driven Approach for Aging in Place." *Gerontologist* 52: 418 – 427.

Self Help Nottingham. Self Help Nottingham Homepage. http://www.selfhelp.org.uk, 2016 – 8 – 20.

Seyfang, G. 2003. "With a Little Help from My Friends: Evaluating Time Banks as a Tool for Community Self-help." *Local Economy* 18 (3): 257 – 264.

Seyfang, G. and Smith, K. 2002. "The Time of Our Lives: Using Time Banking for Neighborhood Renewal and Community Capacity Building." *BMJ* 319 (4): 583.

Seyfang, G. 2003. "Growing Cohesive Communities One Favor at a Time: Social Exclusion, Active Citizenship, and Time Banks." *International Journal of Urban & Regional Research* 27 (3): 699 – 706.

Shanas, E. 1979. "The Family as a Social Support System in Old Age." *Gerontologist* 19 (2): 69 – 174.

Shapiro, B. 1977. "Mutual Helping: A Neglected Theme in Social Work Practice and Theory." *Can. J. Soc. Work Educ* 3 (1): 33 – 44.

Sherman, E. S. 1975. "Mutual Assistance and Support in Retirement Housing." *Journal of Gerontology* 30: 479 – 483.

Sokol, T. 1988. "Household and Family among the Poor: The Case of Two Essex Communities in the Late Eighteenth and Early Nineteenth Centuries." *Economic History Review* 47: 248 – 151.

Sun, H., Florio, V. D., Gui, N. and Blondia, C. 2007. "Participant: A New Concept for Optimally Assisting the Elder People." Twentieth IEEE International Symposium on Computer-Based Medical Systems. 295 – 300. IEEE Computer Society.

Theurer, K. 2010. "The Development and Process Evaluation of a Co-led Mutual Support Group in Long-term Care Facilities." Graduate thesis, Simon Fraser University.

Tocqueville, A. D. 1981. *Democracy in America*. New York: Random House.

Traunstein, D. and Steinman, R. 1973. "Voluntary Self-help Organizations: An Exploratory Study." *J. Voluntary Action Res.* 2 (4): 230 – 239.

Traunstein, D. and Steinman, R. 1974. *Inventory of Self-help Organizations in Southern Maine and Comparison with Comparable Urban Data*. University of Maine, Portland Gorham.

Traunstein, D. and Steinman, R. 1976. "Redefining Deviance: The Self-help Challenge in the Human Services." *J. Appl. Behav. Sci.* 12 (3): 357 – 361.

Tawney, R. H. and Power, E. E. 1924. *Tudor Economic Documents*. Longmans, Green and Company.

参考文献

U. S. Census Bureau. 2012. "U. S. Census Bureau Projections Show a Slower Growing, Older, More Diverse Nation a Half Century" from Now-Population-Newsroom-U. S. Census Bureau. Retrieved from https://www. census. gov/newsroom/releases/archives/population/cb12 - 243. html.

U. S. Census Bureau. 2010a. U. S. Census Bureau Population Estimates Program (PEP), Updated annually. http://www. census. gov/popest/. U. S. Census Bureau, 2010 Census of Population, P94 - 171 Redistricting Data File. Updated every 10 years. http://factfinder2. census. gov.

U. S. Census Bureau. 2010b. "Report on Centenarians Data."

U. S. Census Bureau. 2014. 65 + *in United States: 2010*. Retrieved September 20, 2015, from http://www. census. gov/content/dam/Census/library/publications/2014/demo/p23 - 212. pdf.

Volkman, R. and Cressey, D. 1963. "Differential Association and the Rehabilitation of Drug Addicts." *Am. J. Social* 69: 129 - 142.

Wahl, H. W., Iwarsson, S. and Oswald, F. 2012. "Aging Well and the Environment: Toward an Integrative Model and Research Agenda for the Future." *Gerontologist* 52 (3): 306 - 316.

Walker, K. N., McBride, A. and Vachon, M. L. S. 1977. "Social Support Networks and the Crisis of Bereavement." *Social Science & Medicine* 11: 35 - 41.

Wenger, G. C. 1993. "The Formation of Social Networks: Self-help, Mutual Aid, and Old People in Contemporary Britain." *Journal of Aging Studies* 7 (1): 25 - 40.

Wenger, G. C. 1990. "The Special Role of Friends and Neighbors." *Journal of Aging Studies* 4 (2).

Williams, C. C. and Windebank, J. E. 2000. "Self-Help and Mutual Aid in Deprived Urban Neighborhoods: Some Lessons from Southampton."

Urban Studies 37 (1): 127 – 147.
Yang, C. C. and Hsu, Y. L. 2010. "A Review of Accelerometry-based Wearable Motion Detectors for Physical Activity." *Sensors* 10: 7772 – 7788.

附　录

Q村农村互助幸福院入住协议

甲方：村委会（签章）
乙方：入院本人（签章）
家属代表（签章）：

就单身独居老人（60周岁及以上）入住互助幸福院一事，经甲乙双方协商达成如下协议：

一　老人入住条件

具备生活自理能力；无传染病、精神病等高危病；本人自愿，子女申请；经村委会研究同意。

二　甲方责任与权利

1. 做好农村互助幸福院的建设运行管理工作。
2. 原则上，互助幸福院由村委会指定一名享受财政补贴的村干部分管幸福院，幸福院内部实行民主管理，公推举荐院长、副院长、宿舍长和其他专门管理小组负责人，负责内部事务管理。
3. 配置床、灶具、餐桌、椅、电视及其他必要的生活设施。
4. 负担入住老人的水电暖等公共费用。
5. 乙方在住院期间，如不遵守本院制度、不服从管理，甲方有权责令其退出本院。

三 乙方责任与权利

1. 入院老人所需的个人生活用品和消费,如衣被、米面油由乙方负担。

2. 入院老人如患病需就医治疗,应由乙方子女或其他亲属将其接走治疗,就医费用由乙方负责;待恢复健康,达到入住条件后再入住。

3. 互助幸福院不设专业的服务人员,老人可依据自身情况决定去留,入住老人在院内实行自助、互助。

4. 互助幸福院不安排医护人员,入院老人在院内生活居住应注意安全,如有突发病情或意外摔跌,均由乙方负责。

5. 乙方在住院期间应严格遵守该院各项制度,搞好个人及集体卫生,相互间应搞好团结,和睦相处,互相帮助,爱护公共财物。

6. 院内公物,院民有使用权,但不能带回家或据为私有。

四 其他

1. 本协议未尽事宜由甲方负责解释。
2. 本协议一式两份,甲、乙双方各执一份。
3. 本协议自双方签字之日起生效。

甲方: 　　　　乙方:

家属代表: 　　本人:

后 记

本书依据笔者在中国农业大学攻读博士期间的博士论文修订而成，在论文写作前的思路构建及调研阶段，调研资料整理阶段，论文撰写、书稿修改及定稿阶段，幸得师长、亲朋及出版社编辑老师的指点、支持和帮助，最终书稿得以修订完成，在此表示感谢。

致谢师长与同窗

硕博阶段，从一定意义上讲，算是我学术生涯的正式开始，张大勇教授与熊春文教授对我而言不仅是学术道路上的引路人，也是人生道路上的导师。我在硕士研究生阶段师承张大勇教授，张老师也是我在本科阶段的学术启蒙老师，让我对社会保障领域的研究产生了浓厚兴趣。硕士研究生阶段，对老年医院失能老人的走访和调研，启发了我对健康老龄化及如何延缓老人失能阶段的到来，并使老人尽可能长久地在自己家中养老等问题的思考，这也是后来我博士论文以互助养老为主题的动因之一。2015年9月，在博士论文调研选点时，张老师帮助我联系调研地点，并请当时还是社会保障专业硕士研究生的牛畅师妹一同与我前去河北省的调研地点进行预调研、选点，特别感激张老师的支持和帮助。也感谢师母——北京大学退休教师牛砚华老师对我日常生活的关心，于我而言，张老师亦师亦父，牛老师亦师亦母。博士研究生阶段，我有幸成为熊春文教授的第一名博士研究生。熊老师博学善思，社会学理论功底深厚，看待问题总是那么敏锐深刻并且让人眼前一亮，每次跟熊老师探讨学术问题，我都会不自觉感受到熊老师的理论思辨魅力，这也越发让我觉得自己在社会学方面的底子薄，对于读书少又有思考惰性的我而言，学术压力越发明显。熊老师的教导"求其上者得其中，求其中者得其次"伴我至今。在博士论文的写作阶段，虽然经历了论文框架、思路的推翻与重建，但我最终在熊老师社会学视野的引导与帮助下拟定了写作框架，并基于熊老师的修改意见不断进行打磨，写成论文，终成书稿。

感谢我在美国伊利诺伊大学芝加哥分校公共卫生学院联合培养期间的合作导师 Naoko Muramatsu 教授在老龄化与健康研究领域给我的启发。感谢左停教授及我在欧盟—中国社会保障改革项目组兼职期间的"老板"，即曾任波兰劳动、家庭与社会政策部老年司司长的 Marzena Breza 女士。兼职一年多的时间，我了解了欧盟各国的社会救助政策与实践，完成了论文调研资料的整理工作，我本以为兼职期间可以边工作边写博士论文，尝试 Breza 女士的"多任务"工作法，无奈写作进度太慢，故而辞去工作专心写作。感谢在论文开题、预答辩及正式答辩期间给论文提出批评和建议的老师们以及重庆行政学院金华宝老师在互助养老研究上给予的指点。在此，还要特别感谢中国农业大学人文与发展学院已故教授程贵铭老先生在我博士论文写作期间的支持与督促，很遗憾再也没有机会与程老师分享论文成书的喜悦，谨以此书致敬程老师对农村问题研究的见地与热忱。

虽然学院社会保障专业招收的硕博研究生人数不多，但是小班授课让我们彼此更加了解。感谢硕士班同学、博士班同学，两个"师门"的兄弟姐妹在生活和学习上对我的帮助，感谢与我相处时间最长的室友们包容我生活中的不良习惯，享受彼此深夜敲字的键盘声，并在生活和学习上相互支持。感谢两位好友——已毕业的农村发展管理专业研究生郭悠悠及校友张臣伟，感谢我的"忘年"师妹牛畅，感谢我的"忘年"师兄——已毕业多年的社会学系的于占杰师兄。师兄每每看到报纸上关于养老的报道以及所就职的出版社在养老、人口与统计方面的新书，都会给我收集起来寄到学校，这些资料让我在论文写作时受益匪浅。有友如此，不求其他。

致谢至亲至爱

走着走着，父母都已年过半百。一路走来，发现自己对父母的陪伴越来越少，一边写着养老的论文，一边看着养老的文章，一边反思自己作为长女是不是不够称职。学生时代研究养老问题，并不见得能切身理解养老问题，恐怕只有当自己开始经历时，才能体会到养老对个人、对家庭的意义。

我的父母虽然文化程度不高，但是思想很开明，在学业上对我一直是"放任"地支持，一路支持我的每个决定。联合培养结束后，由于边兼职边写作，论文进展比较慢，我申请延期一年，父母不想给我压力，从未催促，感谢父母对我的悉心呵护。虽然我认为居家养老、互助养老在今后和未来都是解决养老问题比较好的方式，但是我也深知没有家庭成员参与的养老，老人也不会觉得幸福，希望尽我所能让父母幸福生活。也特别感谢我的妹妹，小时候是我呵护妹妹，长大了反倒觉得妹妹呵护我更多。早已踏上工作岗位的妹妹，除了在生活和情感上给予我很大支持外，她对家事的分担尤其是对父母的关心，让我觉得心里很踏实。感谢爸爸妈妈给我一个从小陪伴的妹妹。在美国联合培养期间，我遇见了我的爱人，我们在读博期间订婚，博士毕业后结婚，有了自己的小家庭。很怀念两个人一起在冰冷的自习室里写代码、写论文的时光，也很感谢他在搜集英文资料上给我的帮助；虽然现在我们仍处异国，但不觉辛苦；感谢他在远方的陪伴，也感谢他每天对我的督促。还要特别感谢我的公婆，公婆对我的学习、工作与生活也很关心，每次看到报纸或新闻上有关养老的报道，都会转发给我，还会跟我分享他们对养老问题的看法。

最后，还要感谢调研期间给予我帮助的河北省民政部门相关人员，调研田野点 Q 村村支书、会计，Q 村互助幸福院的院长及其妻子，还有在调研期间与我同吃同住同劳动，并且把我当亲孙女般看待的爷爷奶奶们，特别感谢张奶奶，每天早上都会给我蒸饭吃。我从未仅将他们作为调查对象看待，虽然相处时间短暂，但浓浓的感情历久难忘。2017 年清明节假期，我又回到幸福院看望爷爷奶奶们，爷爷奶奶们早已在门口等候，让我有种真真切切回到家的感觉；但遗憾的是，不到两年的时间，幸福院已有两位老人因病离世，看到她们曾经住过的房间，跟她们聊家常、打扫卫生的场景历历在目，虽然爷爷奶奶们已经将生老病死看淡，但我还是会因为生离死别在心中泛起波澜。

结　语

书稿虽已修改定稿，但是仍有一些不足之处。首先，本书的研究对象为我国互助养老幸福院模式的发源地，也是国家扶持的典型，作为明星幸福院，该幸福院所拥有的养老资源较其他幸福院而言具有优越性。其次，虽然本研究同时调研了自上而下推广建立的不同类型、不同发展情况的幸福院，对这些幸福院进行了比较，并作为辅助案例，但以发源地模式作为主案例的代表性和研究价值的普适性仍值得商榷。再次，博士论文答辩会上的评委老师曾建议，如果将村庄内老年人以外的群体对互助养老及幸福院模式的看法、态度体现出来也许会更好，后续会将此问题提上日程，探究互助群体及互助养老形式在社区中的社会融入，以及农村居民养老观念的变迁。最后，本研究为实证性研究、解释性研究，而非理论性研究，在理论创新与应用方面相对欠缺。"求其上者得其中，求其中者得其次"，以此自勉，我将继续在学习的道路上积极向上求索。

图书在版编目(CIP)数据

农村互助养老：幸福院的案例与启示/张彩华著．-- 北京：社会科学文献出版社，2020.7
（地方治理体系和治理能力现代化丛书）
ISBN 978-7-5201-6752-9

Ⅰ.①农… Ⅱ.①张… Ⅲ.①农村-养老-服务模式-研究-中国 Ⅳ.①F323.89

中国版本图书馆CIP数据核字(2020)第099812号

地方治理体系和治理能力现代化丛书
农村互助养老：幸福院的案例与启示

著　　者／张彩华

出 版 人／谢寿光
责任编辑／任晓霞
文稿编辑／单远举

出　　版／社会科学文献出版社·群学出版分社（010）59366453
　　　　　地址：北京市北三环中路甲29号院华龙大厦　邮编：100029
　　　　　网址：www.ssap.com.cn
发　　行／市场营销中心（010）59367081　59367083
印　　装／三河市尚艺印装有限公司
规　　格／开　本：787mm×1092mm　1/16
　　　　　印　张：19.25　字　数：257千字
版　　次／2020年7月第1版　2020年7月第1次印刷
书　　号／ISBN 978-7-5201-6752-9
定　　价／128.00元

本书如有印装质量问题，请与读者服务中心（010-59367028）联系

▲ 版权所有 翻印必究